지금은 회개할 때

초판 발행 2022년 3월 31일

지은이 김지영 서성우 최유진
펴낸곳 헤르몬하우스
펴낸이 최영민

디자인 홍민지
인쇄제작 미래피앤피

주소 경기도 파주시 신촌로 16
전화 031-8071-0088
팩스 031-942-8688
전자우편 hermonh@naver.com
등록일자 2015년 03월 27일
등록번호 제406-2015-31호

ISBN 979-11-91188-81-3 03320

· 정가는 뒤표지에 있습니다.
· 헤르몬하우스는 피앤피북의 임프린트입니다.
· 이 책의 어느 부분도 저작권자나 발행인의 승인 없이 무단 복제하여 이용할 수 없습니다.
· 파본 및 낙장은 구입하신 서점에서 교환하여 드립니다.

회계를 알아야 돈의 흐름을 알 수 있다

지금은

회계할 때

김지영·서성우·최유진 지음

[프롤로그]

　지금은 정보통신 시대에서 디지털 시대로 급변하는 전환기에 있다. 최근 Covid-19는 이러한 변화를 더 촉진시켜 비대면 사회가 일상이 되고 있으며, 업무, 교육, 소비, 게임 등의 다양한 분야에서 가상 세계에 대한 관심과 메타버스Metaverse에 대한 수요가 폭발적으로 증가하고 있다.

　메타버스는 쉽게 말해 가상현실이라고 한다. 아직 많은 사람들은 이 단어의 의미조차 제대로 해석하지 못하고 있다. 하지만 이미 너무나도 빠르게 메타버스는 우리의 삶 가까이에 와 있다. 우리가 한번쯤

들어봤을 만한 로블록스, 제페토 외에 세계 최고의 IT Tech 기업인 구글, 마이크로소프트, 애플, 메타(구, 페이스북), 아마존에서도 앞다투어 높은 수준의 메타버스 서비스를 출시하고 있다. 이제 사람들은 메타버스의 세상에서 업무를 볼 것이고, 메타버스의 세상에서 쇼핑을 하고, 테니스를 치게 될 것이다. 즉, 삶의 상당 부분이 메타버스를 통해 이루어진다. 마치 짐을 싸서 이 동네에서 저 동네로 이사를 가듯 우리는 메타버스의 세상으로 이사 가서 살아갈 것이다.

메타버스의 공간에서는 다양한 경제 행위가 가능해진다. 즉, 소득과 소비가 이뤄진다는 뜻이다. 어떻게 가상현실에서 돈을 벌 수 있을까? 바로, 인증할 수 있는 수단인 NFT와 이를 거래할 수 있는 가상화폐를 통해 가능해진다. 결과적으로 메타버스의 세상에서 부를 축적할 수 있는 시대에 살게 되는 것이다. 즉, NFT와 가상화폐를 통해 현실과 동일하게 부동산에 투자할 수 있고, 명품가방을 구매하고, 사진이나 캐릭터에 투자할 수 있는 세상이 된다는 것이다. 현실세계에서 부동산 투자와 주식에 관심이 있는 사람들이라면 서둘러 메타버스 세계로 들어와 부를 축적할 수 있는 기회를 노려야 한다. '회계'와 '세무'라는 칼을 쥐고서…

현실세계든 가상세계든, 부를 축적하기 위해서는 비즈니스 언어인 회계를 반드시 알아야 한다. 기업이나 사업자들의 거래는 모두 회계로 기록되기 때문이다. 단순히 감으로 투자하고 이를 회수하는 단계는 지속적인 부를 창출하기 어렵다. 무조건 부를 창출하기만 한다고 모두 나의 재산이 되느냐? 그렇지 않다. '세무'에 대한 정확한 이해가 없으면 많은 부를 창출했더라도 내 손에 쥐는 재산은 얼마 되지 않을 수 있다. 이렇듯 변화하는 시대에는 '회계'와 '세무'에 대해 보다 더 많은 관심이 필요하다.

따라서 이 책은, 회계를 전공하지 않은 초보 입문자들이 '회계와 세무'에 대한 지식을 좀 더 쉽게 접근할 수 있도록 기술하였다. 기업 초년생, 주식투자자, 사업자들을 모두 망라하여 회계의 기초부터 투자에 활용하는 방법, 사업자가 알아야 할 세무 지식까지 포괄해서 설명하려고 노력하였다. 이를 통해 향후 변화되는 세상 속에서도 경제활동의 기본을 알고 더 나은 삶을 살아가는 데 이 책이 조금이라도 도움이 되길 바란다.

이 책이 출간되기까지 많은 인내와 배려로 이끌어 주신 출판사 관계자 여러분께 진심으로 감사드린다.

"'회계'와 '세무'는 가까이하면 할수록 삶의 질은 달라진다."

차례

[프롤로그] · 4
[본서 활용법] 회계의 모든 것을 담은 목적에 따른 회계백과사전! · 14

제1장 지금은 회계할 때

Lesson1. 이제 취업준비는 토익 말고 회계로 · 19
- 천릿길도 한 걸음부터! · 19
- 회계에도 역사가 있다! · 24
- 나에게 필요한 회계만 집중 공부! · 28
- 일상생활에서도 회계가 필요한 이유! · 34

Lesson2. 회계도 알파벳부터 · 39
- 재무제표부터 시작! · 39
- 차변과 대변 개념은 기본 of 기본 · 44
- 계정과목이란? · 48
- 회계등식이란? · 53
- 회계의 순환과정이 무엇인가요? · 57
- 주식하려면 회계를 알아야 하나요? · 64
- 분식회계가 뭔가요? · 70
- 회계감사, 감사의견이 뭐죠? · 74
- 직장인에게 회계가 중요한가요? · 79
- 내 제품의 원가를 알아보는 회계, 원가회계 · 81
- 관리도 회계적으로, 관리회계 · 84
- 세금을 줄이기 위한, 세무회계 · 87
- 스마트스토어 사업자로 보는 예시 · 90
- 이런 회계를 정말 공부해야 하나? · 95

제2장 지피지기면 백전백승!
뜻을 알고 제대로 작성하는 재무제표

Lesson1. 재무제표의 종류별 KEY POINT · 99
1. 재무상태표 : 즐겁게 춤을 추다가 그대로 멈춰랏! · 99
- 기업의 재무상태표는 쉽게 구할 수 있다 · 104
- 기업끼리 재무상태표 비교하기 · 109
2. 손익계산서 : 얼마나 잘했는지 확인해 볼까? 회사 운영의 성적표 · 112
- 손익계산서는 쉽게 구할 수 있다 · 116
3. 현금흐름표 : 100만 원 벌었으면 내 주머니에 100만 원이 있을까? 현금흐름표로 기업의 현금흐름을 알 수 있나요? · 120
- 현금흐름표는 어떻게 만들까? · 124
4. 주석 : 재무제표 각 계정과목을 더블 클릭! 돋보기로 꼼꼼히 살펴보는 재무제표? · 128

Lesson2. 꼭 알고 넘어갈 재무상태표 KEY POINT · 132
1. 뭐니 MONEY 해도 현금이 최고지! : 회사의 혈액 현금 및 현금성자산 · 132
2. 100만 원을 외상으로 팔았는데 왜 자산에는 90만 원만 잡히나요? : 받을 가능성을 반영해야 하는 매출채권 · 137
3. 재고자산의 숨겨진 비밀 : 재고자산이 매출원가를 결정한다 · 143
- 기업에 남아 있는 재고자산이 얼마에요? · 147
- 판매 예정인 상품재고가 폭락했다면 어떻게 하나요? · 151

4. 회사 영업활동의 무기! 유형자산 무형자산 :
   유형자산은 기업의 성장엔진이다 · 156
   - 매년 가치가 감소하는 유형자산 감가상각의 비밀 · 160
   - 보유 목적에 따라 회계처리가 달라지는
     유형자산의 마법 · 164
   - 보일 듯 말 듯, 잡힐 듯 말 듯 무형자산 · 167
5. 언제 줄지, 얼마나 줄지 잘 모르겠는데
   부채는 부채다! : 부채가 뭔가요? · 172
   - 기업의 리스크를 나타내는 부채가 충당부채다? · 175
   - 사채가 뭐죠? · 178
6. 회사의 종자돈 자본의 구성 : 회사에 주주로서
   투자한 납입자본 · 181
   - 증자와 감자 완전정복 · 185
   - 배당은 어떻게 지급되나요? · 189

Lesson3. 꼭 알고 넘어갈 손익계산서 KEY POINT · 192

1. 내가 받은 이 돈 전부가 수익이 아니라고요? :
   수익은 언제 그리고 얼마를 인식하는가? · 192
2. 영업활동의 종류에 따라 수익을 인식하는
   방법이 다르다? : 재화의 판매에 따른 수익인식 · 195
   - 용역(서비스)의 제공에 따른 수익인식 · 199
3. 매출을 얻기 위해 이만큼의 비용이 들어갔네? :
   매출원가는 어떻게 인식되는가? · 203
4. 영업활동의 필수 지출! 판매비와 관리비 :
   판매비와 관리비는 무엇인가? · 205
5. 영업은 잘 되는데, 왜 이익이 없다고 하지? :
   영업외 수익 · 209
   - 영업외 비용 · 212

제3장 기업의 언어, 재무제표 읽을 줄 아시나요?

Lesson1. 재무제표분석으로 회사의 능력치를 평가하라! · 219
   1. 재무제표(손익계산서, 재무상태표, 현금흐름표)
      보는 법 · 219
   2. 재무비율분석이 뭐예요? 회사의 인바디 측정 · 223
   3. 재무비율 분석을 위한 방법 : 안정성, 성장성,
      수익성, 활동성 : 회사의 부도 가능성 평가는 안정성 · 225
   - 회사의 미래를 볼 수 있는 성장성 · 230
   - 회사의 능력을 볼 수 있는 수익성 · 234
   - 회사의 효율성을 볼 수 있는 활동성 · 237
   4. 회사는 투자액으로 지금 얼마를 번 거야? :
      투자액 대비 수익률을 나타내는 지표 ROE, ROA, ROIC · 240
   5. 회사의 가치를 1주당 금액으로 환산하자! :
      주당 가치비율 EPS, BPS, SPS · 243
   - 주가대비비율 PER, PBR, PSR · 246

Lesson2. 주린이를 위한 재무제표 활용법! · 249
   1. 영리한 투자자들은 숫자를 분석한다 :
      기본적 분석과 기술적 분석 · 249
   2. 회사의 적정 주가는 도대체 얼마야? :
      절대적 가치 평가 (DCF 평가) · 252
   - 상대가치평가 (EV/EBITDA, PER) · 256
   3. 실전에 활용가능한 분석 Tool · 259

제4장 초보 사장님만을 위한 압도적 세무 tip

Lesson1. 사업개시 전 이것만은 체크하자 · 267
1. 법인설립이 고민이라면 : 법인설립을 하는 3가지 이유 · 267
2. 사업자등록편 : 사업자등록 어떻게 하나요? · 272
– 사업자등록 안하면 불이익이 있나요? · 277
3. 사업용 계좌와 사업용 카드 :
사업용 계좌 설정 어떻게 하나요? · 280
– 사업용 계좌를 쓰지 않는 경우 불이익이 있나요? · 286
– 사업자용 신용카드가 필요한가요? · 288
4. 간이과세자, 압도적 활용방법 :
간이과세자가 뭔가요? · 290
– 간이과세자의 장점, 압도적 활용방법 · 294
– 기존사업자를 인수 받는다면 이것만은 확인하자! · 297

Lesson2. 사업개시 후 1달 이내 이것만은 체크하자 · 302
1. 통장엔 돈이 없는데, 세금이 나오는 이유 · 302
– 영수증은 가산세 2%, 가산세 없는 서류는? · 306
2. 말 많고 탈 많은 인건비, 해결방안은? :
4대 보험 꼭 내야 하나? · 310
– 4대 보험의 신고 처리 절차 살펴보기 · 312
– 4대 보험의 계산 실무 알아보기 · 320
– 어쩔 수 없이 4대 보험 내야 한다면, 최대한 혜택받자 · 326
– 다 잘했지만, 이거 없으면 과태료 최고 500만 원 · 329

3. 부가가치세는 사업자의 꽃 :
부가세 줄일 수 있는 방법 있을까?　· 331
- 부가세 신고할 때 매출을 좀 누락해도 괜찮을까?　· 335
4. 개인사업자도 퇴직금을 받을 수 있다　· 338

Lesson3. 사업개시 1년 후, 소득세가 너무 많다면...?　· 342
1. 법인전환을 고려해보자　· 342
- 까딱 잘못하면 이중과세　· 348

Lesson4. 세금에도 POP-UP-STORE가 있다　· 354
- 세금을 내 돈으로 만드는 기술　· 354
- 조세특례제한법의 제한!　· 356
- 조세특례제한법의 특례!　· 357
- 대기업을 위한 팁 : 규모 있는 법인 담당이라면
회계감사대응은 어떻게 해야 할까?　· 362

[에필로그] 살아남으려면 회계해야 한다　· 368

[본서 활용법]
회계의 모든 것을 담은 목적에 따른 회계백과사전!

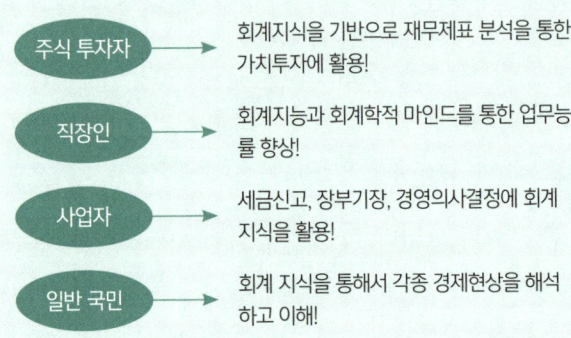

 회계는 지금까지 어려운 과목으로만 여겨져 왔다. 그 이유 중에 하나가 어렵고 복잡한 용어와 개념을 어디에 써먹어야 하는지를 잘 알지 못하기 때문이다.

 이 책은 주식투자자, 직장인, 사업자들을 위해 필요한 회계 기본기와 재무제표 기본기를 쉽게 다져준 다음 가치투자와 자영업자들이 실전에서 사용할 수 있는 노하우를 전수해 준다. 모두 회계의 개념을 통해서 전달하는 것이지만 읽다 보면 정말 필요한 포인트만 있다는 사실을 깨달을 것이다.

이 책을 처음부터 끝까지 읽으면 회계가 필요한 모든 분야를 면밀히 알 수 있다. 그리고 언젠가는 그 지식이 필요할 때 백과사전처럼 목차가 구성되어 있기 때문에 필요한 부분만 찾아서 보면 된다. 업무하는 데 필요해서 들춰보거나 투자할 때 참고하기 위해서 들춰보아도 좋다. 아니면 회계상식을 키워 다양한 현상을 이해하기 위해서 들춰보아도 좋고, 장부를 작성해야 할 때 궁금한 부분만 들춰보아도 좋다.

지금은 자본주의 사회다. 경제가 움직이는 메커니즘 자체가 회계적 논리에 기반한다. 역사적으로도 지배계층은 회계를 통해서 약자를 지배해 왔다. 어찌 보면 법률보다도 더 확실한 자본주의의 무기가 아닐까 싶다. 이런 회계를 머릿속에 다 넣고 다닐 수는 없다. 그러나 이 책 한 권으로 회계라는 무기를 활용할 가능성은 충분히 높여줄 수 있다. 언제든 모를 때 이 책을 꺼내보면 되기 때문이다.

이 책을 읽는 독자들이 회계를 몰라서 자본주의의 노예가 되지 않길 바란다. 또한 회계를 몰라서 헤매지도 않길 바란다. 웬만한 기본개념은 이 책에 다 소개하고 있으니 회계를 통해 모두가 부자가 되고 성공하길 바란다.

제1장

지금은
회계할 때

Lesson1
이제 취업준비는 토익 말고 회계로

천릿길도
한 걸음부터!

"많은 취업준비생, 직장인들이 토익을 하는 이유는 취업 내지 승진을 목적으로 하기 때문입니다. 담당 부서가 외국어와 밀접하게 관련된 분야라면 토익은 분명 효과가 있겠지만, 그런 분들은 따로 준비하지 않아도 이미 기본 수준은 하고 있을 것 같습니다. 기업에 입사하려는 취준생들과 기업에서 현재 종사하고 있는 직장인들은 기업의 언어인 회계를 준비해보는 건 어떨까요?"

미국사람과 이야기를 할 때는 영어로 대화하듯이 기업에 관한 이야기를 하기 위해서는 회계라는 기업의 언어를 알아야 한다. 기업은 그 자체로 추상적인 존재지만 엄연히 법적으로 인격을 부여받은 법인이고, 이를 구체적으로 설명하기 위해서는 법인의 설립목적부터 주주구성 및 재무제표를 통해서 어느 정도 규모인지 어떤 목적을 가지고 있는 회사인지를 알 수 있다. 이처럼 기업을 가장 객관적으로 표현하는 것이 회계인 것이다.

필자는 경영학을 전공했지만 경영학부 안에서도 회계원리를 듣고 나서 '어렵다', '난 문과니깐 숫자는 맞지 않아' 등 여러 거부감이 있었다. 그 이유는 첫 용어부터 생소할 뿐만 아니라 숫자와 표를 통해서 소통하기 때문에 복잡해보이고 다가가기 싫었다. 그러기에 일반인들에게 회계는 얼마나 다가가기 어려운 존재일까라는 생각이 든다.

그런데, 우리가 일상적으로 언어를 거치지 않고는 대화가 되지 않듯이 기업을 제대로 알기 위해서는 회계를 거치지 않고는 불가능하다. 주식투자를 위해서, 기업을 경영하기 위해서, 업무계획을 세우기 위해서 등 회계는 기업을 둘러싼 활동을 위해서 필수적으로 사용해야 하는 도구이다. 회계만큼 객관적인 전달수단이 없을 뿐만 아니라 관리도구로서 효율적인 것도 없다.

미국에서는 바디랭귀지를 통해 영어를 못해도 살아갈 수 있다. 하지만 영어를 할 수 있다면 여행의 질은 훨씬 좋아질 것이다. 마찬가지로 기업의 언어인 회계를 못해도 살아가는데 문제는 없지만, 회계를 아는 순간 삶의 질은 높아질 것이라고 자부한다.

회계를 모른다면 자본주의 사회에서는 항상 문맹으로 살아가야 한다. 평생 회계를 모른 채 앵무새처럼 반복된 거짓에 속아 넘어갈 것인가?

회계는 자본주의 경제체제 내에서 속고 살지 않기 위한 최소한의 보호막이다. 회계를 알면 기업이 전달하는 각종 정보를 해석할 수 있다. 또한 기업이 어떤 활동을 하고 어느 정도의 실적을 내는지도 알 수 있다. 그만큼 기업을 꿰뚫어 볼 수 있는 눈이 생기는 것이다.

일반적으로 회계는 경제주체(대표적으로 기업)의 거래를 장부에 기록하는 것이라고 볼 수 있다. 이는 부기(장부기장)라고 말하기도 한다. 그런데 좀 더 넓은 개념에서 회계는 단순한 기록을 뛰어넘는다. 회계는 큰 의미에서는 경영이다. 숫자를 가지고 의사결정을 하고 구체적인 기업의 행동을 이끌어내는 과학이다. 엄밀한 논리를 가지고 정보를 생산해 내는 수학이다. 회계는 어찌 보면 수학과 과학, 언어와 경영이 복합된 종합예술인 것이다.

회계는 생산자와 이용자 사이의 중간 역할을 한다. 생산자는 회계정보를 생산해 내는 역할을 한다. 구체적으로는 거래를 기록하고 이를 보기 좋게 표로 정리해서 '재무제표'라는 것을 만들어 공시한다. 여기서 공시란 기업의 외부에 있는 정보이용자를 위해서 재무제표를 공개한다는 뜻이다. 주권시장에 상장된 법인의 경우에는 전자공시시스템(Dart.fss.or.kr)을 통해서 공시한다.

어쨌든 회계는 생산자를 통해서 제 구실을 한다. 그리고 이렇게 생산된 재무정보는 정보이용자를 통해서 활용되고 재창조된다. 보통 투자자는 회계정보를 이용해서 어떤 기업에 투자할지 의사결정을 한다. 재무제표를 보고 이 기업이 좋은 기업인지 나쁜 기업인지 판단해 투자 여부를 결정하는 것이다. 채권자의 경우에는 기업에 빌려준 돈을 돌려받을 수 있는지 따져보는 데 회계정보를 사용한다. 과세관청은 세금을 얼마나 걷어야 하는지에 회계정보를 활용한다. 이렇게 다양한 정보이용자들이 회계정보인 재무제표를 이용한다.

회계는 기업 활동을 숫자로 객관화하여 보여준다. 기업의 활동은 자금을 조달하고 그 자금을 통해서 건물도 짓고, 물건도 사고 팔며, 종업원도 고용하고, 기계를 취득해서 가동하며, 빚을 지기도 한다. 우리 인간으로 치면, 취업을 해서 돈을 벌고, 집을 사기 위해 대출을 받고, 재테크를 위해서 투자하는 활동과 비슷하다. 기업의 이러한 활동은 고스란히 재무제표에 '계정과목'이라는 것으로 표현된다. 뒤에서 구체적으로 설명하겠지만 계정과목을 설정하고 자유자제로 해석하는 것이 회계공부의 시작이라고 볼 수 있다.

회계에도
역사가 있다!

"회계의 시작은 아주 오래전으로 거슬러 올라갑니다. 그런데 현대의 복식부기 회계의 시초는 지중해에서 발전했다고 알려져 있죠. 역사가 발전하는 과정에서 주가조작을 하는 악마들을 심판하기 위해서 '공인회계사'가 탄생했고요. 미국 아메리카 대륙의 지배 역사도 어찌 보면 회계의 논리에 의해서 가능했을지도 모릅니다."

지중해에서 발전한 복식부기 원리와 회계장부!

중세유럽은 지중해를 통해서 무역을 하고 경제를 발전시켰다. 당시 이탈리아 반도를 둘러싼 도시국가들의 무역에 대한 적극적인 도전은 유럽과 아시아 간의 무역까지 확장되는 데 기여했다. 이 당시 상인이 성장하면서 귀족 계층에서 상인으로 부Wealth의 중심이 옮겨가면서 고도로 복잡한 상업 거래가 발생하였다.

이러한 복잡한 거래는 필연적으로 제도와 규칙을 탄생시켰는데, 이때 생긴 것이 복식부기 원리이다. 초기의 회계장부는 그냥 일기형식이었지만, 이후에 채권과 채무관계를 양쪽으로 나누어 정확하게 기록하고 관리하는 형식으로 발전하였다. 지금으로 치면 자산과 부채를 나누어 적는 복식부기와 유사하다. 이는 권리와 의무를 분명하게 나누어 기록하여 분쟁을 최소화하기 위해서 시작되었을 것이다.

이렇게 체계적으로 발전한 '자산 - 부채 = 자본'이라는 회계 등식은 괴테의 찬사를 받을 정도로 당대에는 최고의 발명품이 되었다. 이 회계 등식 하나로 인하여 과거의 장부기록과는 비교할 수 없을 정도로 정확해져, 상업의 안전한 발달에 기여하였다.

역사가 만든 악마들의 심판자 '공인회계사'

역사적으로 주식투자는 사람들의 광적인 심리를 자극했고, 수많은 사람들이 실제로 미치광이 혹은 패자로 변모했다. 우리가 잘 아는 케인즈는 역사적으로 대공황 시절에 가장 위대한 경제학자로 추앙받았고 주식투자를 통해서 상당한 부자가 되었다. 반대로, 지금까지 최고의 물리학자 중 한 명으로 기억되는 뉴턴은 주식투자로 수십억을 날린 후 자신의 천재성으로도 계산하지 못한 것이 주가와 회계라는 사실을 토로하였다. 사실은 당시 투자로 손실을 본 사람들은 철저하게 정부의 회계부정과 사기행각에 놀아난 사람들이었다.

17세기 초 영국 정부는 식민지 경영을 위해 동인도회사와 같은 기업을 만들었고 비용을 충당하기 위해서 자본가들에게 엄청난 빚을 지고 있었다. 정부에게 자금을 빌려준 자본가에게 배당으로 나가는 이익금은 식민지와 이러한 내막을 모르는 일반 투자자로부터 나왔다.

이런 정부주도의 회계부정은 여기서 끝나지 않는다. 18세기 초에 남해회사의 적자를 메우기 위해서 정부는 분식회계[1]와 주가조작을 감행한다. 정부가 보증하는 유망주라는 작전을 펼친 것이다. 실제로는 아무것도 갖추지 못한 적자기업인데 말이다. 이렇게 주가는 10배나 뛰었고, 나중에 이 기업의 실체가 드러나자 주가는 다시 10분의 1로 폭락하였다. 이 과정에서 수많은 개미투자자들은 파산을 경험하고 인생의 쓴맛을 보아야만 했다. 분노한 시민들은 봉기를 일으키려고 했는데, 이를 막기 위해서 만든 것이 '회계감사제도'와 '공인회계사'였다. 공인회계사는 수많은 회계부정을 잡아내고 역사의 단두대 위에서 부실기업의 사기행각을 처벌하는 심판자의 역할을 톡톡히 하였다.

회계를 통한 지배의 역사!

저자 제이컵 솔의 <회계는 어떻게 역사를 지배해 왔는가>라는 책을 보면 역사적으로 지배계층은 다른 수단보다 회계를 통해서 노예와 식민지를 다스린 것으로 알려져 있다. 회계는 다른 무엇보다 확실한 통치 수단이자 가장 객관적인 의사결정 수단임에 틀림 없다.

제이컵 솔 책의 제10장을 보면, 미국을 건국한 사람들이 회계원리를 활용한 것으로 나와 있다. 공장보다 회계장부에 의존한 식민지 개척사업의 일화는 회계가 가장 신뢰할 수 있는 수단이라는 것을 여실

---

[1] 과도한 자산과 매출을 잡아 기업의 재무제표를 건실하게 만드는 회계. 세금을 더 많이 내게 됨에도 불구하고 투자금을 유치하기 위해 쓰는 부정한 방법

히 보여준다. 네케르 보고서는[2] 프랑스 혁명의 중요한 역할을 했다. 또한 미국 헌법 입안자들에게도 영감을 주었는데, 그들은 미국의 회계 원리를 기초로 정부를 구성할 기회를 획득했다. 미국은 헌법보다 회계의 논리가 지배하는 국가였던 것이다. 미국 식민지 개척사업은 이익을 창출하기 위해서 시작된 것으로 모든 약정은 회계 장부에 기록되고 회계적으로 관리되었다고 전해진다. 어찌보면 헌법은 형식적인 것이었고 실질은 회계가 지배했었다. 소름끼칠 정도로 회계의 영향력이 지배적이었다.

회계에 매료된 벤저민 프랭클린의 일화는 더 충격적이다. 사회학자인 막스 베버M. Weber는 벤자민 프랭클린을 프로테스탄트 자본주의 정신의 상징이라고 묘사했다. 회계는 프랭클린의 인생에서 절대적인 영향력을 끼쳤다. 그는 기업과 영국 식민지에서의 일을 할 때에도 장부를 기록하고 관리했다. 그가 전파한 프로테스탄트 경제윤리는 회계에 기반하여 구성되었고 전파되었다. 또한 우체국에 회계 시스템을 도입한 것으로 유명한데 그만큼 실용주의적인 면모를 보인 것으로 유명하다. 이렇게 회계는 경제와 관련된 역사에서 핵심을 이루고 있었다.

---

[2] 루이 16세 정부의 재무부 장관이었으며, 네케르 재정보고서는 평민에게 국가의 재정 상태를 알려주는 최초의 보고서이자 외국에 프랑스에 대한 대출을 장려하려는 목적으로 저술되었다.

나에게 필요한
회계만 집중 공부!

"회계는 재무회계, 관리회계, 세무회계로 나누어집니다. 이는 정보 이용자의 목적에 따른 구분이지요. 같은 기업의 같은 거래를 가지고도 숫자가 매우 달라질 수 있습니다. 각각의 특성을 알아야 기업을 더 잘 이해할 수 있겠지요."

회계는 그냥 그 자체로는 너무 포괄적이다. 과연 우리는 어떤 회계를 공부해야 하고 어떤 회계를 알아야 하는가?

외국인과 대화를 하고 싶은 마음에 영어공부를 시작하는데 토플 공부만 주구장창한다고 해서 큰 효과를 얻지 못하듯이, 회계도 마찬가지로 어떤 목적으로 회계가 필요한지에 따라 공부 방법이 달라진다.

회계는 정보의 활용 목적에 따라, 어떤 방법으로 정리해서 정보를 제공하는지에 따라 4가지 정도로 세분할 수 있다. 회계 정보는 우리의 의사결정을 바꿀 정도로 중요한 정보이다. 때문에 우리가 이용할 목적에 따라 구분되어야 하고, 정보이용자에 맞게 작성하는 원칙도 달라야 한다.

회계는 무엇을 기준으로 분류하는가?

회계는 기업의 경영활동에 대하여 다양한 이해관계자에게 유용한 정보를 제공하기 위해서 정보를 기록, 요약, 제공한다.

[참고] 정보이용자는 누구?

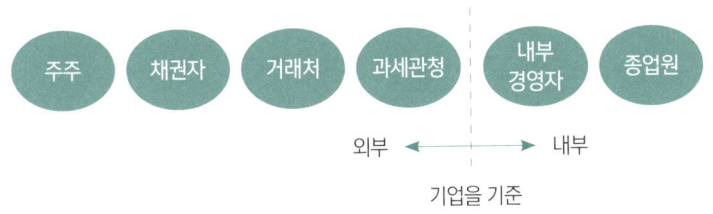

정보이용자는 다양하다. 주주, 채권자, 거래처, 과세관청, 내부경영자, 종업원 등이 정보이용자다. 이 중에서 기업 내부에 있는 내부경영자와 종업원을 내부정보이용자라고 하고, 나머지 기업 외부에 있는 자들을 모두 외부정보이용자라고 한다. 이것을 구분하는 이유는 아래 설명할 회계의 분류 때문이다.

주주와 채권자는 해당 회사의 재무제표를 보고 성장가능성, 안정성, 수익성 등을 감안하여 투자를 결정할 것이고, 이를 통해 배당금이나 이자를 제대로 받을 수 있는지 그리고 얼마나 받을 수 있는지에 관심이 있다.

종업원은 회사의 이익이 얼마나 났는지에 따라서 자신의 보너스가 달라지기 때문에 그것에 관심이 있다. 회사의 실적뿐만 아니라 지속적으로 성장할 수 있는 회사인지도 재무정보를 통해서 파악할 수 있는데, 이를 통해 고용안정성 등도 가늠해 볼 수 있다.

경영자는 올해의 실적을 재무정보를 통해서 확인하고 내년의 계획을 세우는 데 활용한다. 재무정보를 통해서 성과 분석을 하고 이익에 기여를 많이 한 제품이나 부서를 파악해서 상을 주고, 손실을 발생시킨 원인을 분석해서 구조 조정을 해야 할지도 모른다.

거래처는 우리 회사의 재무정보를 보고 우리 회사의 신용도를 파악할 것이다. 현재 빚을 얼마나 지고 있는지, 매출은 잘 나고 있는지 등을 파악하고 제때 돈을 갚는지도 파악하려고 할 것이다. 이는 재무정보를 잘 해석하면 충분히 알 수 있는 정보다.

과세관청은 우리 회사가 돈을 벌어들인 만큼 세금을 걷고자 한다. 세금이 누락되어 세수가 적게 걷히는 것이 가장 큰 위험이다. 그렇기 때문에 순이익이 적정한지를 세법의 눈으로 바라보게 된다. 다른 정부기관도 기업들의 실적을 파악해서 예산과 계획 설정에 참고하기도 한다.

이처럼 회계정보를 이용하는 정보이용자는 다양하다. 이런 이용자들의 수요에 맞게 기업들은 정보를 가공해서 제공해야 한다. 그렇기 때문에 회계를 분류해야 하는 것이다.

재무회계 vs 관리회계 vs 세무회계

정보이용자가 기업 외부에 있다면 '재무회계', 기업의 내부에 있다면 '관리회계', 과세관청이라면 '세무회계'로 구분할 수 있다. 회계는 이렇게 세 가지로 분류할 수 있다. 그렇다고 세 가지 회계가 다른 내용을 다루는 것이 아니다. 본질은 같은 기업의 같은 거래를 다룬다. 다만, 다른 관점에서 다른 기준으로 정보를 가공하는 것이다.

'재무회계'는 외부정보이용자들에게 정보를 제공해야 하기 때문에 대충 작성해서 정보를 제공해서는 안 된다. 외부정보이용자는 범위가 굉장히 넓기 때문에 각자 이용하고자 하는 목적이 다르다. 그런 수요에 대응하기 위해서는 표준화되고 통일된 기준이 필요하다. 이런 통일된 기준이 '기업회계기준'이다.

최근에는 전 세계적으로 회계를 통일시키자는 물결이 일어나기 시작해서 어느 정도 정착되고 있다. 국가 간의 투자, 거래가 활성화 되고 주식시장에도 국경이 사라지는 추세다. 우리나라 투자자가 해외 기업에 투자하기 쉬워졌으며, 해외의 외국인 투자자도 국내 주식시장에 대규모 투자를 하고 있다. 이렇게 국경을 넘어 투자가 이루어질 경우 공통된 기준으로 재무정보가 작성되어야 혼란이 없다. 그렇기 때문에 국제회계기준IFRS으로 장부를 작성해서 공개하자는 움직임이 일어난 것이다. 국제회계기준은 기업회계기준의 '국제적 통일 버전'이라고 보면 쉽게 이해할 수 있다. 이제는 주식시장에서 거래되기 위해서는 기업은 국제회계기준에 따라서 장부를 작성해야 한다.

'관리회계'는 재무회계와는 목적이 다르다. 우선, 내부정보이용자를 위해서 작성한다는 것이 관리회계의 특징으로 기업 내부에 있는 경영자를 위해서 작성하는 회계이다.

왜 내부경영자를 위해서 회계정보를 따로 만들어야 할까?
경영자는 기업을 직접 경영하고 자신의 비전에 따라 움직이는 사람들이다. 기업의 실적이 저조하면 사업을 개편하거나 실적을 높이기 위해서 영업활동을 촉진해야 한다. 그러기 위해서는 실적이 얼마나 발생했는지 알 필요가 있다. 그리고 어느 부서가 실적에 기여했는지, 어떤 제품이 손익분기점$_{Break\ Even\ Point}$을 넘어서서 회사 이익에 기여하고 있는지 등을 따져보아야 한다. 이를 위해서는 <관리회계>를 통해 경영자에게 맞춤형 재무정보를 제공해줄 필요가 있다.

'관리회계'는 경영자만 이용하는 특수한 회계이기 때문에 굳이 통일된 기준이 필요 없다. 경영자가 이해하기 쉽고, 사업을 평가하고 제품을 평가하기에 좋은 방식이면 어떤 기준도 허용된다. 심지어 표로 작성하지 않고 그래프나 그림으로 작성해서 정보를 제공해도 무방하다. 그렇기 때문에 관리회계는 굉장히 유연하고 다양한 형태를 띤다.

마지막으로 <세무회계>는 기업이 작성한 '재무회계'의 정보를 통해서 과세관청의 기준에 맞는 방식으로 다시 정보를 가공하는 회계이다. '재무회계'는 기업의 이익을 과대하게 평가하는 것을 억제하는 '보수주의 원칙'을 적용해서 정보를 가공하는데 반해, '세무회계'는 기업이 이익을 누락해서 세금을 적게 내는 것을 방지하기 위해서 '순자산 증가설'이라는 무기를 가지고 기업을 감시한다.

　'세무회계'는 기업으로부터 최대한 세금을 걷기 위해 '세법'을 적용해서 장부를 새롭게 만든다. 이는 '재무회계'의 국세청 버전이라고 볼 수 있다. 과다하게 잡힌 비용은 세법의 기준을 들이대서 세무조정을 통해서 없애버리고, 누락된 수익은 세법을 적용해서 다시 살리는 과정을 거친다. 이를 통해서 세금을 적정하게 걷어갈 수 있는 것이다.

[참고] 재무회계 vs 관리회계 vs 세무회계 한눈에 보기

구 분	재무회계	관리회계	세무회계
목적	외부보고	내부보고	세무신고
정보이용자	주주, 채권자 등 외부정보이용자	경영자 등 내부정보 이용자	과세관청
작성기준	기업회계기준	강제하는 기준 없음	세법의 규정
보고서 형식	재무제표	특정하지 않음	세무조정계산서

일상생활에서도
회계가 필요한 이유!

"회계는 그냥 교양이 아닙니다. 자본주의 경제체제 안에서 살아남기 위한 최소한의 방패입니다. 돈의 흐름을 모르고 산다는 것은 평생 아무것도 모르고 노예로만 살겠다는 것과 다를 게 없습니다. 지금이라도 진지하게 회계공부를 해야 할 때입니다."

현대사회에서 경제활동은 갈수록 복잡해지고 다양한 양상을 보이고 있다. 그렇기 때문에 돈의 흐름을 잘못 파악하면 복잡함 속에서 헤매거나 남들에게 속아 넘어갈 가능성이 커졌다. 다양한 수입과 지출이 발생하게 되고 그 속에서 회계를 모른다면 이 수입이 큰지 적은지, 이 지출이 제대로 된 지출인지 부당한건 아닌지 판단할 수 없게 된다. 그야말로 '바보'가 되는 것이다.

우리는 알게 모르게 거대한 자본주의 시스템 안에서 경제주체로 행동하고 있다. 경제주체는 가계, 기업, 정부, 해외로 나눌 수 있는데, 논의의 편의상 해외는 제외하겠다. 가계는 우리가 일상적으로 꾸리는 가족의 개념이라고 보면 된다. 가계는 월급이나 사업소득을 통해서 수입원을 확보하고 의·식·주를 위해서 지출하게 된다. 그리고 그 지출은 고스란히 기업의 수입원이 된다. 기업은 벌어들인 수입에서 일정한 비용을 지출하고 순이익을 창출한다. 이 순이익을 통해서 정부는 세금을 걷어가고 국민들을 위해서 공공 서비스를 제공한다.

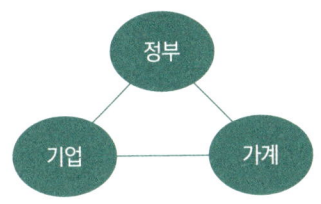

기업은 회계정보를 통해서 각종 의사결정을 하고 그 의사결정은 고스란히 가계와 정부에 영향을 미친다. 기업의 의사결정은 가계에 흘러들어가는 소득의 크기를 결정할 수도 있고, 정부로 흘러들어가는 세금의 액수도 결정할 수 있기 때문이다. 그만큼 회계를 알아야 돈의 흐름을 정확하게 파악할 수 있다는 의미이다.

주식이나 부동산 투자자의 입장에서도 회계정보는 중요하다. 주식은 기업의 재산 상태와 실적에 따라서 가격이 결정된다. 주가는 기업의 회계적 상태를 반영한다고 할 수 있다. 따라서 회계를 모르고 주식투자를 한다는 것은 아무 생각 없이 돈을 기업에 바치는 것과 다르지 않다. 부동산 투자도 결국 임대사업을 하면 그 손익을 회계를 통해서 계산해 보아야 하고, 부동산을 사고 팔 때도 세금은 중요한 문제가 된다. 이는 모두 회계 지식이 기본 전제로 하여 이루어지는 것들이다.

회계를 모르고 투자를 하면 손해를 봐도 모르게 되는 것이다.

직장인들도 회계는 필요하다. 직장에서 이루어지는 90%의 사업은 기업의 의사결정의 결과이다. 기업의 의사결정은 궁극적으로 관리회계를 거쳐서 이루어지게 되어 있다. 이러한 기업의 의사결정 논리를 모르고서 시키는 일만 하는 것은 노예와 다를 바 없다. 나중에 임원이 되거나 중간관리자가 될 생각이라면 미리부터 회계를 공부하고 그 의사결정 메커니즘에 익숙해질 필요가 있다.

우리의 생존을 위해서 회계를 배워야 하는 시대가 온 것이다. 자본주의 경제체제 하에서 돈 없이 살아남기는 힘들다. 그 돈의 생리를 가장 잘 알 수 있는 것이 회계다. 지금이라도 진지하게 회계를 바라보아야 하는 이유다.

회계를 일상생활에 녹여보자

회계를 가르치다 보면, 많은 사람들은 회계 강의만 들으면 회계를 잘 할 수 있고 어떤 투자나 경영에도 적용할 수 있을 거라고 착각하는 경우가 많다. 이는 마치 회계는 수학처럼 공식으로 이루어져 있기 때문에 공식만 암기하면 문제를 풀 수 있다는 사고방식과 똑같다. 이 사고방식은 큰 오산이다.

회계는 작성기준인 기업회계기준이나 관리회계적 기법에서 시작하는 것은 맞다. 분명한 논리와 원칙도 존재한다. 그것을 부정하지는 못한다. 그런데, 우리가 영어 문법을 안다고 해서 영어를 잘하는 것은 아니지 않던가. 문법은 사후적으로 분석하는 데는 좋겠지만 유창하게 영어를 사용하는 데는 오히려 걸림돌이 될 수 있다. 회계도 마찬가지다. 지나치게 규칙에만 얽매여서 정작 필요한 목적에 활용하지 못하는 경우를 경계해야 한다.

이 책에서는 정확한 회계규칙들과 방법을 상세하게 소개해 주겠지만 이것만 믿고 다양한 경제현상을 스스로 해석하는 것을 소홀히 한다면 반쪽짜리 회계공부 밖에 되지 않을 것이다. 운전면허시험을 볼 때 이론만 빠삭하게 해 봤자 실제 도로주행을 하지 못하면 떨어지는 것과 같은 이치이다.

회계는 자주 보고 내 것으로 체화되는 것이 가장 좋은 방법이다. 당신이 투자자라면 금융감독원 전자공시시스템(Dart.fss.or.kr)에 들어가서 삼성전자, 포스코 등 대표적인 기업들의 재무제표를 자주 찾아보고, 어떤 계정과목이 얼마의 금액으로 되어 있는지를 스스로 해석해 보거나 뒤에 설명하겠지만 '주석'의 설명을 통해서 재무제표에 나온 금액이 어떤 의미를 가지는지를 본다면 회계 내공은 급상승할 것이다.

뉴스에 자주 나오는 분식회계 사건이나 연말정산, 세금이슈, 경영

사례 등을 보면서 여기서 배운 회계지식을 동원해서 해석하고 나름대로 설명해 보려고 애쓴다면 당신도 1년 안에 회계전문가가 될 수 있다고 확신한다. 기업의 현상을 이해하고 해석하고 설명할 수 있다면 그것이 진짜 전문가가 아닐까. 지금 회계공부를 시작한 이상 회계적으로 사고하는 습관을 들여보자.

Lesson 2
회계도 알파벳부터

재무제표부터 시작!

"재무제표는 기업의 진단서와 성적표라고 말할 수 있습니다. 이는 기업의 재산상태와 성과, 현금의 흐름이나 주주의 자본변동내역 등을 보여주도록 구성되어 있죠. 구체적으로 말하자면, 기업의 재산상태는 '재무상태표', 기업의 경영성과는 '손익계산서', 기업의 현금흐름은 '현금흐름표'를 통해서 확인할 수 있습니다. '주석'은 세부항목을 쉽게 설명해주는 설명이라고 보면 되겠네요."

재무제표는 보고서다. 좀 더 정확하게 말하자면 기업을 객관적인 숫자로 나타내는 회계보고서라고 할 수 있다. 재무제표는 회계처리의 결과물이자 의사결정의 측면에서 보면 '시작점'이라고 볼 수 있다. 재무제표는 기업의 경제적인 상황을 나타내며 보통 회계기간 말에 작성하지만 필요에 따라서 분기별, 반기별, 월별에 작성해서 보고하기도 한다.

기업은 보통 1년에 한번은 재무상태와 경영성과를 이사회를 거쳐 주주총회에 보고하게 된다. 이때 제출하는 것이 재무제표다. 상장회사의 경우에는 전자공시제도를 통해서 온 국민에게 제무제표를 공개하기도 한다. 이렇게 공개된 재무제표에 이익이 많이 났다면 주주에게 배당을 주고, 종업원에게는 보너스를 주면서 모두가 행복한 연말을 맞이할 것이다. 만약에 적자가 발생했다면 배당은 고사하고 대출상환이나 각종 구조조정에 시달려야 할 수도 있다. 심한 경우 폐업을 통해 기업을 청산해야 할 지경에 이를 것이다.

재무제표의 종류는 몇 가지인가요?

재무제표는 '기업의 진단서'라고 부르기도 하고, '기업의 성적표'라고 말하기도 한다. 왜 기업의 진단서 혹은 기업의 성적표가 재무제표인가?

우리는 매년 정기검진을 받는다. 지금 건강상태가 어떠한지 궁금해서 가는 경우도 있고, 회사의 일정에 따라 의무적으로 받는 경우도 있다. 어찌되었든 정기검진을 받고 나면, 혈압은 정상인지, 당뇨는 없는지, 체지방 정도는 어떠한지, 콜레스테롤 수치는 어떠한지 등 나의 건강상태에 대한 수치가 요약되어 나온다. 기업도 마찬가지다. 기업이 지금 정상적인 상태인지, 부채가 과다하지는 않은지, 자산은 충분한지, 현금이 충분한지, 자본은 적정한지 등 기업의 재산 상태를 진단해서 나타내기도 한다. 현재 시점의 기업의 상태를 보여주는 재무제표가 있는 것이다. 이게 바로 '재무상태표'이다.

기업도 사람처럼 매년의 성적표가 나온다. 우리는 학창시절에 주기적으로 시험을 치렀다. 중간고사와 기말고사를 보면 내가 평소에 공부를 잘 했는지 점수로 알 수 있다. 간혹 등수도 성적표에 나오는데, 공부를 잘 해서 좋은 성적을 받은 경우에는 부모님으로부터 칭찬과 함께 용돈도 더 받는다. 반대로, 성적이 좋지 않거나 바닥인 경우에는 꾸지람과 함께 벌을 받기도 한다.

기업도 마찬가지다. 올해 경영을 잘 해서 성과가 좋으면 당기순이익이 많이 나오게 되어, 이렇게 흑자가 난 경우에는 주주들에게 배당 가능액도 늘어나고 경영자도 보너스를 받는다. 즉, 칭찬을 듣는 것이다. 반대로 경영성과가 좋지 못해서 적자가 난 경우에는 투자자들로부터 대출상환을 요구받는 등 자기자본으로 사업을 하지 않는 경우에는 외부로부터 압력이 심해질 것이다. 당연히 경영자는 연봉삭감이라는 벌을 받게 된다. 이렇게 한해의 경영성과를 나타내는 재무제표가 '손익계산서'이다.

그 밖에도 기업의 혈액이라고 할 수 있는 현금이 잘 돌고 있는지, 어떤 경로로 현금의 유출입이 발생했는지를 볼 수 있는 '현금흐름표'와 기업의 주인인 주주들의 몫인 자본이 어떤 경로로 변동하는지를 보여주는 '자본변동표'도 재무제표의 일종이다. 한편, 재무제표의 종류에는 '주석'이라는 것도 포함된다. 주석은 숫자와 계정과목으로만 표현되어 있는 다른 재무제표를 설명하고 꾸며주는 역할을 한다. 구체적으로 왜 그런 금액인지, 어떤 사건 때문에 계정과목이 발생했는지 등을 설명한다. 주석을 보지 않고는 구체적인 거래를 알 수 없는 것이다.

[참고] 각 재무제표 특성 한눈에 보기

재무상태표	일정시점의 기업의 자산, 부채, 자본의 상태를 보여준다. 회계등식인 '자산 = 부채 + 자본'의 논리로 작성된다.
손익계산서	일정기간동안의 기업의 경영성과를 보여준다. '수익 – 비용 = 순이익'의 논리로 작성된다. 최종적으로 당기순이익(순손실)이 당기의 경영 성과이다.
현금흐름표	일정기간동안의 기업의 현금흐름을 보여준다. 현금흐름은 수익과 비용과 달리 현금이 유입/유출된 것만을 보여준다. 현금흐름을 영업활동, 투자활동, 재무활동으로 구분해서 기록한다.
자본변동표	일정기간동안의 자본에 관한 변동 내역을 보여준다. 자본의 항목으로는 자본금, 자본잉여금, 이익잉여금, 기타포괄손익누계액, 기타자본구성요소 등이 있다.
주석	재무제표의 계정과목과 금액에 대해 쉽게 이해할 수 있도록 기호를 붙여 페이지 하단이나 별지에 설명을 추가한 것을 의미한다.

차변과 대변 개념은
기본 of 기본

"차변은 왼쪽이고 대변은 오른쪽에 기록하는 관행입니다. 이것이 굳어져서 복식부기 원리의 큰 축을 이루게 되었죠."

차변Debit과 대변Credit은 복식부기 원리의 구현인 '분개'의 핵심이라고 볼 수 있다.

분개는 복식부기 원리에 따라 기록하는 작업이다!

여기서 분개란 기업이 누군가와 거래를 하는 것을 계정과목과 금액으로 장부에 기록하는 것을 말한다. 이때 거래가 발생하자마자 최초로 기록하는 장부를 '분개장'이라고 하고, 기록하는 행위가 '분개'가 된다. 분개는 일반적으로 가계부를 쓰는 것과는 차이가 있다. 우리가 일상에서 작성하는 가계부는 얼마를 지출했는지, 얼마를 수입했는지를 단순히 나열식으로 작성했다면, 분개는 '차변'과 '대변'으로 나눠서 체계적으로 기록하는 것이다.

차변과 대변! 그것이 알고 싶다.

'차변'과 '대변'은 큰 의미가 없다고 알려져 있다. 회계전문가들도 그냥 '차변'은 왼쪽이고 '대변'은 오른쪽이라는 정도로만 설명하고 있으니 말이다. 이는 일종의 약속이자 규칙이라고 보는 것이 좋겠다. 회계정보를 기록하는 편의상 붙여진 이름이란다. 이는 로마시대에 주인이 노예한테 금전을 빌려주고 이것을 오른쪽에 기록했는데 대여해준 것을 기록하는 곳이라 하여 '대변'이라고 했고 차입하는 사람은 왼쪽에 기록했는데 차입금을 기록한 곳이라고 하여 '차변'이라고 불렀던 것에서 유래했다. 로마 시대의 주종관계의 관행에서 시작된 용어이니 크게 논리가 있다고 보기는 어렵다.

이렇게 왼쪽은 '차변'이고 오른쪽은 '대변'이다. 그리고 '차변'과 '대변'에 적어야 할 항목은 정해져 있다. 이것만 잘 암기해 두면 두고두고 분개할 때 써먹을 수 있을 것이다. 차변과 대변에 기록해야 할 항목을 나열하면 다음과 같다.

\<차변\>	\<대변\>
자산 증가	자산 감소
부채 감소	부채 증가
자본 감소	자본 증가
비용 발생	수익 발생

자산이나 비용이 증가한 돈이 발생하면 \<차변\>에 적고, 부채, 자본,

수익이 증가하는 돈의 항목은 <대변>에 적는다. 그리고 감소하는 경우에는 각각 반대편에 적어주면 된다고 암기하자.

실제로 분개합시다!

대표적인 분개 실습을 몇 개 해보면 복식부기 장부기록인 분개가 어렵지 않게 다가올 것이다. 보통 자영업을 하게 되면 회계기록을 해야 하는데 대표적인 몇 가지 분개만 해보면 나머지는 응용될 것이기 때문이다.

자산	[사례] 2021년 1월 2일에 현금 100만 원을 주고 기계장치를 취득하였다. (차변) 기계장치 100만 원　(대변) 현금 100만 원 <해설> 기계장치라는 자산이 증가했다. 자산의 증가는 <차변>이므로 <차변>에 기계장치 100만 원을 기록한다. 한편, 현금이라는 자산이 감소했다. 자산의 감소는 <대변>이므로 <대변>에 현금 100만 원을 기록한다.
부채	[사례] 2021년 2월 3일에 현금 50만 원을 은행으로부터 차입하였다. (차변) 현금 50만 원　(대변) 차입금 50만 원 <해설> 현금이라는 자산이 증가했다. 자산의 증가는 <차변>이므로 <차변>에 현금 50만 원을 기록한다. 한편 은행을 통해서 부채가 증가했다. 부채의 증가는 <대변>이므로 <대변>에 차입금 50만 원을 기록한다.

자본	[사례] 2021년 3월 5일에 현금 200만 원을 출자하여 영업을 개시하였다. (차변) 현금 200만 원　　(대변) 자본금 200만 원 <해설> 현금이라는 자산이 증가했다. 자산의 증가는 <차변>이므로 <차변>에 현금 200만 원을 기록한다. 한편, 자본금이라는 자본이 증가했다. 자본의 증가는 <대변>이므로 <대변>에 자본금 200만 원을 기록한다.
수익	[사례] 2021년 4월 2일에 현금 100만 원을 받고 해충박멸 서비스를 제공하였다. (차변) 현금 100만 원　　(대변) 매출액 100만 원 <해설> 현금이라는 자산이 증가했다. 자산의 증가는 <차변>이므로 <차변>에 현금 100만 원을 기록한다. 한편, 주된 영업활동인 해충박멸 서비스를 제공하고 수익이 발생하였다. 수익의 발생은 <대변>이므로 <대변>에 매출액 100만 원을 기록한다.
비용	[사례] 2021년 5월 2일에 종업원에게 현금 100만 원을 급여로 지급하였다. (차변) 급여 100만 원　　(대변) 현금 100만 원 <해설> 급여라는 비용이 발생했다. 비용의 발생은 <차변>이므로 <차변>에 급여 100만 원을 기록한다. 한편, 현금이라는 자산이 감소했다. 자산의 감소는 <대변>이므로 <대변>에 현금 100만 원을 기록한다.

계정과목이란?

"계정과목은 자산, 부채, 자본, 수익, 비용의 증감을 가져오는 구체적인 거래별 기록을 위한 기본명칭이라고 보면 됩니다. 보통은 거래와 회사별로 다른데요. 어느 정도 통일시키기 위해서 기업회계기준에서는 대표적인 계정과목을 제시하고 있습니다."

앞서 차변과 대변을 배웠다. 왼쪽과 오른쪽에 기입해야 할 항목도 자세하게 살펴보았다. 구체적으로 어떻게 기입해야 하는지를 알려주는 것이 계정과목이다. 거래의 회계적 명칭이라고 보면 이해가 빠를 것이다. 이러한 계정과목은 수많은 거래를 회계에서 정해준 통일된 기준에 따라 기록할 수 있는 기본적인 구성단위이다. 계정과목을 보면 기업이 어떤 거래를 했고 지금 어떤 상태인지를 파악할 수 있다.

[용어정리]

1. 계정이란?

    계정이란 거래의 발생에 따라 나타나는 자산과 부채, 자본의 증감변화와 수익과 비용의 발생내용을 조직적이고 체계적으로 기록하고 계산하기 위한 기본단위를 말한다.

2. 계정과목이란?

계정과목이란 자산계정, 부채계정, 자본계정, 수익계정, 비용계정 등을 세분한 각 계정에 해당하는 고유의 성격을 나타내는 하나의 계정 명칭을 말한다.

계정과목은 기업에서 거래 형태에 따라 다양하게 만들어서 사용하는 것이 거래의 성격을 더 잘 나타낼 수 있을 것이다. 그러나 이렇게 관리하면 거래별로 각기 다른 명칭의 계정과목을 사용하기 때문에 장부에 계정과목만 수만 가지로 가득 찰 것이다. 대기업이 이렇게 계정과목을 임의로 설정한다고 하면, 재무제표만 몇백 페이지를 작성해야 할지도 모른다. 따라서 거래의 편의 및 정보이용자들에게 효과적으로 전달하기 위해서 비슷한 항목은 묶어서 통일된 계정과목을 사용하고 있다.

예를 들면, 기업에서 직원들에게 가끔 돈을 빌려주기도 하는데, A직원에게 1,000원, B직원에게 2,000원, C직원에게 500원을 빌려주었다고 하자. 이 경우 A직원대여금, B직원대여금, C직원대여금이라는 계정과목을 별도로 설정해서 공시하면 재무제표가 너무 길어지고 복잡해진다. 따라서 그냥 '직원대여금'이라는 명칭으로 통합해서 관리하는 것이 훨씬 효율적인 계정과목의 관리가 된다.

계정과목은 법에서 반드시 써야 하는 코드를 정해 놓거나 명칭을 확정해서 사용하도록 강제하지도 않는다. 그렇기 때문에 회계를 하는 사람 개개인이 알아서 이해하기 쉽게 설정해서 사용하면 된다. 그러나 계정과목을 한번 설정했다면 일관되게 지속적으로 사용하는 것이 좋다. 중간에 계정과목을 바꾸면 기간별로 회계처리의 일관성을 상실하게 되어 정보이용자들은 그 정보를 신뢰하지 않을 것이기 때문이다.

계정과목 설정이 거래마다 그리고 기업마다 다를 수 있기 때문에 여러 기업의 재무제표를 비교하다 보면 헷갈릴 수 있다. 이를 조금이라도 통일시켜서 기업 간의 비교 가능성을 높이기 위해서 '기업회계기준'에서는 통일된 계정과목을 보여주고 있다.

보통 회계적으로 계정과목을 설정하기 전에 자산, 부채, 자본, 수익, 비용 중에서 자주 사용하는 계정과목을 알아두고 그것에 해당되면 그 계정과목을 사용하고 아니면 새로 만들어서 사용하는 것이 바람직하다.

일반적으로 회사가 보유하는 현금이나 예금, 취득할 때부터 3개월 이내로 결제가 예정된 자산은 '현금 및 현금성자산'으로 분류하고, 만기가 1년 이내에 도래하는 금융상품은 '단기금융자산'으로, 1년이 넘어가는 금융상품은 '장기금융자산'으로 분류한다. 그 안에서도 국제회계 기준에서는 세부적인 계정과목을 강제하고 있는데, 상장기업들의 재무제표를 보면 국제회계 기준에서 소개하는 계정과목을 쉽게 알 수 있을 것이다. 이렇게 대표적인 계정과목은 자주 보아 익숙해질 필요가 있는데 소개하면 다음과 같다.

[참고] 재무상태표상 대표적인 계정과목

자산	부채
1. 유동자산 　현금 및 현금성자산 　단기매매금융자산 　매출채권 　재고자산(상품, 제품) 　단기대여금 　미수금 2. 비유동자산 　특허권 　건물 　기계장치 　차량운반구 　토지 　투자부동산	1. 유동부채 　매입채무 　단기차입금 　미지급금 　선수금 2. 비유동부채 　장기차입금 　장기미지급금 　퇴직급여충당부채 　이연법인세부채
	자본
	1. 자본금 2. 자본잉여금 　주식발행초과금 　감자차익 3. 자본조정 　자기주식 　주식할인발행차금 4. 기타포괄손익누계액 5. 이익잉여금

[참고] 손익계산서상 대표적인 계정과목

비용	수익

1. 매출원가
2. 판매비와 관리비
   급여
   임차료
   광고비
   접대비
   수도광열비
   여비교통비
   세금과공과
3. 영업외비용
   잡비
   외화환산손실
	1. 매출액
	   상품매출액
	   서비스매출액
	2. 영업외 수익
	   자산수증이익
	   이자수익
	   배당금수익
	   단기매매증권평가이익
	   투자부동산평가이익
	   외화환산이익

회계등식이란?

"회계등식은 일종의 앞과 뒤를 연결시켜주는 파이프라고 볼 수 있습니다. 플러스의 세상에 사는 자산과 마이너스의 세상에 사는 부채와 자본이 필연적으로 같아지는 회계의 법칙이죠."

회계는 차변의 금액과 대변의 금액이 일치해야 한다는 대원칙 때문에 회계등식의 지배를 받는다. 기업은 어떻게 보면 두 가지 측면을 가지고 있다. 하나는 밝고 밝은 플러스(+)의 세상과 다른 하나는 어둠의 마이너스(-)의 세상이 공존하는 것이다. 우리의 삶도 앞과 뒤가 다르듯이 기업도 앞과 뒤가 다르다. 그러나 그 앞과 뒤는 하나로 연결이 되어 있고 앞으로 먹은 것이 그대로 뒤로 빠져나간다. 즉, 뭔가를 앞으로 먹으면 뒤에서 똥으로 나오는 것이다. 똥이냐 오줌이냐의 차이만 있다.

자산 = 부채 + 자본
플러스(+) = 마이너스(-)

이게 바로 회계등식이다.

자산은 회계에서는 '미래경제적 효익의 유입'이라고 표현한다. 법적으로는 권리라는 이름으로 사용된다. 자산은 우리가 흔히 알고 있는 현금, 유가증권, 건물, 상품, 기계장치, 특허권 등이다. 재미있는 건 건물이라는 자산계정을 크게 2가지 자산으로 분류할 수 있다는 것이다.

유형자산의 건물

부동산임대업을 주업으로 하고 있다면, 건물을 가지고 있을 것이다. 해당 건물을 이용해서 매월 월세라는 경제적인 이득이 기업으로 유입될 것이다. 즉, 해당 건물을 '이용'해서 수입이 발생되므로 이는 유형자산으로 분류된다.

재고자산의 건물

부동산매매업을 주업으로 하고 있는 기업의 건물은 재고자산으로 분류된다. 즉, 건물을 '매매'함으로써 미래 경제적 이득이 유입될 것이므로 이는 재고자산으로 분류된다.

위 2가지로 분류됨으로써 단순히 자산의 항목만 분류되는 것은 아니다. 투자자 입장에서 기업을 평가할 때는 크게 4가지를 기준으로 잡는다.

1. 성장성 지표
2. 활동성 지표
3. 수익성 지표

4. 안정적 지표

유형자산으로 본다면 안정적 지표에 영향을 미칠 것이고 재고자산으로 본다면 수익성 지표에 영향을 미칠 것이다. 이는 결국 투자자 입장에서는 투자를 선택함에 있어 중요한 의사결정의 기준이 될 수 있다.

기업은 자산을 통해서 돈을 벌어들이고 외형을 키워나간다. 돈이 돈을 버는 세상이기 때문에 현금은 더 큰 현금을 벌어준다. 건물(유형자산, 재고자산)은 기업에게 월세 혹은 건물을 이용해서 더 큰 가치를 창출하도록 도와준다. 상품(재고자산)을 판매함으로써 매출액을 발생시킬 수 있고. 주식(투자자산) 등은 배당금이나 이자수익의 발생 요인이 된다. 즉, 자산은 현재 당장은 손에 쥐어지는 현금은 아닐 수 있지만, 미래 경제적 효익을 가지고 올 수 있는 계정이다.

부채는 회계적으로 '미래 경제적 효익의 유출'을 의미한다. 법률적으로 부채는 '의무'라는 말로 사용된다. 의무는 용역을 제공함으로써 이행할 수도 있고, 현금의 유출을 통해서 이행할 수도 있다.

사채라는 부채계정을 살펴보자. 사채는 회사채의 다른 말로 일반인들에게 사채라는 증서를 써주고 매기 이자와 만기에 원금을 갚는 조건으로 돈을 빌린 것과 같다. 그럼 매기 정해진 기간에 이자비용으로 돈이 유출된다. 그리고 만기에 원금을 갚으려면 또 현금이 유출될 수 밖에 없다. 이는 사채라는 의무를 현금의 유출을 통해서 이행하는 것이다.

 자본은 주주의 몫이다. 자본의 정확한 정의는 '자산-부채'인 순자산이다. 기업의 모든 자산으로 부채를 갚고 남은 재산은 모두 주주의 것이다. 주주는 기업 입장에서는 주인이다. 주주에게 귀속되는 자본은 언젠가는 주주에게 배당을 통해서 자산이 유출되거나 청산 후에 잔여재산 분배를 통해 유출될 것이 분명하다. 천년만년 살아남는 기업은 없기 때문이다. 즉, 자본이란 계정은 언젠가는 주주에게 넘어갈 의무로 볼 수 있기 때문에 자산에 속하는 차변이 아니라 대변에 속하게 된다.

회계의 순환과정이
무엇인가요?

"재무제표상 자산, 부채 그리고 자본을 알기 위해선 회계의 순환 과정을 알아야 합니다."

사업을 시작함에 있어 준비한 자본금이 매출을 증대하기 위한 물건사입, 급여지급 등으로 유출될 것이다. 자본금은 유출되지만 이는 회계상 자산이 될 수도, 비용이 될 수도 있다. 이를 이해하려면 회계의 순환 과정을 먼저 이해해야 한다.

회계의 순환 과정은 회계기록의 대상이라고 할 수 있는 회계상 거래를 식별하여 장부상에 기록(앞서 말한 분개)한 후에 이를 요약하여 재무제표를 작성하기까지 일련의 과정이 순환하는 과정을 의미한다. 1년간 회계상 거래를 분개하고 원장에 전기했다면 회계기간 말에 결산절차를 수행해야 한다.

여기서 결산이란 회계연도 말에 회사의 자산, 부채 자본의 재무상태를 확인하고, 그 기간에 생긴 순이익(손실)을 명확하게 계산하기 위해서 장부를 마감하고 재무제표를 작성하는 과정을 말한다.

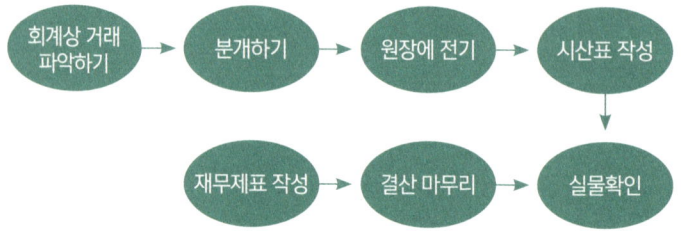

각 단계를 세분화하면, 1 회계상 거래를 파악하고, 2 분개를 한다. 3 원장에 전기하고, 4 시산표를 작성한다. 5 실물확인을 하고, 6 결산 마무리 작업을 수행한다. 7 재무제표를 작성한다. 구체적으로 설명하면 다음과 같다.

1 회계상 거래 파악하기

회계상 거래를 앞에서 살펴본 바와 같이 모든 거래 중에서 자산, 부채, 자본의 변동을 수반하면서 금액을 확정할 수 있는 거래를 말한다. 이러한 거래를 빠짐없이 파악해서 기록하는 것이 회계담당자의 역할이다. 장부에 자산, 부채, 자본, 수익, 비용에 영향을 주는 모든 거래를 추적하고 증빙을 근거로 수집해 두는 것이 필요하다.

2 분개하기

회계상 거래를 파악했다면 그 거래를 차변과 대변으로 나누어 분개를 하는 것이 필요하다. 분개는 일반적으로 전표를 통해서 이루어지며, 이를 분개장이라고도 한다. 예를 들면, 거래처와의 관계를 도모하고자 회식비용으로 100만 원을 사용했다고 하자. 그럼, 이는 자산의 감소를 일으키며 금액도 확실한 회계상 거래다. 이런 거래는 차변에 비용 발생인 '접대비'를 기록하고, 대변에 자산 감소인 '현금'을 기록하는 분개를 해야 한다.

(차변) 접대비 100만 원   (대변) 현금 100만 원

③ 원장에 전기

분개한 것을 원장에 옮겨 적는 것을 '전기'라고 한다. 원장은 다른 말로 T계정이라고도 하는데, 이는 계정과목별로 설정한다. 원장인 T계정은 차변과 대변에 각각 대응되는 계정을 적고 금액을 기록한다. 그리고 남는 잔액은 나중에 시산표로 보내면 된다. 앞의 접대비 지출의 사례를 원장에 전기하면 다음과 같다.

접대비		현금	
현금 100만 원		기초 500만 원	접대비 100만 원

나중에 접대비 잔액 100만 원은 시산표의 차변에 접대비 항목으로

보내서 집계하고, 현금 잔액 400만 원은 시산표의 차변에 현금 항목으로 집계한다.

④ 시산표 작성

아무리 꼼꼼한 사람도 실수를 하게 마련이다. 이러한 실수를 파악하고 바로잡도록 도와주는 것이 있으니 그것이 바로 '시산표'이다. 계정과목마다 차변과 대변의 금액이 남아 있고 그 합계를 구해서 적으면 이것이 합계잔액 시산표가 된다. 시산표는 자산, 부채, 자본, 수익, 비용의 계정과목별로 차변과 대변에 금액을 적어서 합계를 내면 대차평균의 원리에 따라서 양쪽 금액이 일치해야 하는데, 만약에 일치하지 않는 경우 그 오류를 찾아내기 위해서 고안된 표이다.

[참고] 시산표 양식

기준일자 : 20 년 월 일   작성일자 : 20 년 월 일

잔액	누계	월계	이월	계정과목	이월	월계	누계	잔액
100	150	50	150	(유동자산)	300	100	150	50
				현 금				
				당좌예금				
				보통예금				
				정기예금				
				정기적금				
				받을어음				
				외상매출금				
				상 품				
				제 품				
				반 제 품				
				재료부품				
				대 여 금				
				공 과 금				
				선지급금				
				(고정자산)				
				장치장식				
				집기비품				
				차량운반구				
				철 형				
				전화가입비				
				출 자 금				
				보 증 금				
				임원보험				
100	150	50	150	<자산합계>	300	100	150	50
				(유동부채)				
				지급어음				
				외상매입금				

5 실물확인

시산표에 의해서 양쪽의 금액이 일치한다면 누락된 거래가 없는 이상 큰 오류는 없는 것이다. 그럼 결산으로 가기 전에 장부상에 있는 계정과목이 실제로 존재하는지를 확인해야 한다. 원장에 금액은 장부상 금액이라고 하는데, 실제로 재고자산이나 유형자산의 실물을 보고 파손이나 부패된 것이 있으면 일정한 금액을 감액해 줄 필요가 있다. 그리고 현금 및 현금성 자산은 은행의 통장잔액을 확인해서 일치하는지 확인할 필요가 있고, 유가증권은 분실되지 않았는지 확인해 보아야 한다.

6 결산 마무리

시산표로 대차평균이 맞는지 확인했고, 계정과목별로 실물과 일치하는지까지 확인했다면 이제 결산 마무리 단계로 돌입하면 된다. 결산 마무리 단계에서는 가수금, 가지급금 등 가계정(임시계정)을 없애고 본계정으로 대체해야 한다. 보통 가수금은 잡수익으로 바뀔 수도 있고, 가지급금은 대여금이나 잡비 등으로 바뀔 가능성이 크다. 그리고 인위적으로 설정하는 비용인 감가상각비를 설정하는 등 자산 중에 비용화시켜야 하는 것들을 비용으로 만들어 준다.

7 재무제표 작성

이제 결산 마무리 단계를 거쳐서 빠짐 없이 자산, 부채, 자본, 수익,

비용을 모두 검토했다. 이제는 자산, 부채, 자본을 종합해서 '재무상태표'를 작성하고, 수익과 비용을 종합해서 '손익계산서'를 작성한다. 그리고 자본의 변동 내역을 종합해서 '자본변동표'를 작성하고, 현금흐름을 별도로 파악하여 '현금흐름표'를 작성한다.

주식하려면
회계를 알아야 하나요?

"그냥 복권을 사는 마음으로 주식을 사는 것이라면 회계를 몰라도 됩니다. 다만 제대로 분석해서 저평가된 주식을 고르고 그것에 투자해서 장기적으로 큰 이익을 얻을 생각이라면 회계를 반드시 공부해야 합니다."

가치투자는 주식투자의 정석

가치투자는 기업가치의 펀더멘털 fundermentals을 보고 주식에 투자하며 투자 타이밍을 따지지 않는다. KOSPI가 상승하는지 혹은 폭락하는지 등에 대해서는 관심을 두지 않는다. 오직 투자하기로 마음먹은 기업의 재무제표와 시장의 지표를 비교하여 저평가되어 있는지 고평가되어 있는지가 관심거리이다. KOSPI 등 주가지수는 앞으로 어떻게 변할지 알기 힘들다. 이러한 주가지수보다는 정말 괜찮은 기업이 어떤 기업인지를 발굴하는 데 모든 힘을 쏟는다. 기업가치를 분석하고 시장과 비교해서 저평가된 기업에 투자하고 장기 보유하면 그만이다.

기업의 수익성, 안정성, 활동성 등이 기업가치를 결정하게 되어 있고, 이는 적정 주가를 파악할 수 있게 해준다. 이 적정 주가와 실제 주가를 비교하면 고평가 혹은 저평가 여부를 알 수 있는 것이다. 이런 작업을 위해서 회계는 필수지식이라 할 수 있다.

투자자의 투자의사결정은 적정 주가가 실제 주가와 얼마나 근접해 가는지가 투자와 그 시기를 결정한다. 가치투자를 하려는 사람은 실제 주가가 적정 주가보다 훨씬 낮을 때 미리 그 주식을 매수한다. 실제 주가가 적정 주가보다 높아지면 그 주식을 팔아서 매매차익을 챙기려는 것이다. 만약에 실제 주가가 적정 주가를 향해 움직이지 않게 되면 이런 분석이 큰 의미를 가지지 않는다. 이를 전문적 용어로 '가치함정'에 빠졌다고 한다.

그러면 실제 주가가 적정 주가로 움직여간다는 것을 어떻게 믿으란 말인가? 이는 워렌버핏의 스승인 벤자민 그레이엄의 가르침에서 힌트를 얻을 수 있다. 그레이엄은 시장의 보이지 않는 손이 주식시장의 가격을 적정가격으로 이끄는데, 그것은 시장에서 거래가 빈번하게 일어나는 과정에서 장기적으로 그럴 수밖에 없는 원리라고 설명하였다. 장기적으로 기업의 실질적인 내재가치를 반영한 적정 주가로 수렴하는 것은 주식투자자들의 거래 때문이다. 그레이엄의 논리는 장기가 되면 투자자들이 기업의 진정한 가치를 알게 된다는 가정이 깔려있는 듯하다. 요즘 회계지식이 풍부해지고 있다. 이렇게 회계지식이 전파되다보면 모든 투자자들이 적정 주가를 알게 될 것이다. 그러나 아직은 그정도 수준은 아니다.

 여기서 실제 주가가 적정 주가로 수렴하게 되는 장기가 언제인지에 대해서는 어느 누구도 명확한 답을 주지 못하고 있다. 사실 이게 문제다. 1년 혹은 10년간 저평가된 주식도 시장에 존재한다. 평생 가치가 오르지 못하다가 상장폐지되는 기업도 있지 않던가. 주식투자에는 가치투자기법만 통용되는 것은 아니지 않던가. 너무 이를 맹신하는 것은 옳지 않다. 하지만 적어도 다른 투자기법에 비해서 확률적으로 수익을 낼 가능성이 높을 뿐이다.

 워렌버핏 덕분에 가치투자와 재무제표에 대한 관심이 높아졌다. 옛날만 해도 회계공부를 해서 주식투자를 한다고 하면 고리타분한 사람이라는 평가를 받았다. 즉, 교과서만 공부하고 수능친다는 비유를 들을 정도였다. 그러나 지금은 많은 투자자들이 기업의 펀더멘털인 내재가치를 철저하게 재무제표로 분석하고 업종을 파악하고 차근차근 정공법으로 투자하는 것이 안정적인 수익을 보장해준다는 것을 깨닫고 있다.

기업가치의 변화를 잡는 회계

주식투자로 돈 버는 방법이 뭘까? 투자 수익을 내는 가장 확실한 원칙은 진짜 좋은 주식을 사는 것이다. 즉, 내재가치가 튼튼한 회사의 주식을 사야 한다는 것이다. 그러나 기업의 내재가치를 파악하기 위한 재무적 분석은 회계지식을 필요로 하는 매우 어려운 문제다. 그렇다고 개인 투자자들이 모든 회계지식을 다 알 필요는 없다. 주식투자를 하기 위해서 경영학을 전공할 필요는 없듯이 말이다. 그냥 이 책에 나온 정도면 충분하다.

기업의 내재가치를 위한 자료는 재무제표에 다 있다. 재무제표를 보면 이 기업이 영업활동을 잘하고 있는지, 빚은 얼마나 지고 있는지 혹시 위험한 요소는 없는지 등을 잘 파악할 수 있다. 경제 환경과 산업에 대한 센스는 뉴스만 잘 들여다보아도 파악이 된다. 그러나 종목에 대한 센스는 절대로 뉴스만 봐서는 알 수 없다. 재무제표를 보아야 한다. 가치투자를 위해서는 재무제표는 처음부터 끝까지 중요하다. 적어도 대충 투자해서 손해를 보지 않으려면 말이다.

재무제표는 회계지식만 있으면 충분히 분석할 수 있다. 이미 투자자들은 재무제표를 통해서 수많은 정보를 비교하고 있다. 인터넷 커

뮤니티만 들어가 봐도 기업별로 어떤 재무제표를 보아야 하는지 분석하고 있는 사람들이 상당히 많다. 재무제표를 둘러싼 회계지식 몇 가지만 있으면 주요 지표를 여러분이 직접 생산해내서 주식을 비교해 볼 수 있을 것이다. 재무제표는 일정시점의 재산상태를 나타내는 '재무상태표', 일정기간의 경영성과를 나타내는 '손익계산서', 일정기간 기업의 현금흐름을 보여주는 '현금흐름표' 등이 있다. 이 중에 손익계산서와 재무상태표 분석 지식은 주식투자자에게 필수다.

아래 표의 지표들은 모두 재무제표에서 구할 수 있는 지표들이다.

I 안정성 지표

구 분	산식	비고
자기자본비율 20% ↑	매출액 / 자기자본	· 타인자본(부채)이 많은 경우 이자비용이 발생하게 됨
부채비율 400% ↓	부채 / 자기자본	· 이자율은 기업재무구조에 따라 달라지며, 세무적으로는 가지급금관련 세무조정 발생함
차입금의존도 50% ↓	총차입금 / 자기자본	
유동비율 40% ↑	유동자산 / 유동부채	· 기업의 지급능력을 나타내는 지표, 신용분석지표로 가장 중요

II 활동성지표

구 분	산식	비고
총자산회전율 1.5회 ↑	매출액 / 총자산	· 기업이 가지고 있는 자산이 얼마만큼의 매출을 일으키는가의 지표 · 전기수치와 비교하는것이 타당, 동종업계의 비율은 참고만해도 됨
매출채권회전율 6.0회 ↑	매출액 / 매출채권	· 매출채권이 얼마나 빨리 회수되고 있는지 판단하는 지표 · 전기에 비해서 증가한다면 기업의 활동성을 증대시켜 미래수익 높여줄것
재고자산회전율	매출액 / 재고자산	· 1년 매출액이 재고자산이 몇번 회전해서 구성된 것인지 판단하는 지표 · 높을수록 재고자산이 빨리 팔렸다고 볼 수 있음

III 성장성 지표

구 분	비고
매출액증가율 20% ↑	· 총자산이 증가했다는 의미는 기업이 이익을 산출하기 위한 투자, 설비, 금융상품이 많아졌다는 의미 · 당사의 경우 매출액대비 각종 이익율을 나타내는 지표가 낮게 나온다면 이익율을 높일 방안 강구할 것 · 자산은 수익자산과 무수익자산으로 나눌 수 있으므로 해당 지표만으로 판단해서는 안됨
총자산증가율 20% ↓	
유형자산증가율 20% ↑	
자기자본증가율 20% ↑	

Ⅳ 수익성지표

구 분	산식	비고
총자산순이익률 10% ↑	당기순이익 / 총자산	· 회사는 규모보다는 내실이 중요하다. 그러므로 자산등과 당기순이익의 비율을 살펴보면, 얼마나 효율적 경영을 하여 이익을 남기는지 알 수 있음
자기자본순이익률 20% ↑	순이익 / 자기자본	· 총자산(설비등), 자기자본(주주의 투자), 매출액(거래,영업)대비 이익을 나타냄
매출액순이익률 5% ↑	순이익 / 매출액	
이자보상비율 1.5배 ↑	영업이익 / 이자비용	· 기업이 타인자본(이자)으로 영업을 하여 얼마나 이익을 남기는지 나타내는 지표

1. 안정적으로 운영되고 있는지
2. 활동성은 어떤지
3. 성장성은 어떤지
4. 현재 수익성은 어떤지

위 4가지 지표에 대해서 재무제표를 보고 산출해서 의사결정을 내리는 것이 직관에 의존하는 것보다는 자신의 선택에 좀 더 확신을 가질 수 있을 것이다.

분식회계가 뭔가요?

"분식회계는 의도적으로 장부를 조작하여 기업의 경영성과나 재산상태를 왜곡하는 것을 말합니다. 우리가 흔히 알고 있듯이 나쁜 기업을 좋은 기업으로 둔갑하는 분식회계도 있지만, 좋은 기업을 나쁜 기업으로 깎아내리는 역분식회계도 있습니다."

2017년 1월부터 시작된 금융위원회의 회계 투명성과 신뢰성 제고를 위한 종합대책에 대한 발표는, 글을 쓰는 2021년 현재까지 더욱 더 강화되고 있다. 이에 따르면 외부감사인의 독립성을 높이기 위해서 회계 분식 발생시 영향이 크거나 분식 발생이 쉬운 회사는 회계법인이 자유수임을 제한하고 정부의 지정수임으로 한다는 것이 큰 골자였다. 또한 회계 부정에 대한 제재 수준을 10년 이하의 징역 등으로 대폭 강화했다. 회계 부정은 그 이해관계자가 다수이기 때문에 위험성도 어마어마하다.

회계 부정의 가장 대표적인 것이 분식회계다. 분식회계粉飾會計는 한자로 보면 더 명확한 의미를 볼 수 있다.

粉: 가루 분   飾: 꾸밀 식   會: 모일 회   計: 수를 셀 계

분을 가지고 이쁘게 꾸미기 위해서 사람들이 모여 숫자를 센다는 뜻이다. 이는 분식회계의 행태를 정확하게 보여주는 말이 아닐 수 없다. 분식회계는 절대로 혼자서 할 수 없다. 기업은 거대한 조직이기 때문에 혼자서 아무리 장부를 조작하려고 해도 보고나 결재 과정에서 들통나게 마련이다. 때문에 여러 명이 모여서 공부하여 장부를 변형하거나 없는 거래를 만들거나 숫자를 조작하게 된다.

분식회계는 하나가 아니다?

우리가 흔히 알고 있는 매출액을 부풀리거나 자산을 크게 부풀려 잡거나 비용을 줄여서 성과를 많이 낸 것처럼 꾸미는 것들은 일반적인 '분식회계'가 맞다. 이렇게 기업을 좋은 쪽으로 포장하는 분식회계가 아닌 기업이 망해가는 것처럼 조작하는 방식도 있는데 이를 '역분식회계逆粉飾會計'라고 한다. 그렇다면 일반적인 분식회계와 역분식회계는 왜 하는 걸까?

일반적인 분식회계는 우리가 흔히 알고 있듯이 해당 기업을 좋은 기업으로 둔갑시킨다. 재무제표만 보면 이익이 많이 나는 우량기업이고, 자산규모가 크고 재무구조가 건실한 기업이 된다. 이런 기업의 임원들은 이해관계자들을 현혹시키고 자금을 조달하거나 고객을 모으거나 일정한 요건을 충족시킨 다음 증권시장에 상장시키는 등 기업을 통해 이득을 취할 목적으로 행한다. 어떤 의도에서건 경영진의 이득을 위해서 나쁜 기업을 좋은 기업으로 둔갑시키는 눈속임이 분식회계인 것이다.

이와 달리, 역분식회계는 좋은 기업 혹은 괜찮은 기업을 나쁜 기업으로 깎아내리는 기법이다. 좋은 기업을 나쁜 기업으로 둔갑시키는 데에는 여러 가지 이유가 있을 것이다. 그중에서 가장 큰 이유 두 가지는 경영권 확보 또는 시세차익을 위한 '지분 확보' 목적과 세금을 적게 신고하는 '탈세' 목적이 있다.

우선 지분 확보를 목적으로 기업의 경영성과를 악화시키는 수법은 M&A에서 널리 쓰이는 방법이었다. 대주주가 해당 기업의 주식을 싸게 확보하기 위해서 그 기업의 경영성과가 나쁘게 나오도록 매출을 누락하거나 비용을 과다하게 잡아 당기순이익을 끌어내리거나 손실로 만들어버린다. 이렇게 손실이 나는 것으로 공시된 이 기업은 주식시장에서 매력적이지 않은 기업으로 낙인이 찍혀 주가가 떨어지게 된다. 일시적으로 주가가 내려가면 역분식회계를 주도했던 세력은 해당 주식을 헐값으로 매수하여 지분율을 늘리고 다음 회계연도에 다시 이익을 만들어 주가를 올리면 시세차익과 지분율 확보를 동시에 할 수 있다.

이보다 더 많이 쓰이는 방법이 탈세 목적으로 이익을 낮게 만들어버리는 방법이다. 세법상으로 세금은 당기순이익에서 시작해서 세무조정을 거쳐 과세표준을 계산하여 걷어가게 된다. 순이익이 많이 나는 기업이 많은 세금을 내는 것은 당연한 것이다. 이런 논리를 이용해서 순이익을 낮추기 위해 인위적으로 수익을 누락하거나 회계처리방법을 조작하여 비용을 과다하게 몰아서 잡으면 순손실을 만들어 낼 수 있다. 손실이 나는 회사는 과세표준도 없기 때문에 세금을 내지 않게 된다. 이런 방식으로 세금을 탈루한다.

회계감사, 감사의견이 뭐죠?

"회계감사는 내부감사와 외부감사로 나눌 수 있습니다. 일반적으로 우리가 생각하는 회계감사는 외부감사이지요. 공인회계사인 감사인은 회계감사 결과 감사의견을 표명하게 되는데요. 그 의견에 따라 기업의 생사가 결정되기도 합니다."

내부감사 vs 외부감사

회계감사는 내부감사와 외부감사로 나뉘어진다. 내부감사는 기업 내부의 별도의 감사팀이나 내부감사인이 위험요소를 모니터링하고 자체적으로 규정에 맞게 검토하는 것을 의미한다. 내부감사는 기업의 내부자들에 의해서 이루어지므로 객관성이 떨어질 수 있다.

한편, 외부감사는 우리가 흔히 접하는 '회계감사'라고 할 수 있다. 이는 국가로부터 권한을 부여받은 '공인회계사$_{CPA}$'에 의해서 기업의 재무제표가 적정하게 작성되었는지를 감시받는 것을 의미한다. 외부감사는 기업회계기준과 외부감사에 관한 법률, 국제감사기준 등 법과 규정에 따라 엄격하게 이루어진다.

분식회계의 감시자, 공인회계사

옛날에는 공인회계사가 감사대상 기업과 내통하여 부정한 회계처리를 눈감아 주거나 함께 공모하여 회계 부정을 저지르기도 했지만 지금은 워낙에 감독도 살벌하고 법규도 엄격하여 불가능에 가깝다. 분식회계를 회계사가 눈감아 주었다가는 대우그룹 사태로 인한 산동회계법인의 몰락, 미국의 엔론 사태에 의한 아더 앤더슨의 몰락처럼 회계법인 자체가 공중분해되어 날아갈 수도 있다. 당연히 해당 기업을 감사했던 회계사들은 엄청난 벌금을 물거나 구속되기도 한다. 가끔 이렇게 손실을 보게 된 주주가 조직폭력배인 경우도 있었는데, 쥐도 새도 모르게 회계사를 잡아가서 해를 끼칠지도 모를 일이다.

요즘에는 회계감사를 잘못하면 회계사는 재기가 불가능하다는 말이 나돌 정도로 회계감사는 엄격한 영역으로 발전하고 있다. 이는 기업의 부정과 재무제표 분식회계를 감시해야 할 회계사들의 어깨가 더 무거워졌음을 의미한다.

회계감사는 재무제표에 대한 의견 제시로 끝

회계감사는 공인회계사(회계법인)가 기업의 재무제표가 기업회계기준(상장기업의 경우 국제회계기준)에 따라서 적정하게 작성되었는지를 검토하여 감사의견을 제시하는 것으로 마무리된다. 공인회계사는 기업의 재무제표를 감사하고 적정의견, 한정의견, 부적정의견, 의견거절 등을 표명하게 된다. 이것이 감사의견이다.

1. 적정의견

적정의견은 공인회계사인 감사인이 감사 범위에 제한을 받지 않고 회계감사 기준에 의거하여 감사를 한 결과, 해당기업 재무제표가 기업회계기준에 따라 적정하게 작성하여 신뢰할 수 있다는 것을 밝힌 것이다.

사실 실무적으로 우리나라 상장기업의 재무제표를 감사한 결과인 감사 보고서를 보면 90% 이상이 적정의견이다. 공인회계사가 적정의견 이외에 다른 의견을 주기는 정말 쉽지 않다. 다른 의견을 받은 기업은 상장이 폐지되거나 다른 불이익을 입기 때문이다. 만약에 상장이 폐지되어 주식이 휴지조각이라도 된다면 주주들은 회계법인으로 몰려와 공인회계사의 멱살을 잡을 것이다.

적정의견은 감사인이 보기에 기업의 재무제표 감사과정에서 기업이 요구하는 자료를 성실하게 제공하여 감사에 지장이 없었고, 재무제표도 국제회계기준에 맞게 잘 작성되어 있다면 여기에 해당한다. 여기서 주의해야 할 점은, 적정의견이 나왔다고 이 기업이 우량한 기업이라고 보장하는 것도 아니며, 재무제표를 잘 작성했다고 해서 부정이나 분식회계가 전혀 없다고 보장할 수도 없다는 점이다.

2. 한정의견

감사인이 수행할 수 있는 감사범위가 부분적으로 제한된 경우 혹은 감사를 실시한 결과 기업회계기준에 따르지 않은 몇 가지 사항이 있지만 해당 사항이 재무제표에 그다지 큰 영향을 미치지 않는다고 판단한 경우에 제시하는 의견이다.

한정의견은 재무제표의 작성이 전체적으로는 양호한 편이지만 일부분에서 중요 정보의 공시가 되지 않았거나 기업회계기준(국제회계기준)에 따라 작성하지 않은 일부분이 문제가 되는 경우에 제시하는 의견이다. 한정의견은 상장폐지가 되는 의견이지만 부적정의견이나 의견거절처럼 즉각적으로 폐지되는 의견은 아니다. 한정의견을 받으면 최초에는 관리종목으로 지정이 되며, 연속해서 두 번 한정의견을 받으면 상장이 폐지된다.

3. 부적정의견

기업회계기준에 위배되는 사항이 재무제표에 중대한 영향을 미쳐 기업의 경영상태가 전체적으로 왜곡되었다고 판단된 경우 감사인이 표명하는 의견이다.

부적정의견은 해당 기업의 재무제표가 기업회계기준(국제회계기준)을 전체적으로 지키고 있지 않은 경우에 내려진다. 회계감사를 했는데 이 기업의 재무제표는 총체적 난국일 정도로 작성 상태가 엉망이라는 의견이다. 웬만해서는 부적정의견이 나가지 않는다는 사실만 보아도 재무제표가 얼마나 엉터리인지 알 수 있다. 부적정의견을 받으면 즉각적으로 상장폐지가 되는 특징이 있다.

4. 의견거절

감사인이 감사보고서를 만드는 과정에서 필요한 증거를 얻지 못하여 재무제표 전체에 대한 의견표명이 불가능한 경우나 기업의 존립에 의문을 제기할 만한 객관적인 사항이 중대한 경우, 혹은 감사인이 독립적인 감사업무를 수행할 수 없는 경우에 의견거절을 하게 된다.

의견거절은 기업의 부도나 회계부정처럼 기업운영 자체가 심각한 위기에 처해 있을 경우이거나 감사 증거의 확보가 어려워 정상적인 회계감사가 불가능한 경우에 제시하는 의견이다. 기업 자체가 쓰레기라고 판단이 될 경우에 내려지는 의견이기 때문에 그 영향력도 크다. 의견거절이 내려지면 즉각적으로 상장이 폐지된다.

직장인에게
회계가 중요한가요?

"회계는 경제생활을 하기 위한 최선의 무기이자 경제적 위험에서 자신을 지킬 수 있는 방패입니다. 회계를 모르고 직장생활을 할 경우 경쟁자들에게 자신의 위치를 위협받아도 아무것도 못 하게 될 것입니다. 지금이라도 기본적인 개념은 익혀두세요."

코로나19로 인해 대다수 국민과 직업군은 피해를 입고 있지만, 반대로 수혜를 받는 기업도 적지 않은 와중에 자신이 몸 담고 있는 회사의 상태는 어떤지, 이직을 생각한다면 이직할 회사의 상태는 어떤지 등을 객관적인 지표로 판단할 수 있는 능력 또한 필요하다.

직장생활을 하다보면 처음에는 중요한 업무를 맡아서 하기는 힘들다. 선배들이 시키는 일이나 단순작업만 돌아온다. 그러다가 갑자기 3년차가 지나면서 승진이라는 것을 하게 되면 여러 가지 프로젝트가 물밀 듯이 밀려온다. 한마디로 기회가 흘러들어오는 것이다. 기회는 준비된 자에게만 의미가 있다. 준비되지 않은 자에게는 오히려 기회는 재앙이다. 내게 프로젝트가 맡겨져도 업무 간의 연계성이나 철저한 계산 하에 일을 진행해보지 않았다면 그 일을 망칠 수 밖에 없다.

거시적으로 업무를 해본 적도 없고 그에 대한 지식도 없기 때문이다.

회계 지식은 기회를 위한 투자다. 내가 평생 말단 사원으로만 있을 거면 회계를 몰라도 된다. 굳이 경영할 일이 없을 테니까. 그러나 내가 조금이라도 위로 올라가게 되고 부서 단위, 팀 단위, 기업 단위의 경영자로 성장하려면 회계는 필수적인 도구다.

재무제표를 통한 경영으로 가장 성공적인 사례를 보인 기업으로는 SK하이닉스가 있다. 피터 드러커도 <프로페셔널의 조건> 등의 저서에서 재무제표를 알아야 한다고 강조한 바 있다. 언제까지 신입사원으로 남아있을 것인가? 경영자가 되기 위한 준비를 해야 하지 않겠는가? 이 점이 지금이라도 직장인들이 회계공부를 해야 하는 이유이다.

내 제품의 원가를 알아보는 회계, 원가회계

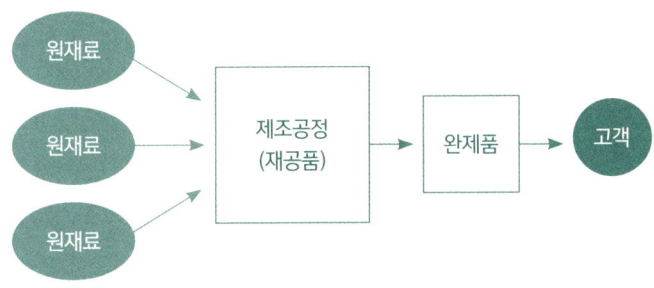

지금 주변을 둘러보면 많은 물건들이 보일 것이다. 필자 앞에는 노트북이 놓여 있는데, 이는 HP라는 브랜드의 제품이다. 이런 제품은 공장에 원재료가 투입되어 완성품이 만들어지기까지 수많은 가공공정을 거치게 된다. 그 공정 Process 자체가 시간과 돈을 잡아먹는다. 오히려 원재료보다도 이런 과정에서 들어가는 비용이 훨씬 비싸다.

그럼 우리가 사용하는 다양한 제품을 기업에서 제조할 때 원가계산을 구체적으로 어떻게 하는 걸까?

기본적으로 제품은 원재료에서 시작한다. 원재료를 투입해서 가공을 거치게 되고 이 가공 과정에서 발생하는 것이 가공비이다. 원재료를 투입하여 발생하는 재료비와 가공을 하면서 발생하는 가공비의 합계가 바로 제품을 제조하는 데 들어가는 제조원가인 것이다.

원재료는 구입하여 제조 공정에 투입된다. 이렇게 투입된 원재료의 원가를 직접재료비DM, Direct Material라고 한다. 그리고 가공 공정에서는 공정의 노동자들이 수작업을 통해 조립과 가공을 주도한다. 이때, 이런 노동자에게 지급되는 임금이 직접노무비DL, Direct Labor이다. 이렇게 원재료와 노동자만으로 제품이 완성될 리가 없다. 공장을 돌리기 위해서 전기료도 들어가고 수도료도 들어간다. 기계를 돌리다 보면 컨베이어 벨트가 마모되기 때문에 감가상각비도 발생한다. 게다가 공장관리자의 급여와 공장을 빌려쓰는 데에도 임차료가 들어간다. 이렇게 제품을 만드는 과정에서 간접적으로 발생하는 가공비를 제조간접비OH, OverHead cost라고 한다.

이처럼, 당기에 발생한 직접재료비DM, 직접노무비Direct Labor, 제조간접비OverHead Cost를 합쳐서 당기총제조원가라고 부른다. 즉, 제조공정에 투입된 모든 제조원가를 의미하는 것이다. 이 당기총제조원가는 제조공정에 집계되어 재공품Work In Process이라는 계정과목으로 집계되고 제품이 완성되면 완제품Finished Goods이라는 계정과목으로 전기되어 기록된다.

모든 제조원가는 재공품을 거쳐 제품으로 탄생하는 과정을 거치는 것이다. 이는 사람이 태어나서 교육을 받고 한 명의 어른으로 성장하는 과정과 유사하다. 원재료는 어린 아기라고 볼 수 있고, 이런 아기를 교육시키는 과정에서 청소년기가 오는데, 이 시기를 재공품이라고 볼 수 있다. 재공품은 미완성의 제품이라는 개념이다. 어른이 된 아이의 상태가 완제품이라고 볼 수 있는데, 완제품 상태에서는 기업 외부로의 판매가 가능한 상태이다.

　이렇게 제품의 원가가 계산되는 과정을 알면 지금 우리가 사용하는 제품을 만드는 데 얼마나 비용이 들어갔을지를 추측해 볼 수 있다.

관리도 회계적으로, 관리회계

"경영자를 위한 관리회계는 제품의 원가를 계산하는 데에서 그치지 않고, 경영의사결정을 지원하거나 원가를 통제하고 성과평가에 반영하는 분야까지 발전하였습니다."

관리회계는 기업 내부의 경영자가 의사결정을 하는 데 필요한 경제적 정보를 제공하는 내부 경영을 위한 회계를 의미한다. 관리회계의 주요한 의사결정은 기업의 CEO부터 종업원에 이르기까지 다양한 문제를 다룰 수 있다. 경영자가 자신에게 주어진 자원을 활용해서 특정한 프로젝트를 수행할 수 있도록 회계정보를 해석하기 위한 기본이 되는 정보가 원가정보이다.

관리회계는 큰 틀에서는 원가정보를 생산하는 원가회계와 원가정보를 활용해서 경영의사결정에 사용하는 관리회계로 세분화 할 수 있다. 관리회계는 또다시 의사결정을 위한 이론과 성과평가와 원가통제를 위한 이론으로 나눌 수 있다. 구체적으로 원가회계와 관리회계의 분야를 살펴보면 다음과 같다.

1. 제품 원가계산 분야

제품 원가계산 분야는 기업의 제품 원가를 계산하고 이를 통해 손익계산서상의 매출원가와 재무상태표상의 기말재고자산 가액을 결정하는 분야다. 원가계산은 보통 생산하는 제품의 원가가 얼마인지 결정하기 때문에 제조업에서는 매우 중요한 분야다. 앞서 설명했듯이 기업제품의 원가는 직접재료비, 직접노무비, 제조간접비로 구성된다. 일반적으로 판매관리비와 영업외비용은 제품원가에서 제외되므로 이를 구별해내는 것이 중요한 이슈다.

2. 의사결정 분야

의사결정 분야는 경영활동을 지원하기 위한 정보를 수집하여 경영활동을 위한 계획을 수립하고 어떤 활동을 수행할지에 대한 의사결정을 지원하는 분야다. 구체적으로는 어떤 사업대안이 있다면 그것에 투자하는 것이 타당한지를 따져보고 타당하다면 투자를 진행하도록 돕는 역할을 수행한다. 의사결정은 확실한 대안 간의 비교도 수행하지만 최근에는 불확실한 경제상황을 가정해서 확률적으로 의사결정을 할 수 있도록 이론이 발전하고 있다.

3. 원가통제 및 성과평가 분야

원가통제 및 성과평가 분야는 예정원가 혹은 미리 설정된 표준원가와 실제 발생한 원가 간의 차이를 계산해서 기업에 유리한 차이는 더욱 유리한 방향으로 이끌어주고, 불리한 차이는 책임을 묻는 식으로 통제하도록 도와주는 분야다. 구체적으로 예산과 표준을 설정하고 실제원가와 차이는 부서별로 성과평가를 가능하게 하여 성과상여금에 반영할 수 있는 객관적 기준을 제공해 준다. 반대로 원가가 아닌 판매수익 측면에도 예산과 실제를 비교할 수 있는 기준을 통해서 성과평가에 반영하고 있다. 이러한 척도를 지속적으로 발전시키는 것이 이 분야의 과제라고 볼 수 있다.

세금을 줄이기 위한, 세무회계

"세무회계는 재무회계와 달리 세금신고를 목적으로 세법이라는 기준에 따라서 행하는 회계입니다."

세무회계는 재무회계와는 달리 그 목적이 확실하다. 바로, 세금을 걷기 위한 목적이 있는 것이다. 세무회계는 국세청에서 법인이나 개인사업자로부터 세금을 걷기 위해서 강제하는 세법을 적용해야 하는 특수한 회계다. 따라서 세무회계를 잘하기 위해서는 세법을 알아야 한다.

기업은 매 회계연도마다 영업활동을 통해 돈을 벌고, 다양한 회계거래를 함에 따라 장부에 그 거래가 기록되어 남는다. 그리고 장부에 기록된 거래들은 재무제표라는 보고서를 통해서 외부에 공표된다. 재무회계는 재무제표를 작성해서 경영성과와 재무상태를 정보이용자들에게 제공한다. 재무회계는 기업을 둘러싼 수많은 이해관계자들에게 유용한 정보를 제공하는 것이 목적이다.

이와 달리 세무회계는 일정한 사업연도(일종의 회계연도) 동안 어느 정도의 소득이 생겼는지를 세법의 눈으로 파악하여 과세소득을 파악한다. 세무회계의 정보이용자는 국가인 과세관청(국세청)이며, 개인사업자는 소득세법, 법인사업자는 법인세법의 규율을 받는다. 재무회계는 기업회계 기준에 따라서 장부를 작성한다면, 그 장부를 세무회계의 입장에서는 세법 규정에 맞게 다시 작성해서 세무신고를 해야 하는 것이다.

세법은 기업회계 기준과 달리 정책적인 목적에 따라서 규정이 매년 바뀐다. 게다가 중소기업과 대기업을 차별하는 규정도 있고, 소득공제와 세액공제를 통해서 비용으로 계상하지 않은 항목임에도 세금 감면의 목적상 추가로 공제해주는 규정도 있다. 또한, 지나치게 비용처리를 많이 하여 탈세하는 것을 방지하기 위해서 몇 가지 비용에는 한도를 두어 소득이 지나치게 낮게 잡히지 않도록 관리하고 있다.

예를 들면, 접대비는 일정한 산식에 따른 한도 내에서만 손금(세법상 비용)으로 인정하여 그 한도를 초과하면 비용으로 인정하지 않는다. 이렇게 비용으로 인정하지 않는 금액은 세무조정이라는 작업을 통해서 세무회계상 장부에서는 비용에서 제거하기도 한다. 세무조정은 재무회계에서 작성한 장부가 세법의 규정과 일치하지 않는 경우에 이를 조정하여 세법의 기준에 맞추는 작업이다.

<참고> 세법의 분류

1. 국세기본법: 모든 세금에 공통적으로 적용되는 사항을 규정
2. 법인세법: 법인의 소득에 대해 과세하는 세금을 규정
3. 소득세법: 개인의 소득에 대해 과세하는 세금을 규정
4. 부가가치세법: 거래에 매기는 세금인 부가가치세를 규정

스마트스토어
사업자로 보는 예시

"스마트스토어로 사업을 하는 경우에는 다른 업종에 비해서 고정비가 적지만 그만큼 매출액을 내지 못하면 망할 가능성도 큽니다. 손익계산서상 매출액이 예상과 일치하는지 지속적으로 체크하고 원가 구조를 이용해서 손익분기 분석도 해주면 판매전략을 세우는 데 보다 구체적인 목표를 설정할 수 있습니다."

쇼핑몰 창업의 인기는 플랫폼 쪽으로 많이 옮겨졌지만 아직도 스마트스토어 등 쇼핑몰과 비슷한 업종으로 많은 창업 인기가 지속되고 있다. 스마트스토어는 통신판매업이기 때문에 구청에서 통신판매업 신고를 하고 사업자등록을 낸 다음 영업을 해야 한다. 오프라인 매장이 있는 경우와 달리 비교적 고정비 지출이 적은 것이 쇼핑몰의 장점이지만 관리를 소홀히 하고 전략이 없다면 망하는 것도 그만큼 쉽다. 진입장벽이 낮은 만큼 경쟁이 치열하기 때문이다.

장부를 관리하고 살아남는 방안을 강구하자!

스마트스토어는 경쟁이 치열한 만큼 매출액과 원가구조를 잘 관리해야 지속적으로 이익을 남길 수 있다. 그래서 재무상태표 보다는 손익계산서를 지속적으로 모니터링하고 관리할 요소를 판단하여 추가적인 의사결정을 해야 한다.

우선, 매출액이 예상보다 잘 나오고 있는지 체크해 볼 필요가 있다. 단가를 너무 낮추지는 않았는지, 고객당 매출액은 어느 정도 되는지를 분석해서 예상했던 매출액과 비교하는 과정을 거쳐야 한다. 만약에 실제 매출액이 예상보다 저조한 경우 그 원인이 가격에 있는지, 품질에 있는지 판매활동에 이상은 없는지 점검해 보아야 한다.

매출액을 검토했다면 그다음으로는 매출원가를 차감한 매출총이익의 추세를 파악해 보아야 한다. 매출총이익은 영업활동을 통해 벌어들인 돈을 직접적으로 보여주는 지표다. 이러한 매출총이익이 증가추세에 있다면 지속적으로 판촉활동 및 기존 고객관리를 철저히 하고, 감소추세에 있다면 이를 증가시키기 위해서 어떤 마케팅 전략이 필요한지를 강구해야 한다.

그다음으로 체크해야 하는 것이 영업경비 및 영업외비용의 통제다. 아무리 많은 매출을 일으키고 매출총이익이 증가 추세에 있다고 하더라도 각종 비용으로 새나가는 것을 막지 못하면 아무 소용이 없다. 결국 내가 가져가는 돈은 그 비용을 모두 공제하고 남은 순이익이라는 사실을 잊어서는 안 된다. 따라서 대출을 받아서 이자비용이 많이 발생한다면 매출총이익을 통해서 빨리 상환할 계획을 세우고, 다른 부수적인 경비가 발생한다면 절감할 수 있는 방안을 꾸준히 모색해야 한다.

손익분기점을 통해서 얼마나 팔아야 할지 목표를 세우자!

손익분기점Break Even Point은 총매출액과 총비용이 일치하여 순이익이 발생하지 않는 수준의 매출액 혹은 판매량을 의미한다. 손익분기점은 이익도 손실도 아닌 매출액이므로 이 수준보다 더 판매량을 늘릴 수만 있으면 이익을 볼 수 있다. 물론, 손익분기점보다 매출이 저조하다면 손실을 보는 것이다.

손익분기점은 다음의 공식을 통해서 계산한다.

매출액 = 변동비 + 고정비
판매단가×판매량 = 변동비단가×판매량 + 고정비
→ 손익분기점 판매량 = 고정비 ÷ (판매단가-변동비단가)

손익분기점 매출액×(1-변동비율) = 고정비
→ 손익분기점 매출액 = 고정비 ÷ (1-변동비율)

위 공식에서 변동비에는 재고자산원가, 광고비 및 수도광열비 등 판매관리비가 포함된다. 매출액에 비례해서 발생하는 항목이 변동비인 것이다. 고정비에는 감가상각비, 임차료 등 매출액의 크기와 관계

없이 매달 일정하게 발생하는 비용들이 포함된다.

만약에 스마트스토어로 사업을 시작했는데 고정비가 매년 5,000,000원 예상되고, 상품 판매단가가 개당 50,000원이며 단위당 변동비가 30,000원이라고 할 때, 몇 개를 팔아야 손익분기점인지 계산하면 간단하게 계산할 수 있다.

$$\text{손익분기점 판매량} = 5{,}000{,}000원 \div (50{,}000원 - 30{,}000원)$$
$$= 250개$$

결국 이런 원가구조 하에서는 상품을 1년에 250개를 팔아야 본전이다. 만약에 250개를 넘게 팔면 이익이 발생할 것이고 반대로 250개보다 적게 팔면 손실을 볼 것이다.

가령, 이 회사가 300개의 상품을 팔았다면, 이익은 다음과 같이 계산될 것이다.

$$\text{순이익} = (50{,}000원 - 30{,}000원) \times 300개 - 5{,}000{,}000원$$
$$= 1{,}000{,}000원$$

내가 1년동안 스마트스토어 등을 운영해서 1,000,000원을 벌기 위해서는 300개의 상품을 팔아야 한다는 답이 나온다. 이렇게 손익분기점 분석을 통해서 매출액을 얼마나 달성해야 하는지 목표를 세우고 영업활동을 하는 것이 바람직하다.

소득세 신고는 제때 하자!

스마트스토어는 사업소득자이기 때문에 사업자등록을 하고 부가가치세와 소득세를 신고하여야 한다. 부가가치세는 7월 1일부터 7월 25일까지 1기 확정신고를 하고, 1월 1일부터 1월 25일까지 2기 확정신고를 해야 한다. 간이과세자의 경우에는 부가가치세 신고를 1월 1일부터 1월 25일까지 확정신고로서 1년에 한번만 신고하면 된다.

종합소득세의 경우에는 매년 5월 1일부터 5월 31일까지 확정신고를 해야 하며, 11월 1일부터 11월 30일까지 중간예납을 하게 된다. 중간예납 금액은 기준액의 2분의 1로 계산한다.

이런 회계를
정말 공부해야 하나?

"사업을 하려면 세금신고를 제대로 해서 세금을 줄이고, 내부적으로 새는 돈을 막기 위해서라도 회계공부를 꾸준히 해야 합니다."

과거에는 사업가의 동물적인 감각과 도전정신만 있으면 성공하던 시절이 있었다. 그런데 지금은 갈수록 기술도 발전하고 새롭게 시작해서 복잡한 경제 세계에서 적응하는 것 자체가 힘들어졌다. 철저하게 분석하고 사업을 하지 않으면 빚쟁이만 되고 망하기 쉽다. 스타트업을 하는 사람들 대부분 가장 취약한 분야가 회계와 재무다. 핵심 아이디어와 기술에만 집중하고 회계는 아웃소싱을 주면 된다고 생각한다. 그런데 이런 마인드로는 크게 성장하기 힘들다. 분명 뒷통수를 맞는 날이 올 것이다.

투자자들은 바보가 아니다. 사장이 되어서 자금을 모집하려면 대출을 받는 상황이 아닌 이상 정부자금이나 투자자 모집에는 재무제표를 통한 기업의 가능성을 어필해야 한다. 기업가의 화려한 스펙도 물론 중요하겠지만 회사의 스펙도 매력적이어야 한다. 회사가 일정 궤도에 오르고 나면 회사에 대한 성적표인 재무제표를 통해서 투자자에게 평가받게 되어 있다. 재무제표를 모르면 회계지식으로 무장하고 있는 투자자들을 설득하지 못한다.

한편, 기업을 운영하는 측면에서도 회계지식은 필수다. 돈 새는 구멍이 많은데도 회계를 모르면 당할 수밖에 없다. 집안 어른으로서 집의 곳간에 쥐가 들어와서 곡식을 다 파먹고 있는데도 조치를 취하지 못한다면 가장의 구실을 할 수 있겠는가. 사업가는 밖에서 새는 바가지보다 안에서 새는 바가지를 더 무서워해야 한다. 그리고 안에서 바가지가 새고 있는지를 알 수 있는 가장 빠른 길은 장부와 증빙을 들춰보는 것이다. 이때 회계는 큰 활약을 할 것이다.

거창하게 회계학 박사가 되어야 한다고 말하는 것이 아니다. 기초적으로 장부가 어떻게 작성되고, 어떤 증빙이 필요하고, 어떤 재무제표 항목을 보아야 하는지만 익히면 된다. 그리고 회계용어가 어떤 것들이 있는지 정도만 잘 알아두면 회의나 각종 모임에서 혹은 담당 세무 대리인과의 상담에서 더 많은 것을 얻어갈 수 있을 것이다.

제2장

지피지기면 백전백승!
뜻을 알고
제대로 작성하는
재무제표

Lesson 1
재무제표의 종류별 KEY POINT

1. 재무상태표
즐겁게 춤을 추다가
그대로 멈춰랏!

"재무상태표는 일정시점의 기업의 자산, 부채, 자본의 상태를 보여줍니다. 자산은 미래에 돈 벌 가능성을 보여주고요. 부채는 미래에 돈 나갈 가능성을 보여줍니다. 그 두 가지의 차이에서 기업의 주인인 주주의 몫인 자본이 계산됩니다."

재무상태표는 사람으로 치면 지금 이 순간 자신의 모습이라고 생각해 볼 수 있다. 사람은 보통 자동차, 집, 옷, 스마트폰, 노트북, 자신의 잠재력(?)과 같이 수많은 자산을 가지고 있다. 한편으로 집을 사기 위해 은행에서 대출을 받거나 친구로부터 돈을 빌리기도 한다. 심지어 술 먹고 외상값으로 덜어둔 가게도 몇 군데 있을 수 있다. 이처럼 부채도 생각보다 많을 것이다. 내가 가진 수많은 자산 중에서 일부를 처분해서 부채를 갚고 나면 순수한 내 몫이 남을 것이다.

이는 기업도 마찬가지로 적용된다. 기업은 건물, 재고자산, 현금 및 현금성자산, 금융자산, 무형자산, 투자부동산 등 수없이 많은 자산을 보유하고 있다. 부채도 상당히 다양한데, 외상매입금, 미지급금, 사채, 장기차입금, 각종 충당부채 등이 그것이다. 자산 총계에서 부채 총계를 차감하면 기업의 자본이 나온다. 여기서 자본은 기업의 주인인 주주의 몫이다. 결국 기업의 재무상태는 기업이 가진 자산, 부채, 자본의 크기와 구성을 말한다.

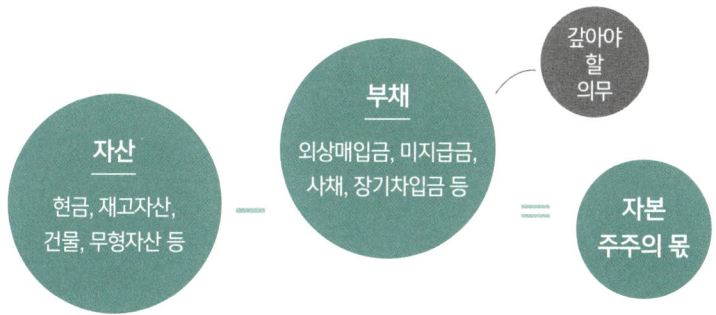

　기업은 본질적으로 영업활동을 통해서 지속적으로 성장해 나가는 존재다. 이런 기업의 영업 활동을 위해서는 투자가 필요하며, 이를 위해서는 자금이 유입되어야 한다. 그 자금의 유입경로는 재무상태표만 보아도 명확하게 알 수 있다. 그렇다. 두 가지 경로다. 하나는 부채를 통해 빌려오는 것이고, 다른 하나는 자본을 통해서 투자자를 모집하는 것이다. 그리고 부채는 기업이 갚아야 할 의무가 있다. 다 갚고 남은 것을 투자자인 주주가 가져가는 것이다. 그래서 자본은 잔여지분이라고 하는 것이다.

　재무상태표를 세부적으로 들여다보면 기업에 대한 많은 정보를 알 수 있다. 기업의 자산은 1년 이내에 현금화가 되는 유동자산과 1년 이후에 현금화가 되는 비유동자산으로 나누어진다. 부채도 마찬가지다. 1년 이내에 현금화되는 유동부채와 1년 이후에 현금화되는 비유동부채가 있다. 그리고 자산에서 부채를 차감하고 남은 자본도 주주와의 거래 형태에 따라서 자본금, 자본잉여금, 자본조정, 기타포괄손익누계액, 이익잉여금으로 세분화된다.

재무상태표 (2021년 12월 31 현재)

| 유동자산 (1년 이내 현금화) + 비유동자산 (1년 이후 현금화) | = | 자산 | = | 부채 / 자본 | = | 유동부채 (1년 이내 현금화) / 비유동부채 (1년 이후 현금화) / 자본금 자본잉여금 자본조정 이익잉여금 등 |

앞으로 소개하겠지만 유동자산과 비유동자산의 주요 항목들을 파악하고, 유동부채와 비유동부채를 정확하게 알게 되면 기업을 재정상태에서만은 확실하게 파악할 수 있다. 보통 재무상태표를 이용한 총자산금액을 통해서 회사의 규모를 가늠해 볼 수 있으며, 부채금액과 자본금액의 구성을 통해 회사의 재무구조가 건전한지 파악할 수 있다. 또한 이익잉여금 크기를 통해 과거 영업활동으로 내부 유보된 자금이 어느 정도인지 파악할 수 있고 유동자산, 유동부채를 비교하여 단기 채무상환능력 등 회사의 안정성에 대한 정보를 얻을 수 있다.

[참고] 재무상태표 세부항목

자산	유동자산	현금 및 현금성자산, 매출채권(외상매출금, 받을 어음), 선급금, 재고자산, 단기대여금
	비유동자산	유형자산(건물, 사용목적 토지, 기계장치, 차량운반구), 무형자산(특허권, 영업권, 상표권, 개발비 등), 장기금융자산(매도가능증권, 만기보유증권)
부채	유동부채	매입채무(외상매입금, 지급어음), 선수금, 미지급금, 단기차입금
	비유동부채	사채, 장기차입금, 퇴직급여충당금, 제품보증충당부채, 이연법인세부채 등
자본	자본금	보통주자본금(보통주발행주식수×액면가액) 우선주자본금(우선주발행주식수×액면가액)
	자본잉여금	주식발행초과금, 자기주식처분이익, 감자차익
	자본조정	주식할인발행차금, 자기주식, 자기주식처분손실, 감자차손
	기타포괄손익누계액	매도가능증권평가이익, 재평가잉여금, 해외사업장환산손익 등
	이익잉여금	임의적립금, 이익준비금, 미처분이익잉여금

기업의 재무상태표는
쉽게 구할 수 있다

재무상태표는 기업 내부비밀이라서 구하기 힘들다고 오해하는 사람들이 생각보다 많다. 주식시장에 상장되어 있는 회사나 이해관계자가 많은 대규모의 회사는 재무제표를 일반 대중에 공개하도록 법이 강제하고 있다. 이렇게 공개된 정보는 인터넷을 통하면 생각보다 쉽게 구할 수 있다.

전자공시 시스템을 통해 재무상태표 구하기

외부감사에관한법률에 의해서 일정 규모의 기업들은 회계감사를 받아야 하고 사업보고서와 감사보고서를 금융감독원의 전자공시 시스템(Dart.fss.or.kr)에 재무제표를 공개하도록 되어 있다. 따라서 이 전자공시시스템에 접속하기만 하면 다양한 기업의 재무제표를 입수하는 것은 식은 죽 먹기다. 함께 따라 해보자.

우선, 전자공시 시스템 웹사이트(dart.fss.or.kr)에 접속한다. 전자공시 시스템 웹사이트에는 맨 위에 메뉴 바 바로 아래에 회사명과 기간을 체크하여 사업보고서와 재무제표를 검색할 수 있도록 검색 엔진이 마련되어 있다.

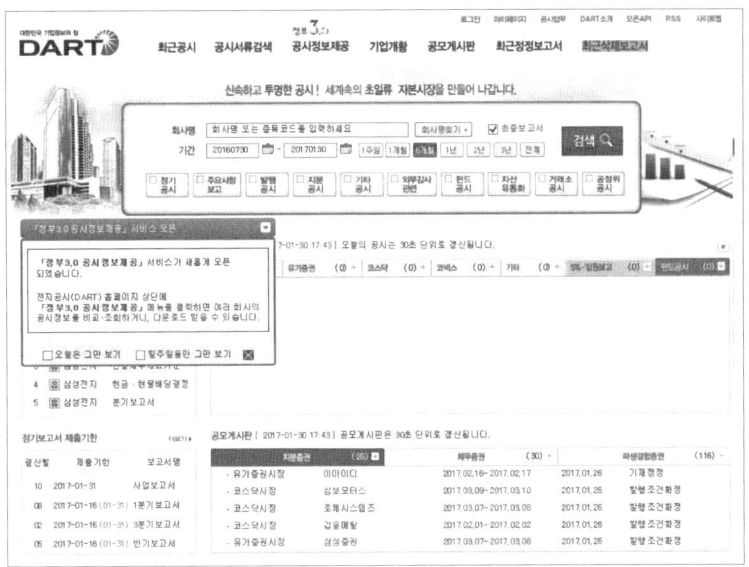

　여기서 회사명에 '삼성전자'를 입력하고 기간은 최근 1년을 입력한다. 그리고 검색 버튼을 눌러본다. 좀 더 구체적으로 사업보고서를 찾고 싶으면 '정기공시' 메뉴에서 '사업보고서'의 체크박스를 클릭하면 된다.

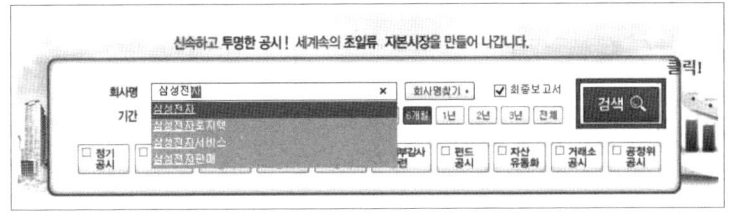

　그러면, 검색결과가 나온다. 가장 최근에 공시된 사업보고서가 검

색되었다. 사업보고서를 클릭해보자.

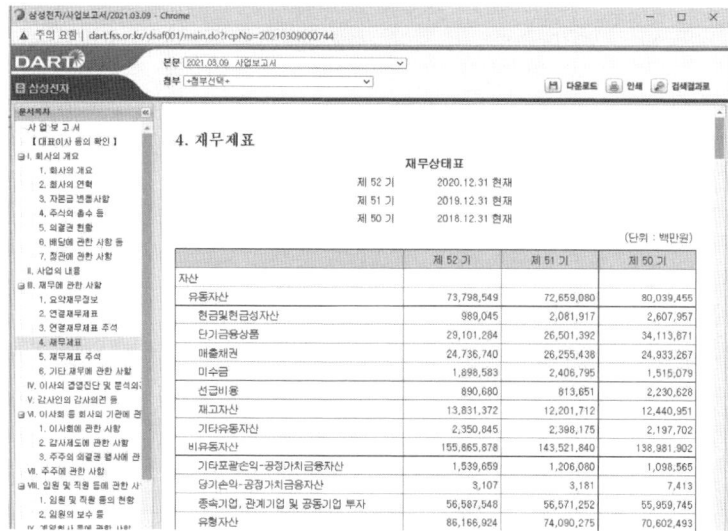

사업보고서에 들어가서 왼쪽 메뉴 중에서 '재무제표'를 클릭하면 재무상태표부터 각종 재무제표를 볼 수 있다.

삼성전자의 재무상태표를 보면 최근의 자산, 부채, 자본이 얼마인지 알 수 있는데, 가히 어마어마한 금액이 아닐 수 없다.

유동성장기부채	87,571	153,942	5,440
충당부채	2,932,468	2,042,039	2,135,314
기타유동부채	103,687	235,655	106,002
비유동부채	1,934,799	2,073,509	2,888,179
사채	31,909	39,520	43,516
장기차입금	150,397	174,651	0
장기미지급금	1,247,752	1,574,535	2,472,416
장기충당부채	503,035	283,508	372,217
기타비유동부채	1,706	1,295	30
부채총계	46,347,703	38,310,673	46,033,232
자본			
자본금	897,514	897,514	897,514
우선주자본금	119,467	119,467	119,467
보통주자본금	778,047	778,047	778,047
주식발행초과금	4,403,893	4,403,893	4,403,893
이익잉여금(결손금)	178,284,102	172,288,326	166,555,532
기타자본항목	(268,785)	280,514	1,131,186
자본총계	183,316,724	177,870,247	172,988,125
부채와자본총계	229,664,427	216,180,920	219,021,357

삼성전자는 부채만 46.3조다. 자본은 183.3조! 합치면 자산 규모가 229.6조이다. 이렇게 거대한 규모의 기업이 있다니… 어쨌든 전자공시 시스템에서 검색해 보면 주식시장에 상장된 기업들의 재무구조를 면밀히 알 수 있다.

기업 홈페이지를 통해서 재무정보 구하기

만약에 전자공시 시스템에 나오지 않는 기업이라면 그 기업의 홈페이지에 들어가면 요즘에는 웬만해서는 기업의 IR자료를 발견할 수 있다. 기업도 투자자를 모집하기 위해서는 자신의 회사를 홍보해야 한다. 그렇기 때문에 기업의 홈페이지에는 자신의 기업의 재무상태나 경영성과를 자체적으로 공시하게 되어 있다. 이를 참고하면 재무정보를 수집할 수 있을 것이다.

기업끼리 재무상태표 비교하기

그럼 기업마다 재무상태표를 입수하는 방법에 대해 알게 되었으니 이제는 그 기업들 간에 규모나 재무상태를 어떻게 비교하면 되는지 알아보자. 좀 더 쉬운 이해를 위해서 같은 IT서비스 업종인 네이버와 다음카카오의 재무상태표를 비교 분석해 보겠다.

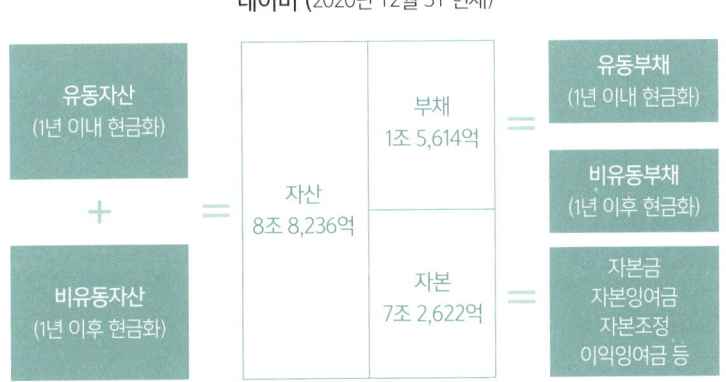

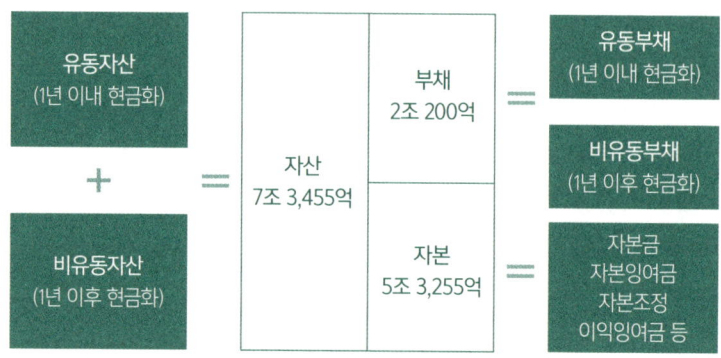

카카오 (2020년 12월 31 현재)

이제 두 기업을 분석해 보자. 전자공시 시스템 상에 2020년 말 두 기업의 재무상태표를 보고 자산, 부채, 자본의 금액을 요약해 보았다. 네이버의 자산은 약 8.8조인데, 카카오의 자산은 약 7.3조이다. 네이버가 1.5조 많다. 주주의 장부상 가치를 나타내는 자본 역시 네이버가 7.3조, 카카오가 5.3조로 네이버가 2조 많다.

하지만, 주주의 실재가치를 나타내는 시가총액은 네이버가 71조, 카카오가 66조로 약 5조 정도 차이가 난다.

왜, 장부상 주주가치(자본)는 네이버가 2조가 많은데 실제 주주가치(시가총액)는 5조의 차이가 나는 것일까? 이것을 알아가는 것이 기업의 본질적인 가치에 접근하여 투자하는 가치투자방법이다. 결론부터 말하자면 어떤 기업의 본질적인 가치는 단순히 재무상태표만으로는 설명하기는 어렵다. 손익계산서와 현금흐름, 해당 회사가 속해 있는 산업의 동향, 거시경제의 변수 등 다양한 정보를 조합해야만 가능하다. 이는 본서 제3장의 '4. 회사의 적정 주가는 도대체 얼마야?'에서 자세히 알아보기로 하겠다.

2. 손익계산서
얼마나 잘했는지 확인해 볼까?
회사 운영의 성적표

"손익계산서는 일정한 기간동안 기업의 경영성과를 나타내는 재무제표입니다. 경영성과는 결국 기업이 얼마나 벌었냐는 것을 의미합니다. 이 경영성과에 따라 주주들이 배당을 받을 수 있는지가 결정되고 이는 주가에도 영향을 줍니다."

앞서 재무상태표를 살펴보았다. 재무상태표를 통해서 기업의 규모와 재무구조를 파악할 수 있었다. 뒤에 재무비율 파트에서는 구체적으로 좋은 기업인지 따져보는 작업을 할 것이다. 이제 손익계산서를 통해서 기업의 수익성을 따져볼 차례다. 손익계산서는 기업의 경영성과를 보여주는 재무제표이다. 손익계산서는 일정기간 동안 발생한 수익, 비용, 이 둘의 차액인 순이익을 보여준다. 여기서 계산된 순이익은 주주에게 배당을 줄 수 있는 재원으로서 재무상태표상 이익잉여금으로 흘러들어간다.

손익계산서의 구성

손익계산서를 크게 보면 '수익 - 비용 = 순이익'으로 구성되어 있다. '수익'은 기업이 번 돈을 의미하고, '비용'은 기업이 돈을 벌기 위해 쓴 돈을 의미한다. 순이익은 기업이 올해 벌고 남긴 돈을 의미한다. 손익계산서는 일정기간동안 기업이 벌어들인 수익과 비용을 통해서 얼마나 남겼는지 순이익을 따지는 작업을 보여준다. 여기서 손익계산서만의 구성항목을 구체적으로 살펴보면 다음과 같다.

손익계산서 (2020년 1월 1일부터 12월 31일까지)

	매출액
−	매출원가
=	매출총이익
−	판매비와 관리비
=	영업이익
+	영업외수익
−	영업외비용
=	법인세비용차감전 순손익
−	법인세비용
=	당기순이익

(1) 우선 맨 위에 매출액이 있다. 이 매출액이라는 녀석은 기업의 주된 영업활동으로 벌어들인 수익을 의미한다. 만약에 기업이 서비스

업이라면 물건을 팔아서 벌어들인 수익은 부수입이므로 영업외수익이 될 것이다. 이런 기업에게 매출액은 서비스를 제공하고 벌어들인 수익이다.

(2) 매출원가는 매출액을 벌어들이는데 직접 대응되는 비용이다. 판매 기업에게는 그 물건의 원가가 매출원가가 될 것이고, 서비스 기업에게는 그 매출액에 직접 기여한 노무비가 매출원가일 것이다. 매출원가는 컨설팅 실무에서 매출액의 일정 비율로 계산할 때가 많은데 이를 '매출원가율'이라고 부른다.

(3) 매출총이익은 매출액에서 매출원가를 차감한 금액이다. 매출총이익은 매출을 통해서 당장 남긴 돈이라고 보면 된다. 매출총이익에서 시작해서 각종 부수적 비용을 뺄 준비를 하기 때문에 이름은 총이익이지만 수익이랑 같은 개념이라고 보면 된다.

(4) 판매비와 관리비는 영업활동에 기여한 매출원가를 제외한 모든 비용이라고 보면 된다. 물건을 파는 기업을 가정한다면, 물건의 원가가 매출원가라고 한다면, 그 물건을 홍보하고 광고하는 비용, 사무실을 운영하는 비용, 접대하는 비용 등은 모두 판매비와 관리비인 것이다.

(5) 영업이익은 매출총이익에서 판매비와 관리비를 차감한 영업활동에서 벌어들인 이익이라고 볼 수 있다. 영업이익은 영업활동의 직접적인 결과물이기 때문에 증가 추세에 있다면 그 기업의 사업성이 좋다고 볼 수 있다. 영업활동을 잘하는 기업일수록 영업이익이 높고 매기 증가한다.

(6) 영업외수익과 비용은 영업활동과 관련이 없는 손익이다. 예를 들면 자금을 조달하는 과정에서 발생한 이자비용은 영업외비용이다. 반대로 이자수익은 영업외 수익이라고 할 수 있다. 물론, 금융업을 영위하는 기업에게는 이게 주된 영업활동이기 때문에 이자수익이 매출액이 될 수 있겠지만 그 외에 모든 기업에게 이자는 영업외 항목이다.

(7) 법인세비용차감전 순이익은 영업이익에서 영업외수익은 더하고 영업외비용은 차감해서 구한다. 이는 다른 말로 세전이익이라고 하는데 법인세 비용을 계산하기 전 이익의 개념이다.

(8) 당기순이익은 결국 매출액에서 모든 경제주체에게 비용을 귀속시키고 남은 이익으로 주주에게 귀속된다. 당기순이익은 재무상태표에서 이익잉여금 항목으로 대체되며 주주에게 배당금을 줄 수 있는 재원이 된다.

손익계산서는
쉽게 구할 수 있다

"손익계산서도 재무제표이기 때문에 금융감독원의 전자공시 시스템을 통해 검색해서 찾아 볼 수 있습니다. 구체적으로 어떻게 찾아봐야 하고 어떤 정보를 얻을 수 있는지 살펴 봅시다."

손익계산서도 재무상태표와 마찬가지로 재무제표의 일종이다. 따라서 기업의 재무제표를 공시하는 전자공시시스템(dart.fss.or.kr)에 들어가면 상장기업의 대부분은 손익계산서를 볼 수 있다. 이해를 돕고자 네이버의 손익계산서를 찾아보자. 회사명에 네이버를 입력하고, 기간은 1년을 클릭한다. 정기공시를 클릭하여 사업보고서를 체크한 다음 [검색] 버튼을 누르면 네이버의 사업보고서가 검색 결과로 뜨게 된다.

사업보고서의 왼쪽 메뉴에서 재무제표를 클릭하고 스크롤을 내리면 손익계산서를 발견할 수 있다.

네이버의 손익계산서는 영업수익에서 시작한다. 그 이유는 네이버는 물건을 파는 회사가 아니라 모든 매출액이 서비스 매출이기 때문에 영업수익에서 간단하게 영업비용을 차감하는 형식으로 보여준다.

<참고> 네이버 손익계산서

포괄손익계산서
제 22 기 2020.01.01 부터 2020.12.31 까지
제 21 기 2019.01.01 부터 2019.12.31 까지
제 20 기 2018.01.01 부터 2018.12.31 까지

(단위 : 원)

	제 22 기	제 21 기	제 20 기
영업수익 (주32)	4,126,629,312,584	3,900,013,295,633	3,459,014,042,545
영업비용 (주23)	(2,685,815,580,704)	(2,506,201,301,207)	(2,195,465,089,416)
영업이익(손실)	1,440,813,731,880	1,393,811,994,426	1,263,548,953,129
기타수익 (주24)	50,734,211,779	19,881,970,261	34,248,500,036
기타비용 (주24)	206,972,193,347	99,543,705,520	158,244,574,044
이자수익	4,956,097,488	7,819,792,284	20,003,925,626
금융수익 (주25)	412,115,444,862	267,155,641,370	153,034,308,231
금융비용 (주25)	41,343,378,557	47,629,623,696	89,121,314,522
법인세비용차감전순이익(손실)	1,660,303,914,105	1,541,496,069,125	1,223,469,798,456
법인세비용 (주26)	463,379,370,520	448,971,525,987	323,047,038,865
당기순이익(손실)	1,196,924,543,585	1,092,524,543,138	900,422,759,591
기타포괄손익	112,773,681,347	8,821,138,556	(53,887,230,319)
당기손익으로 재분류될 수 있는 항목		297,056,077	3,468,321,711
기타포괄손익-공정가치 측정 채무상품 평가손익		297,056,077	3,468,321,711
당기손익으로 재분류되지 않는항목	112,773,681,347	8,524,082,479	(57,355,552,030)
기타포괄손익-공정가치 측정 지분상품 평가손익	110,915,469,318	11,611,891,278	(69,115,675,153)
기타포괄손익-공정가치 측정 지분상품 처분손익	2,034,430,424	10,255,359,647	114,374,500
순확정급여부채의 재측정요소	(176,218,395)	(13,343,168,446)	11,645,748,623
총포괄이익	1,309,698,224,932	1,101,345,681,694	846,535,529,272
주당이익 (주27)			
기본주당이익(손실) (단위 : 원)	8,214	7,507	6,157
희석주당이익(손실) (단위 : 원)	8,168	7,507	6,157

다음은 삼성전자의 손익계산서를 가져와 봤는데, 삼성전자는 제조업이기 때문에 맨 위에 정상적으로 '매출액' 항목이 있는 것을 확인할 수 있다.

<참고> 삼성전자 손익계산

손익계산서
제 52 기 2020.01.01 부터 2020.12.31 까지
제 51 기 2019.01.01 부터 2019.12.31 까지
제 50 기 2018.01.01 부터 2018.12.31 까지

(단위 : 백만원)

	제 52 기	제 51 기	제 50 기
수익(매출액)	166,311,191	154,772,859	170,381,870
매출원가	116,753,419	113,618,444	101,666,506
매출총이익	49,557,772	41,154,415	68,715,364
판매비와관리비	29,038,798	27,039,348	25,015,913
영업이익	20,518,974	14,115,067	43,699,451
기타수익	797,494	5,223,302	972,145
기타비용	857,242	678,565	504,562
금융수익	5,676,877	4,281,534	3,737,494
금융비용	5,684,180	3,908,869	3,505,673
법인세비용차감전순이익(손실)	20,451,923	19,032,469	44,398,855
법인세비용	4,836,905	3,679,146	11,583,728
계속영업이익(손실)	15,615,018	15,353,323	32,815,127
당기순이익(손실)	15,615,018	15,353,323	32,815,127
주당이익			
기본주당이익(손실) (단위 : 원)	2,299	2,260	4,830
희석주당이익(손실) (단위 : 원)	2,299	2,260	4,830

네이버의 당기순이익은 1.2조이다. 삼성전자의 당기순이익은 15.6조가 넘는다. 두 기업은 규모로 비교하는 것 자체가 의미가 없다. 주가도 차이가 상당히 크고 같은 업종이 아니다. 재미있는 사실은 네이버는 영업수익이 4.1조이고 삼성전자는 166조이다. 매출액이 40배 가까이 차이가 나는데, 당기순이익은 13배 차이 밖에 나지 않다는 점이다. 그럼 중간에 비용으로 차감되는 항목이 삼성전자의 경우에 어마어마하다는 것을 추측해 볼 수 있다. 실제로도 그렇다. 확인해 보기 바란다.

투자를 하거나 기업 분석을 할 때 보통 매출액 규모만 보고서 섣불리 판단하는 경우가 많다. 그러나 매출액이 아무리 크더라도 비용을 통제하지 못할 경우에 당기순이익이 크게 나올 수 없다. 오히려 당기순손실을 기록하고 있는 적자기업일 수도 있다. 따라서 비용구조도 잘 따져보아야 한다. 구체적인 분석기법은 재무비율분석 파트에서 소개하도록 하겠다.

3. 현금흐름표

100만 원 벌었으면 내 주머니에 100만 원이 있을까?
현금흐름표로 기업의 현금흐름을 알 수 있나요?

"현금흐름표는 발생주의에 따라 작성하는 다른 재무제표와 달리 현금의 유출입이 있는 거래만을 모아서 작성합니다. 게다가 기업의 활동을 영업활동, 투자활동, 재무활동으로 구분해서 현금흐름이 어떻게 구성되었는지를 보여주어 정보이용자의 의사결정에 도움을 줍니다."

현금흐름표는 기업의 현금 변동을 당해 회계연도의 기초현금과 기말현금 중간에 활동별로 세분화하여 보여준다. 현금흐름표에서 세분되는 활동은 영업활동, 투자활동, 재무활동으로 나눌 수 있다. 구체적으로는 기초 현금액에 영업활동현금흐름, 투자활동현금흐름, 재무활동현금흐름을 가감하여 기말 현금액을 구하는 일련의 과정을 표로 만든 것이다.

현금흐름표는 다른 재무제표와 확연히 다른 특징이 하나 있다. 그게 바로 현금주의 원칙을 토대로 작성했다는 점이다. 다른 모든 재무제표는 '발생주의' 회계원칙에 따라서 작성된다. 여기서 간단하게 발생주의와 현금주의에 대해 소개하면 다음과 같다.

 현금주의는 현금의 유출과 유입이 있는 항목만 회계처리하는 방법이다. 현금주의는 우리가 일반적으로 가계부를 작성하는 것과 유사하다. 실제로 현금이 들어오면 플러스(+) 항목으로 기록하고 현금이 나가면 마이너스(-) 항목에 기록한다. 만약에 기업 거래의 100%가 현금 유출입이 있는 거래라면 현금흐름표의 현금유출입과 손익계산서의 당기순이익이 일치할 것이다. 그렇다면 현실은? 절대로 현금흐름표와 손익계산서는 일치할 수 없다. 혹시 일치했다면 그건 우연의 일치이거나 현금만 통과하는 도관Pipe line 기업일 것이다.

 이에 반해, 발생주의는 실제로 현금이 들어오거나 나가지 않아도 회계상 거래가 발생했다면 모두 기록하는 방식이다. 현금이 들어오지 않아도 기록해야 할 거래는 무척 많다. 예를 들어 상품 100만 원어치를 거래처로부터 외상으로 구입했다고 치자. 그럼 현금이 나가지는 않았지만 상품은 우리 기업의 창고로 들어온다. 이때 차변에 상품 100만 원을 기록해야 한다. 그렇다면 대변에는? 현금이 나가지 않았지만 앞으로 갚아야 할 돈이기 때문에 부채가 잡혀야 한다. 대변에는 매입채무라는 부채를 기록한다.

 이처럼 발생주의 회계를 적용하기 때문에 다른 재무제표는 다소 복잡한 계정과목이 얽히고 꼬여 있는 것이다. 이를 잘 풀어서 현금 유출입만 발라내어 작성하는 것이 현금흐름표이다.

구체적으로 삼성전자의 2020년 12월 31일 공시된 현금흐름표를 살펴보면 아래와 같다.

현금흐름표
제 52 기 : 2020년 1월 1일부터 2020년 12월 31일까지
제 51 기 : 2019년 1월 1일부터 2019년 12월 31일까지

삼성전자주식회사 (단위 : 백만원)

과 목	주석	제 52 (당) 기		제 51 (전) 기	
I. 영업활동 현금흐름			37,509,025		22,796,257
1. 영업에서 창출된 현금흐름		39,541,654		28,344,706	
가. 당기순이익		15,615,018		15,353,323	
나. 조정	27	24,319,842		16,911,222	
다. 영업활동으로 인한 자산부채의 변동	27	(393,206)		(3,919,339)	
2. 이자의 수취		448,323		673,363	
3. 이자의 지급		(148,262)		(306,633)	
4. 배당금 수입		129,569		4,625,181	
5. 법인세 납부액		(2,462,259)		(10,540,360)	
II. 투자활동 현금흐름			(31,175,575)		(13,537,171)
1. 단기금융상품의 순감소(증가)		(2,099,892)		6,212,479	
2. 장기금융상품의 처분		-		1,400,000	
3. 기타포괄손익-공정가치금융자산의 처분		503		1,239	
4. 기타포괄손익-공정가치금융자산의 취득		(204,957)		(6,701)	
5. 당기손익-공정가치금융자산의 처분		74		7,334	
6. 종속기업, 관계기업 및 공동기업 투자의 처분		22,057		58,677	
7. 종속기업, 관계기업 및 공동기업 투자의 취득		(163,456)		(925,139)	
8. 유형자산의 처분		431,142		600,901	
9. 유형자산의 취득		(26,962,042)		(17,240,242)	
10. 무형자산의 처분		1,082		1,965	
11. 무형자산의 취득		(2,239,834)		(2,855,359)	
12. 사업결합으로 인한 현금유출액		-		(785,300)	
13. 기타투자활동으로 인한 현금유출입액		39,748		(6,725)	
III. 재무활동 현금흐름			(7,426,376)		(9,787,719)
1. 단기차입금의 순증가(감소)	27	2,326,350		(41,378)	
2. 사채 및 장기차입금의 상환	27	(134,443)		(128,431)	
3. 배당금의 지급		(9,618,283)		(9,618,210)	
IV. 외화환산으로 인한 현금의 변동			54		2,593
V. 현금및현금성자산의 증가(감소)(I+II+III+IV)			(1,092,872)		(526,040)
VI. 기초의 현금및현금성자산			2,081,917		2,607,957
VII. 기말의 현금및현금성자산			989,045		2,081,917

위 현금흐름표를 보면 맨 아래쪽 기초 현금및현금성자산과 기말 현금및현금성자산의 금액이 나와 있다. 이 기업은 52기에 현금이 감

소한 사실을 알 수 있다. 기초 현금 2.1조에서 기말 현금 0.9조로 1.2조나 줄어든 것이다.

그 원인을 보여주는 것이 바로 위에 나와 있는 영업활동, 투자활동, 재무활동 현금흐름의 내역이다. 이 기업의 경우에 영업활동 현금흐름 37.5조로 상당한 현금이 영업을 통해 유입되었으나, 투자활동 현금이 31.2조 유출되었고, 재무활동 현금이 7조로 유출되어 총 1.2조가 줄어든 것을 알 수 있다. 가장 큰 현금감소를 보인 투자활동 내에서도 유형자산 취득이 가장 큰 요인이며 이것만 보더라도 52기의 삼성전자에서 대규모 공장설립이나 설비증설이 일어났다는 것을 알 수 있다.

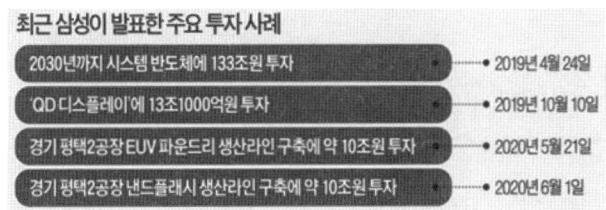

(출처 : 한국경제신문, 2021.01.28.)

실제로 삼성전자의 투자계획에 대한 신문기사를 보면 2020년 약 20조 가량의 투자가 있었다는 것을 알 수 있다. 이처럼 현금흐름표를 보면 그 기업에서 어떤 이슈가 있었는지 쉽게 알 수 있다.

현금흐름표는 어떻게 만들까?

"현금흐름표는 영업활동 현금흐름을 작성하는 방법에 따라 직접법과 간접법으로 나눌 수 있습니다. 각 방법에 대해서 구체적으로 살펴봅시다."

현금흐름표를 작성하는 방법은 영업활동 현금흐름을 작성하는 방법에 따라서 직접법과 간접법으로 나누어진다. 직접법은 영업활동 현금흐름을 세부적으로 고객으로부터 창출한 현금유입, 종업원에 대한 현금유출, 공급자에 대한 현금유출 등으로 나누고 각각의 금액을 합계하여 총액으로 계산한다. 반면에 간접법은 기업의 당기순이익에서 시작해서 간접적으로 현금이출입이 없는 항목들을 조정하여 영업활동 현금흐름을 계산한다. 두 방법 모두 결과치인 영업활동 현금흐름은 같다.

직접법으로 현금흐름표 작성하기

직접법은 영업활동 현금흐름을 직접적인 성격을 분석해서 각 항목별로 현금흐름을 개별적으로 구해 합산하는 방식이다. 이는 현금유입액을 원천별로 구분하고 현금유출도 각 용도별로 구분해서 표시한다. 이에 따라 현금유출과 유입을 매출과 매출원가, 급여 등에서 조정하여 현금주의 수익과 비용으로 전환한다는 점에서 현금주의 손익계산서라는 별명을 가지고 있다.

> **<참고> 세법의 분류**
>
> 영업활동 현금흐름
> 1. 고객으로부터 유입된 현금　　　　　　　　　100,000,000
> 2. 공급자에 대한 현금 유출　　　　　　　　　　(50,000,000)
> 3. 종업원에 대한 현금 유출　　　　　　　　　　(20,000,000)
> 4. 이자로 인한 현금 유출　　　　　　　　　　　 (5,000,000)
> 5. 법인세 납부로 인한 유출　　　　　　　　　　 (5,000,000)
> 영업활동 순현금흐름　　　　　　　　　　　　　　20,000,000

이를 작성하기 위해서는 각 항목별 현금을 구하는 것이 필요하다. 예를 들어, 고객으로부터 유입된 현금은 다음과 같이 구할 수 있다.

'매출액 + 매출채권의 감소액 − 매출채권의 증가액'

이는 매출액을 현금으로 받는다는 가정하에 매출채권이 증가하면 그만큼 현금으로 못받았기 때문에 차감하고, 매출채권이 감소하면 그만큼 현금을 더 회수했으므로 가산한다.

간접법으로 현금흐름표 작성하기

간접법은 기업의 손익계산서에 있는 당기순이익에서 시작하여 현금유출이 없는 비용은 가산하고, 현금유입이 없는 수익은 차감한 후에 영업활동으로 인한 자산과 부채의 변동을 가감하여 영업활동 현금흐름을 계산하는 방법을 의미한다. 이는 당기순이익과 현금흐름의 관계에 대해서 잘 보여주고 작성이 쉽다는 장점이 있다. 대부분의 법인이 간접법을 선호하는데, 최근에 국제회계기준의 도입으로 직접법을 권고하는 추세이기는 하다. 구체적으로 간접법으로 현금흐름표를 작성해 보자.

우선 간접법을 위해서 영업활동과 관련 없는 손익을 당기순이익에서 조정하는 것이 필요하다. 제거해야 하는 손익 항목에는 현금의 유출과 유입이 없는 손익(예: 감가상각비)과 투자활동 및 재무활동과 관련한 손익이 있다. 이를 제거해야 손익계산서의 당기순이익이 현금의 유입과 유출이 있는 영업손익만 남게 되기 때문이다.

> 당기순이익 – 현금유입 없는 영업수익 + 현금유출 없는 영업비용(감가상각비) + 영업활동 관련 자산 감소 – 영업활동 관련 자산 증가 + 영업활동 관련 부채 증가 – 영업활동 관련 부채 감소 = 영업활동 현금흐름

<사례> 간접법으로 영업활동 현금흐름 구하기

(주)상빈은 2020년 손익계산서상으로 당기순이익이 50,000,000이다. 이 회사는 감가상각비가 10,000,000이고, 사채상환손실

이 5,000,000이 있다. 손익계산서를 보니 유형자산처분이익이 20,000,000이 눈에 띈다. 영업활동과 관련된 자산과 부채의 증감내역은 아래와 같다.

	2020년 말	2019년 말	증감액
매출채권	125,000,000	135,000,000	10,000,000 감소
매입채무	55,000,000	40,000,000	15,000,000 증가
재고자산	40,000,000	30,000,000	10,000,000 증가
급여미지급금	21,000,000	11,000,000	10,000,000 증가

이 자료를 통해서 현금흐름표상 영업활동 현금흐름을 계산하면 다음과 같다.

현금흐름표 (2020년 1월 1일부터 12월 31일까지)

영업활동 현금흐름

1. 당기순이익	50,000,000
2. 감가상각비	10,000,000
3. 사채상환손실	5,000,000
4. 유형자산처분이익	(20,000,000)
5. 매출채권 감소	10,000,000
6. 매입채무 증가	15,000,000
7. 재고자산 증가	(10,000,000)
8. 급여미지급금 증가	10,000,000
영업활동 순현금흐름	70,000,000

4. 주석

재무제표 각 계정과목을 더블 클릭!
돋보기로 꼼꼼히 살펴보는 재무제표?

"주석은 다른 재무제표의 계정과목과 금액에 대해서 구체적으로 설명해 주는 재무제표입니다. 재무상태표, 손익계산서, 자본변동표, 현금흐름표에는 각 항목과 금액만 나와 있습니다. 주석을 봐야 어떤 거래가 어떤 이유에서 발생했는지 상세하게 알 수 있겠죠."

사람들이 재무제표의 종류인데도 잘 모르는 것이 '주석'이다. 주석은 재무제표 본문에 대한 상세 정보와 재무제표 본문에 기재할 수 없는 추가적인 정보를 부연 설명하는 것이다. 재무상태표 상의 자산의 종류도 가지각색인데 그냥 통일하여 유형자산으로 표시하는 경우가 많다. 그렇다면 각 자산의 내역과 자산에 담보처럼 권리가 제한되어 있는지 여부를 알 수 있는 방법이 없을까? 이럴 때 보는 것이 주석이다.

삼성전자의 재무제표를 검색해서 보면 주석이 생각보다 자세히 나와 있다. 주석에는 유형자산의 감가상각방법과 내용연수 등 회계처리 방법을 명시하고도 있지만 특이한 사항에 대해서는 자세하게 분석해 두고 있다. 그중에서 매출채권이 눈에 띄는데, 매출채권을 잘 회수할 수 있는지는 많은 이해관계자들에게 중요한 문제이다. 이에 대한 주석 내용은 다음과 같다.

가. 매출채권

(단위: 백만원)

구 분	당기말	전기말
외부신용등급이 있는 거래상대방		
상환능력 우수, 최고	395,067	608,089
상환능력 양호	731,050	417,334
상환능력 적정	45,004	62,244
상환 가능	125,353	957
소 계	1,296,474	1,088,624
외부신용등급이 없는 거래상대방		
Group 1	17,781,245	16,703,909
Group 2	769,096	657,351
Group 3	-	4,845
소 계	18,550,341	17,366,105
연체 및 손상되지 아니한 매출채권 계	19,846,815	18,454,729

매출채권의 금액이 18,550,341백만 원으로 공시가 되어 있지만 구체적인 내역은 상환 능력별로 나누어서 설명하고 있다.

상환능력 우수, 최고 - Aaa~Aa(Moody's), AAA~AA(S&P, Fitch), A1(국내신용평가사)
상환능력 양호 - A(Moody's, S&P, Fitch) A2(국내신용평가사)
상환능력 적정 - Baa(Moody's), BBB(S&P, Fitch), A3(국내신용평가사)
상환가능 - Ba 이하(Moody's), BB이하(S&P, Fitch), B이하(국내신용평가사)
Group 1 - 외부신용등급이 없는 연결자회사
Group 2 - 자본잠식 경험 및 채무불이행 경험이 없는 일반고객
Group 3 - 자본잠식 경험 및 채무불이행 경험이 있으나 보험 및 담보가 설정되어 채무불이행 위험이 해소된 일반고객

이런 정보를 보면 단순히 금액만 볼 때보다 기업에 대해서 훨씬 자세한 이해가 가능하다. 우량하다고 생각했던 기업의 내역도 주석을 자세히 들여다보면 위험요소가 발견될 수도 있다.

주석은 회계정보 중에서 가장 중요한 '설명'에 해당하는 부분이다. 재무제표만 보고 주석을 보지 않는 것은 재무제표의 절반만 이해하는 것이다. 아쉽게도 주식투자자나 그밖의 정보이용자들 대부분이 재무제표의 숫자만 보려고 하고 주석에는 관심을 가지지 않는다. 이 책을 보고 있는 독자는 재무제표를 분석할 때 주석을 보는 습관을 들이길 바란다.

> <참고> 세법의 분류
>
> 1. 현금의 유출입이 없는 투자 및 재무활동에 속하는 거래 중에서 중대한 거래는 주석에 공시한다!
>
> 기본적으로 현금흐름표는 현금의 흐름을 나타내는 재무제표이다. 따라서 원칙적으로 현금의 흐름이 발생하지 않는 형식적인 계정 대체거래는 나타내지 못한다. 그러나, 당장 현금흐름이 발생하지 않아도 미래의 현금흐름에 영향을 주게 되는 중대한 거래의 경우에는 현금흐름표에 직접적으로 명시하지는 않더라도 주석으로 부연설명을 하게 되어 있다.
>
> 여기서 미래 현금흐름에 중대한 영향을 줄 수 있는 투자활동과 재무활동은 다음과 같다.

(1) 무상증자, 무상감자, 주식배당

(2) 전환사채의 전환

(3) 현물출자로 인한 유형자산의 취득

(4) 유형자산의 손상 차손 사유

(5) 장기연불구입 조건으로 매입한 유형자산

2. 간접법으로 현금흐름표를 작성한 경우 직접법으로 작성한 현금흐름표를 주석공시 해야 한다!

국제회계기준에서는 직접법으로 작성한 현금흐름표가 정보이용자에게 더 상세한 영업활동 현금흐름에 대한 정보를 제공해 주기 때문에 이를 강제하고 있다. 만약에 간접법으로 현금흐름표를 작성했다면, 주석으로라도 직접법으로 작성한 현금흐름표를 공시해야 한다.

Lesson2
꼭 알고 넘어갈 재무상태표 KEY POINT

1. 뭐니 MONEY 해도 현금이 최고지!
회사의 혈액
현금 및 현금성자산

"기업의 현금 및 현금성자산은 기업에서 가장 유동성이 높은 자산입니다. 즉, 곧바로 다른 어떤 자산으로 대체가 가능하고, 어떤 부채도 상환이 가능한 '교환의 황제'가 현금 및 현금성자산입니다."

최근 대기업들이 현금 보유량을 늘리고 있다. 이는 기업들이 현금으로 배당을 많이 줄 수 있음을 말한다. 최근에 경제뉴스를 보다보면 삼성전자를 비롯한 국내 주요 대기업들이 역대 최대 규모의 현금을 보유하고 있는 것으로 나타났다. 이는 배당에 대한 기대심리를 자극하고 있다. 매일경제신문과 DB금융투자가 각사 사업보고서를 분석한 결과에 따르면 2019년 말 기준 코스피 시가총액 상위 50대 기업이 보유한 현금·현금성자산은 107조712억 원으로 집계됐다. 역대 최고치로 지난해 대비 약 4% 늘어난 규모다.(매일경제신문 2020.4.3.)

<참고> 코스피 시총 50대 기업 현금자산 규모(단위: 억 원)

회사	2019년 말	증감률
삼성바이오로직스	1.251	609.9%
이마트	6.810	140.1%
기아차	42.687	86.2%
호텔신라	5.083	80.3%
포스코케미칼	2.101	74.4%
엔씨소프트	3.034	63.5%
LG생활건강	6.471	63.1%
한미약품	1.061	57.6%
카카오	19.182	53.8%
한진칼	1.412	45.3%
현대모비스	33.420	43.1%
LG디스플레이	33.360	41.1%
에스원	2.006	36.0%
CJ대한통운	2.209	35.2%
한국전력	18.101	33.3%
셀트리온	5.461	33.0%
POSCO	35.149	32.9%
LG이노텍	7.996	28.7%
LG	13.371	26.8%
CJ제일제당	6.910	26.2%

자료: 매일경제신문 2020.4.3

기업의 재무상태를 파악할 때, 부채가 적고 자본이 많은 것도 물론 중요한 부분이지만 무엇보다 중요한 것이 유동성이다. 현금이 없으면 기업은 말라 죽게 되어 있다. 인간에게 혈액이 필요하듯이 기업에게는 현금이 필요하다. 유동성이 충분히 확보되지 않은 기업은 운영과정에서 문제가 생길 여지가 많다. 간혹 발생하는 흑자도산 기업들이 이러한 유동성 때문에 이익이 남에도 불구하고 도산한 것이다.

<참고> 현금 및 현금성자산 관련 규정

현금	현금, 타인발행수표, 자기앞수표, 송금환, 우편환, 대체저금환금증서, 만기도래한 공사채이자표, 만기도래한 어음, 일람출급어음, 배당금지급통지표 등 <현금이 아닌 항목> 차용증서, 선일자수표, 수입인지, 엽서, 우표, 부도수표, 부도어음
현금성자산	(1) 큰 거래비용 없이 현금으로 전환이 용이 (2) 이자율 변동에 따른 가치 변동 위험이 중요하지 않은 유가증권, 단기금융상품 (3) 취득당시 만기(상환일)가 3개월 이내에 도래하는 것
유의사항	보고기간 종료일로부터 3개월 이내가 아님에 유의! <현금성자산 사례> - 취득당시 만기가 3개월 이내에 도래하는 채권 - 취득당시 상환일까지 3개월 남은 상환우선주 - 3개월 이내 환매조건인 환매채

현금은 기업의 자산 중에서 유동성이 제일 높다. 교환의 매개라는 역할을 수행하는 중요한 자산인 것이다. 여기서 교환의 매개라 함은 수익성 보다는 다른 자산을 취득하기 위해서 사용함을 말한다. 현금은 지폐, 주화처럼 일반적으로 유통되는 통화와 통화대용증권을 말한다. 통화대용증권에는 자기앞수표, 우편환증서 등이 있다. 이처럼 현금으로 즉시 전환되는 것들은 모두 현금으로 볼 수 있다.

현금 및 현금성자산은 기업의 안정성을 평가하는 대표적인 지표이다. 현금은 어찌보면 그 판단이 명확하다. 그러나 어떤 금융자산이 현금성자산인지 아닌지를 구별하는 것은 생각보다 어렵다. 따라서, 현금 및 현금성자산으로 판단하는 데에는 분명한 기준과 요건을 알고 따져보아야 한다. 그 요건은 (1) 큰 거래비용 없이 현금으로 전환이 용이하고, (2) 이자율 변동에 따른 가치변동 위험이 중요하지 않으며, (3) 취득당시 만기가 3개월 이내에 도래해야 한다는 것이다. 이때, 3개월의 기산점은 취득당시로부터이지 당기말로부터 기산하는 것이 아니라는 점에 유의해야 한다.

> <참고> 흑자도산이란?
>
> 흑자도산은 장부상 순자산(자산-부채)이 플러스(+)임에도 불구하고 도산에 이르는 것을 말한다. 이러한 흑자도산에 이르는 원인은 기업이 보유하고 있는 자산은 대부분이 불량한 채권과 진부화 된 재고자산, 낮

은 가동률의 설비 등 유동성이 악화된 자산들로 구성되어 있는데 반해 부채는 대부분 금융권 차입금과 만기가 도래하고 있는 사채들이기 때문이다.

이 경우 적극적인 매출채권 회수전략과 회사에 기여하지 못하는 유휴설비 등의 매각으로 현금 및 현금성자산의 규모를 늘리는 것이 중요하다. 이는 유동자산을 유동부채보다 늘리면서 그중에서도 현금 및 현금성자산을 확보하는 전략이다. 흑자도산의 악순환을 막기 위해서는 미리부터 단기부채를 청산하고 현금 및 현금성자산을 확보하는 관리전략이 필요하다.

2. 100만 원을 외상으로 팔았는데 왜 자산에는 90만 원만 잡히나요?

받을 가능성을 반영해야 하는
매출채권

"매출채권은 기업의 주된 영업활동을 통해서 수익을 창출하면서 거래처로부터 받아야 할 돈을 의미합니다. 거래처가 어떤 회사인지에 따라서 돈을 받을 수도 있고 받지 못할 수도 있겠죠. 돈을 받지 못할 가능성을 평가해 매출채권 금액에서 차감해 줘야 보다 정확한 금액을 정보이용자에게 제공해 줄 수 있겠죠. 이렇게 채권을 회수하지 못할 것 같은 금액을 대손충당금이라고 부릅니다."

매출채권은 주된 영업활동으로 발생한 채권이다. 미수금과 달리 영업활동으로 발생한 것이기 때문에 미수금에 비해 금액이 크다. 매출채권은 거래처로부터 수금을 해야 하는 문제가 발생한다. 매출채권은 그 형태에 따라 외상매출금과 받을어음으로 나누어진다.

외상매출금이란?

외상매출금은 회사가 상품이나 서비스를 고객에게 제공한 후에 대금이 아직 회수되지 않은 것을 말한다. 이는 받을 권리가 있는 것을 의미하므로 채권이며 자산이다. 기업은 영업활동을 통해서 매출액을 발생시키고 매출액 중에서 돈으로 아직 회수하지 않은 부분이 외상매출금이 된다. 외상매출금은 모두 회수하는 것이 가장 좋겠지만 거래처가 파산이나 도산하는 경우에 못 받고 대손처리해야 할 수도 있다.

외상매출금은 회사가 상품이나 서비스를 외상으로 공급했을 때 발생하고 받을어음이나 예금으로 회수할 때 감소한다. 결산기가 되면 회수되지 않을 채권을 판단하여 평가하며 이를 재무상태표상에 대손충당금으로 잡게 된다. 한편 거래처가 망하는 경우에 대손충당금을 실제 대손으로 대체해야 할 수도 있다.

<참고> 대손충당금 평가 회계처리

최초 설정	대손추산액을 평가해서 대손상각비로 계상하고 대손충당금을 설정 (차) 대손상각비 50 (대) 대손충당금 50
대손발생시	만약에 실제 대손이 100이 발생했다면, 대손충당금과 상계 후 부족 시 대손상각비 인식 (차) 대손충당금 50 (대) 매출채권 100 대손상각비 50
대손처리한 채권을 회수시	대손된 채권 중에서 50원 회수했다면, 회수 시 대손충당금을 다시 증가시킴 (차) 현금 50 (대) 대손충당금 50
기말대손추액	채권잔액비례법, 연령분석법 사용
기말대손충금 설정시	기말대손충당금 설정액 = 기말대손추정액 – 기설정대손충당금잔액 (차) 대손상각비 50 (대) 대손충당금 50
기말대손충금 환입시	만약에 대손추정액이 이미 설정해 둔 대손충당금 잔액보다 작으면 충당금을 다시 토해낸다. 대손충당금환입액 = 기설정대손충당금잔액 – 기말대손추정액 (차)대손충당금 50 (대) 대손충당금환입 50

기말에 대손충당금을 설정하는 대표적인 방법이 연령분석법이다. 연령분석법은 외상매출금을 회수하지 못한 기간에 따라 회수할 수 있는 가능성 혹은 대손가능성을 파악하여 연령분석표를 작성하고 과

거 경험을 토대로 각 그룹별로 그에 맞는 대손율을 반영해서 대손충당금을 설정하는 방법이다.

<참고> 한미약품의 매출채권에 대한 주석

6. 매출채권 및 기타채권

(1) 당기말 및 전기말 현재 매출채권 및 기타채권의 내역은 다음과 같습니다.

(단위 : 천원)

구 분	당기말	전기말
매출채권	738,226,140	239,962,642
차감: 대손충당금	(4,687,327)	(3,105,332)
매출채권(순액)	733,538,813	236,857,310
미수금	6,415,395	2,481,143
차감: 대손충당금	(182,211)	(96,017)
미수금(순액)	6,233,184	2,385,126
기타	10,016	242,059
합 계	739,782,013	239,484,495

(2) 신용위험 및 대손충당금

상기 매출채권 및 기타채권은 대여금 및 수취채권으로 분류되며 상각후원가로 측정됩니다.

당사의 매출에 대한 평균 신용공여기간은 전문의약품의 경우 채권발생일로부터 90일, 일반의약품의 경우 180일입니다. 당사는 과거 경험상 회수기일이 35개월을 초과한 채권은 일반적으로 회수되지 않으므로 35개월을 초과한 모든 채권에 대하여 전액 대손충당금을 설정하고 있습니다.

1)당기말 및 전기말 현재 매출채권 및 기타채권의 연령분석 내역은 다음과 같습니다.

(당기말)   (단위 : 천원)

손상구분	연령구분	매출채권	미수금	기타	합계
손상 및 연체되지 않은 채권		225,953,566	-	10,016	225,963,582
연체되었으나 손상되지 않은 채권 (집합평가)	6개월 미만	509,633,842	6,163,713	-	515,997,555
	6개월 초과 1년 미만	176,940	67,502		244,442
	1년 초과 3년 미만	2,176,890	184,180	-	2,361,070
손상된 채권(개별평가대상)		84,902	-	-	84,902
합 계		738,226,140	6,415,395	10,016	744,651,551

140

> 한미약품은 외상매출금(매출채권)을 6개월 이하, 6개월 초과 1년 이하, 1년 초과 3년 이하로 나누어 각각의 손상 평가를 통해 대손충당금을 설정하고 있음을 할 수 있다.

받을어음이란?

받을어음은 거래처로부터 매출 대가로 받은 어음을 말한다. 어음은 현금처럼 자유롭게 다른 재화와 교환하기는 어렵지만 금융상품에 비해서 상대적으로 현금에 가까운 채권이다. 받을어음은 만기가 되기 전에 은행에 할인하여 돈으로 회수할 수도 있는데 이를 팩토링 Factoring이라고 한다. 어음도 외상매출금처럼 만기 전에 부도가 나서 회수하지 못할 위험도 있다.

받을어음도 회계연도 말에 외상매출금과 같이 실제로 받을 수 있는 금액이 얼마인지 평가해야 한다. 이때 못 받을 것으로 예상되는 금액을 대손충당금으로 설정하여 받을어음에서 차감하는 방식으로 표시한다. 이때 어음의 거래처가 얼마 되지 않으면 개별적으로 평가를 할 수 있겠지만, 거래처가 많고 회수 기간도 다양한 경우에는 채권금액의 일정률로 설정하게 된다.

<참고> 받을어음 실물사진

3. 재고자산의 숨겨진 비밀

재고자산이
매출원가를 결정한다

"재고자산은 기업의 영업과정에서 판매를 위해서 보유하거나 생산을 위해서 보유하는 원재료, 제품, 상품 등을 의미합니다. 재고자산을 결국 기업 외부로 판매하면서 매출액을 창출하고 매출원가를 구성합니다."

재고자산이란 기업의 정상적인 영업과정에서 판매를 위해 보유하거나 생산과정에 있는 자산 및 생산 또는 서비스 제공 과정에 투입될 원재료나 소모품의 형태로 존재하는 자산을 말한다. 재고자산의 종류에는 무엇이 있는가? 기업의 재고자산에는 상품이 있으며, 제조업의 재고자산에는 제품, 반제품, 재공품, 원재료, 저장품이 있다. 재고자산은 기업자산 중에서 영업활동과 가장 밀접한 자산이다. 재고자산을 통해서 매출액이 창출되기 때문이다. 또한, 창고에 있는 재고자산의 평가에 따라 자산 전체의 금액이 달라질 수 있고 매출원가가 달라져 당기순이익까지 달라질 수 있다.

재고자산은 판매 목적으로 보유하는 모든 형태의 자산이다. 재미

있는 사실은 부동산도 재고자산이 될 수 있다는 것이다. 부동산을 임대 목적으로 보유하면 '투자부동산'이 되고, 사용 목적으로 보유하면 '유형자산'이 된다. 그리고 부동산 판매업자가 부동산을 판매할 목적으로 보유하는 경우에는 '재고자산'이 된다. 더 정확하게는 상품이라고 부를 수 있다.

재고자산의 취득원가는 얼마인가?

이러한 재고자산은 장부에 얼마로 기록하는지가 중요한 문제이다. 왜냐하면 기말에 재고자산이 얼마인지에 따라서 전체 자산 총액도 달라지지만 손익도 달라질 수 있기 때문이다. 재고자산을 취득했을 때 얼마로 기록하는지는 '취득원가'의 문제라고 볼 수 있다. 원칙적으로 취득하는데 직접 발생한 원가는 모두 재고자산의 취득원가가 된다. 구입원가 뿐만 아니라 매입하는데 들어가는 운임, 하역료, 보험료 등 매입에 부수되어 발생하는 원가도 취득원가에 포함된다.

<참고> 재고자산 취득원가 이슈 총정리!

취득원가	취득에 직접 관련되고, 정상적으로 발생되는 기타원가를 말함 취득원가 = 매입원가 + 부대원가(운임, 하역료/보험료, 환급불능 관세 등)
비용처리해야 하는 항목	(1) 제조원가 중 비정상적인 부분 (2) 추가생산단계 투입 전에 보관이 필요한 경우 외의 보관료 (3) 현재장소에 현재상태로 이르게 하는데 기여하지 않은 간접원가 (4) 판매원가(판매수수료, 판매시 운송비, 보관료 등)
일괄구입	성격이 상이한 재고자산을 일괄구입하는 경우 공정가치비율에 따라 배분
차감항목	매입할인, 매입에누리, 매입환출은 취득원가에서 차감
매입운임	(1) 선적지 인도기준: 매입자 부담, 매입자 취득원가에 가산 (2) 도착지 인도기준: 판매자 부담, 판매자의 판매비와관리비로 처리
미착상품	(1) 선적지 인도기준: 선적시부터 매입자의 재고자산으로 인식함 (2) 도착지 인도기준: 선적했어도 운송 중이라면 도착 전까지 재고자산으로 인식하지 않음

보통 재고자산 취득과정에서 발생한 지출은 대부분 취득원가에 더해준다. 하지만, 재고자산의 원가에 산입하지 않고 비용처리해야 하는 항목이 있는데 이를 취득원가로 처리할 경우 자산과 순이익이 과대평가되어 버리는 문제가 발생한다. 취득원가에 산입하면 안 되는 항목은 제조원가 중 비정상적인 부분, 판매관련 비용, 창고보관료 등

재고자산 취득과 관련이 없는 항목들이다.

취득원가를 잘 따져보고 계산해야 하는 가장 큰 이유는 매출원가에 있다. 재고자산 취득원가는 '당기매입액'으로 재고자산의 차변에 기록된다. 이는 매출원가를 증가시키는 요인이 되며, 매출원가는 기업에서 가장 큰 비중을 차지하는 비용이기 때문에 중요한 의미를 가진다. 어쨌든, 재고자산 취득원가를 많이 계상할수록 차변이 커지기 때문에 매출원가도 커진다.

<참고> 매출원가 항등식

매출원가 = 기초재고자산 + 당기매입액 − 기말재고자산

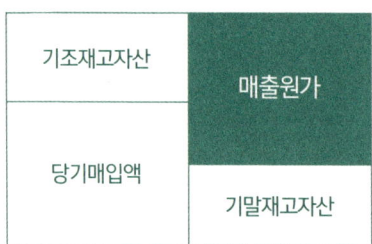

차변합 = 대변합

기업에 남아 있는 재고자산이 얼마예요?

"기업에 남은 재고자산을 '기말재고자산'이라고 부릅니다. 기말재고자산은 그 수량과 단가만 파악하면 구할 수 있습니다. 수량과 단가를 구하는 방법을 알아야 하는데, 구체적으로 살펴봅시다."

기업에 남아있는 재고자산은 남아있는 재고자산수량에 재고자산의 단가를 곱하여 금액을 산출한다. 그런데 기업은 한두 개의 재고만 보유한 것이 아니다. 그렇기 때문에 일정한 계산방법이 필요하다. 지금부터 재고자산 수량의 결정방법과 단가의 결정방법을 알아보고 어떻게 재고자산의 금액이 확정되는지 살펴보자.

재고자산 수량 결정방법

앞에서 살펴보았듯이 매출원가는 기초재고자산에 당기매입액을 더하고 기말재고자산을 차감하여 결정했다. 따라서 기말재고자산금액이 크면 매출원가는 작아지고 기말재고자산금액이 작으면 매출원가 금액이 커진다. 이러한 기말재고자산금액은 '수량×단가'로 결정되기 때문에 '수량'과 '단가'를 결정하는 것이 매우 중요하다.

우선, 재고자산의 수량을 파악하는 방법에는 두 가지가 있다. 계속기록법과 실지재고조사법이 그것이다. 계속기록법은 기초재고자산에서 시작해서 당기매입수량을 가산하고 당기에 판매된 수량을 차감해서 기말재고수량으로 파악하는 방법이다. 이는 계속적으로 재고 통제가 되기 때문에 관리목적상 좋지만, 기말에 창고에 있는 실제 수량과 괴리가 발생할 수 있다는 점에서 단점이 있다. 한편, 실지재고조사법은 기말에 창고에 가서 실제 재고자산을 세어보고 수량을 파악하는 방법이다. 보통은 실무상으로 두 가지 방법을 혼용해서 사용하고 있다.

[참고] 수량 계산 – 계속기록법과 실지재고조사법

계속기록법	입·출고시 계속적으로 기록하는 방법 (1) 장점: 계속적으로 통제관리가 가능함 (2) 단점: 도난, 분실 등 감소량이 기말재고에 포함되어 이익이 과대평가될 수 있음
실지재고 조사법	정기적으로 재고조사를 실시하여 실제 재고수량을 파악하는 방법 (1) 장점: 적용이 간편함 (2) 단점: 도난, 분실 등 감소량에 대한 원인 파악이 불가능함

재고자산 단가 결정방법

지금까지 기말재고자산의 수량을 파악하는 방법을 알아보았다. 이제 기말재고의 단가만 알 수 있다면 '수량×단가'를 하여 기말재고자산의 원가를 구할 수 있다. 상품을 항상 일정한 단가로 구할 수만 있다면 단가 결정방법을 따로 연구할 필요가 없을 것이다. 그냥 일정한 단가를 수량에 곱하기만 하면 재고금액 계산이 끝나기 때문이다. 그러나, 같은 상품이라도 언제 구입하는지에 따라 단가가 다르다. 따라서 기말재고상품의 단가를 결정하는 것이 중요하다.

[참고] 재고자산 단가결정 - 원가흐름의 가정

개별법	재고자산 각각에 대하여 기말재고자산과 매출원가 각각을 기록하는 방법
선입선출법 (FIFO)	구입한 상품이 먼저 사용되거나 판매된 것으로 가정하는 방법으로 기말재고자산이 현행원가(최근시가)의 가장 근사치임
후입선출법 (LIFO)	나중에 들어온 최근의 상품이 먼저 사용되거나 판매되는 것으로 가정하는 방법으로 기말재고자산이 현행가치를 나타내지 못하는 단점이 있음
이동평균법	자산을 취득할 때마다 평균단가(재고금액합계÷재고수량합계)를 산정하는 방법
총평균법	일정기간을 통틀어 평균단가를 산출하여 적용하는 방법

재고자산의 원가흐름을 어떻게 가정하는지에 따라서 상품의 단가가 달라진다. 이렇게 단가를 결정하는 방법에는 선입선출법, 후입선출법, 이동평균법, 총평균법이 있다.

(1) 선입선출법FIFO은 먼저 매입한 재고자산이 먼저 팔려 나간다는 가정으로 단가를 결정한다. 이 방법에 의하면 나중에 매입한 단가가 기업에 남아있는 기말재고단가가 된다.

(2) 후입선출법LIFO은 최근에 매입한 단가가 먼저 팔려 나간다는 가정이다. 이 방법에 따르면 팔린 재고자산에 대해서는 최근의 단가가 적용되므로 기말에 남아 있는 재고자산의 단가는 과거의 입고시 단가가 적용된다.

(3) 이동평균법은 단가가 다른 여러 재고자산을 구입할 때마다 기초금액과 매입액을 합계하여 총수량으로 나누어 평균단가를 구하는 방법이다. 이는 재고자산이 입고될 때마다 재고자산의 평균단가를 내서 매출원가를 계산하므로 계속 기록법 하에서 사용되는 방법이다.

(4) 총평균법은 재고자산의 평균단가를 기말에 한꺼번에 구해서 수량에 적용하는 방법이다. 즉, 기초재고자산에 당기에 매입한 모든 금액을 더하고 총수량으로 나누어 평균단가를 한번에 구한다. 그리고 기말재고 수량에 이 단가를 곱하여 기말재고자산금액을 구하는 방법이다. 이는 기말에 한번 계산하므로 실지재고조사법 하에서 사용되는 방법이다.

판매 예정인 상품재고가 폭락했다면 어떻게 하나요?

"재고자산 가격이 폭락하면 그만큼 재고자산평가손실을 인식해 주어야 합니다. 보통 재고자산은 파손되거나 부패되면 가치가 하락하게 되죠. 간혹 진부화 된 경우 외관이 멀쩡한 경우에도 가치가 하락할 수 있습니다. 이렇게 재고자산 가치가 하락했을 때 손실을 인식하는 회계를 '저가법'이라고 부릅니다."

앞에서 재고수량과 재고단가를 계산하는 방법에 대해서 배웠다. 그런데, 기말재고자산을 계산할 수 있겠는가? 실제로 기말재고자산을 계산해 보고 매출원가가 어떻게 도출되는지 보는 게 어떤 방법이 있는지 주워듣는 것보다 백 배 낫다. 우선은 각 단가를 구하는 방법별로 실습해 보겠다.

> **<사례>** 원가흐름의 가정에 따른 기말재고자산과 매출원가 실습
>
> 아래는 (주)상빈의 재고자산관련 자료이다. 선입선출법에 의해 재고원가를 결정하는 경우 기말 현재 재고금액은 얼마인가?
> 단, 기말시점에 계속기록법에 의한 재고수량과 실지재고조사법에 의한 재고수량은 일치한다고 가정하겠다. 이게 불일치할 경우 누군가가 재

고자산을 훔쳐서 도망간 것이겠지만 말이다.

날짜별 사건	수량	매입단가	금액
기초 재고	150개	30원	4,500원
2월2일 매입	200개	35원	7,000원
5월1일 판매	(200개)		
7월1일 매입	150개	40원	6,000원
9월6일 판매	(300개)		
9월6일 판매	100개	45원	4,500원

(1) 선입선출법을 가정한 경우 먼저 매입한 재고를 먼저 판매하기 때문에 기말재고로 남아 있는 것은 가장 나중에 매입한 단가를 적용해야 한다.

 기말재고수량 = 150개 + 200개 − 200개 + 150개 − 300개 + 100개
  = 100개
 적용할 단가 = 맨 나중에 매입시 단가인 45원
 기말재고금액 = 100개 × 45원 = 4,500원
 매출원가 = 기초재고 + 당기매입액 − 기말재고
  = 4,500원 + 7,000원 + 6,000원 − 4,500원 = 17,500원

| 기초재고자산 4,500원 | 매출원가 17,500원 |
| 당기매입액 7,000원 + 6,000원 | 기말재고자산 4,500원 |

(2) 후입선출법으로 가정했을 경우 기말재고금액을 구하면 적용할 단가만 가장 오래된 단가로 해주면 된다.

  적용할 단가 = 가장 최초 매입단가인 30원
  기말재고금액 = 100개×30원 = 3,000원
  매출원가 = 기초재고 + 당기매입액 − 기말재고
       = 4,500원 + 7,000원 + 6,000원 − 3,000원 = 19,000원

기초재고자산 4,500원	매출원가 19,000원
당기매입액 7,000원 + 6,000원	기말재고자산 3,000원

(3) 총평균법으로 가정할 경우, 단가를 우선적으로 총평균단가로 구하고 기말재고수량에 곱하여 기말재고금액을 산정한다.

  총평균단가 = [4,500원 + 7,000원 + 6,000원 + 4,500원]÷600개
       = 36.67원
  기말재고금액 = 100개×36.67원 = 3,667원
  매출원가 = 기초재고 + 당기매입액 − 기말재고
       = 4,500원 + 7,000원 + 6,000원 − 3,667원 = 18,333원

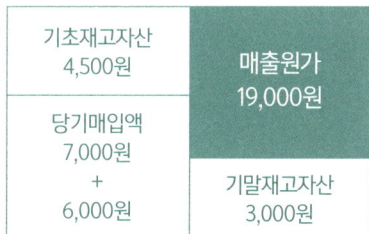

기초재고자산 4,500원	매출원가 19,000원
당기매입액 7,000원 + 6,000원	기말재고자산 3,000원

기말재고자산 시가가 폭락하면?

재고자산은 시간이 갈수록 품질이 저하되거나 진부화되어 가치가 하락하게 된다. 부패되기 쉬운 과일이나 음식의 경우에는 그 손상의 속도가 빠르겠지만 심지어 스마트폰처럼 최첨단 기기의 경우에도 새로운 기종이 출시될 때마다 오래된 기종의 재고는 가치가 폭락하게 되어 있다. 이처럼 재고자산은 주기적으로 평가해서 감액할 부분은 확실하게 감액해 주어야 과대평가를 막을 수 있다.

재고자산의 평가에 대해서는, 국제회계기준에서는 순실현가능가치가 취득원가보다 하락한 경우에 순실현가능가치Net Realizable Value를 재고자산 가액으로 한다고 규정하고 있다. 여기서 순실현가능가치는 예상되는 판매가격에서 판매시까지 정상적으로 발생하는 비용을 차감한 순액을 말한다. 즉, 이 재고를 팔아서 순수하게 벌 수 있는 돈이 순실현가능가치이다. 진부화된 재고나 부채된 재고는 순실현가능가치가 낮을 수밖에 없다. 그만큼 재고자산을 평가하여 손실을 인식해야 하는 것이다. 이를 회계에서는 '저가법'이라고 한다.

재고자산을 저가법으로 평가하게 되면 재고자산평가손실을 비용으로 인식하면서 그만큼 재고자산에서 제외시킨다. 한 마디로 재고자산의 시가가 하락하면 작아진 가치만큼만 재고로 남겨야 한다는 논리다. 이는 재무상태표가 기업의 재산적 가치를 잘 반영해야 한다는 이념을 반영한 것이다.

[참고] 재고자산 저가법 정리

시가의 개념	(1) 제품, 상품 및 재공품 : 순실현가능가치 (2) 원재료 : 현행 대체원가 * 순실현가능가치(NRV): 정상적인 영업과정에서 추정. 판매금액에서 제품 완성시까지 추가원가와 판매비용 추정액을 차감한 금액을 말함
저가법 회계처리	장부재고: 장부상수량×취득원가 　↓ → 수량이 감소: 재고자산감모손실 실지재고: 실제수량×취득원가 　↓ → 시가가 감소: 재고자산평가손실 저가재고: 실제수량×시가

4. 회사 영업활동의 무기! 유형자산 무형자산

유형자산은
기업의 성장엔진이다

"유형자산은 기업이 영업활동에 사용할 목적으로 장기간에 걸쳐 보유하고 있는 자산입니다. 기업은 유형자산을 활용해서 경영활동을 하죠."

유형자산은 기업이 돈을 버는 무기다. 군대 생활을 해 본 사람은 군대는 무기로 시작해서 무기로 끝난다는 것을 알 수 있듯이, 어느 조직이든 무기가 필요하다. 군대는 적들과 탱크와 총으로 싸운다. 기업도 조직이기 때문에 외부의 경쟁자들과 싸울 무기가 필요하다. 그때 사용하는 것이 유형자산이다. 그리고 무기를 잘 다루는 조직원들의 능력이 성패를 좌우할 것이다.

기업은 영업활동을 위해서 최소한 사무실이나 영업장이 있어야 한다. 한마디로 토지나 건물이 있어야 영업활동을 시작할 수 있다. 요즘에는 인터넷으로 국경도 넘나들며 영업을 한다고는 하지만 컴퓨터를 놓고 키보드를 칠 수 있는 장소는 필요하지 않겠는가? 게다가 방금 말한 노트북이나 컴퓨터, 서버, 책상, 의자 등도 모두 유형자산이다.

이런 유형자산 없이는 어떤 업무도 할 수 없는 것이 현실이다.

네이버의 재무상태표상의 유형자산을 살펴보자. 네이버는 제17기 (2015년 12월 31일) 유형자산이 6,620억 정도 된다. 그 자세한 내역은 주석을 보면 알 수 있다.

자산	제 22 기	제 21 기	제 20 기
유동자산	958,002,631,668	880,761,992,755	1,223,980,759,079
현금및현금성자산 (주6,7)	369,314,307,214	414,429,035,373	111,029,337,132
단기금융상품 (주6,7)	3,998,800,000	3,998,800,000	232,336,861,060
당기손익-공정가치 측정 금융자산 (주5,6,7)	1,134,151,477	11,802,308,451	103,754,499,866
매출채권및기타채권 (주6,7)	553,283,357,905	410,689,554,192	703,994,025,829
기타유동자산 (주9)	27,725,389,027	38,935,038,474	37,491,967,190
기타포괄손익-공정가치 측정 금융자산			32,784,625,971
재고자산	2,546,626,045	907,256,265	2,587,442,031
비유동자산	7,865,547,902,079	5,790,825,341,027	4,701,611,694,177
유형자산 (주10)	1,078,819,008,478	855,943,164,259	803,940,724,581
사용권자산 (주11)	22,191,160,932	24,260,629,075	
무형자산 (주12)	40,107,676,668	36,324,658,454	38,689,880,325

네이버의 주석에는 유형자산의 종류별로 취득원가와 감가상각누계액, 장부가액이 나와 있는데 이것만 보더라도 어떤 자산을 얼마나 보유하고 있는지 한눈에 알 수 있다.

구 분	당기말 취득원가	상각누계액(-)	장부금액
토지	269,970,459	-	269,970,459
건물	464,612,962	(126,005,313)	338,607,649
구축물	113,860,438	(71,394,343)	42,466,095
기계장치	2,759,168	(1,613,844)	1,145,324
차량운반구	629,421	(550,693)	78,728
비품	81,533,941	(50,427,273)	31,106,668
기타의유형자산	627,678	(529,546)	98,132
건설중인자산	395,345,953	-	395,345,953
합 계	1,329,340,020	(250,521,012)	1,078,819,008

네이버는 대부분의 유형자산이 토지와 건물에 집중되어 있다. 기계장치는 11억 5천만 원 정도 밖에 되지 않는다. 왜 그럴까? 네이버는 경기도에 본사 건물과 토지를 보유하고 있고 사무실에서는 컴퓨터 서버와 직원들이 키보드를 두드리면서 업무를 한다. 서비스업이다. 제조업과는 달리 토지와 건물로 사무 시설만 완비되면 수익을 창출할 수 있는 회사이다.

다음은 삼성물산의 재무상태표에서 유형자산을 찾아보자. 다음의 삼성물산 재무상태표에 보면, 유형자산 항목 중에 '투자부동산'이라는 항목이 눈에 띈다. 분명히 부동산은 토지와 건물이다. 앞에서 네이버의 재무상태표에는 투자부동산이라는 계정과목이 없었다. 그리고 토지건물은 모두 유형자산이었다.

그렇다면 부동산이 유형자산일 수도 있고 투자부동산일 수도 있다는 말인가? 결론부터 말하자면 맞다. 보유 목적에 따라서 토지와 건물이 유형자산일 수도 있고, 투자부동산일 수도 있다. 보다 구체적으로는 다른 문답에서 설명하도록 하겠다. 어쨌든, 투자부동산으로 분류되면 시세차익을 목적으로 할 경우 그 평가이익을 손익계산서에 인식해서 당기순이익을 늘려주는 효과가 있다.

	제 52 기	제 51 기
자산		
유동자산	9,497,079,180,668	1,526,662,859,647
현금및현금성자산	1,213,025,953,772	208,575,292,088
단기금융상품	58,982,618,545	7,510,000,000
단기매도가능증권	594,175,000	410,700,000
매출채권	4,784,062,388,896	734,389,688,272
기타유동자산	2,756,029,478,581	105,507,394,604
재고자산	684,384,565,874	470,269,784,683
매각예정자산	79,870,150,672	
비유동자산	24,580,993,930,112	7,719,319,637,067
매도가능금융자산	15,952,676,065,321	4,567,886,850,859
종속기업 및 관계기업투자	3,415,034,492,799	826,718,989,849
유형자산	3,166,135,550,583	1,958,771,648,641
투자부동산	**112,296,301,780**	**3,812,661,904**
무형자산	702,604,243,318	239,618,523,465
기타비유동자산	1,232,247,276,311	122,510,962,349
자산총계	34,157,943,261,452	9,245,982,496,714

우리가 주변에서 기업을 방문해보아도 눈에 보이는 유형자산의 영향력은 매우 커 보인다. 기업은 유형자산 없이는 영업할 수 없으며, 그 유형자산의 취득을 위해서 막대한 돈을 쓰는 것이다. 이때 유형자산을 취득하기 위해 들어간 돈이 '유형자산 취득원가'이다. 취득원가는 유형자산을 사는 데 들어간 돈에, 설치하고 시운전하면서 사용 가능한 상태에 이르는 데 들어간 비용들도 포함된다. 이러한 유형자산의 금액이 어떻게 회계적으로 계산되는지 알면 재무제표를 이해하는 것이 훨씬 쉬울 것이다.

매년 가치가 감소하는 유형자산 감가상각의 비밀

"유형자산은 언젠가는 비용으로 처리되어 없어져야 합니다. 그런데 유형자산은 장기간에 걸쳐 기업이 보유하면서 사용하게 되죠. 사용기간 동안 가치가 감소하게 되는데 그 부분을 측정해서 비용으로 인식하는 것이 '감가상각비'입니다."

토지를 제외한 모든 유형자산은 매년 사용함에 따라 가치가 감소한다. 건물만 보더라도 사용할수록 페인트도 벗겨지고, 노후화 되면서 녹이 슬거나 기능도 저하된다. 그만큼 매년 가치가 낮아지는 것이다. 이렇듯 유형자산은 사용에 따른 마모, 시간에 따른 진부화로 인하여 경제적 효익이 감소한다. 유형자산의 장부가액은 매년 가치감소분을 반영해서 감액해야 하는데 이것이 감가상각비 회계처리다.

다시 네이버의 유형자산 내역을 살펴보면 상각누계액이라는 항목이 눈에 띌 것이다. 이 상각누계액은 매년 유형자산의 가치가 감소한 감가상각이 누적되어온 결과이다. 이는 취득원가에서 차감하는 형식으로 표시하며 차감된 경과가 장부금액으로 나타난다.

구 분	당기말		
	취득원가	상각누계액(-)	장부금액
토지	269,970,459	-	269,970,459
건물	464,612,962	(126,005,313)	338,607,649
구축물	113,860,438	(71,394,343)	42,466,095
기계장치	2,759,168	(1,613,844)	1,145,324
차량운반구	629,421	(550,693)	78,728
비품	81,533,941	(50,427,273)	31,106,668
기타의유형자산	627,678	(529,546)	98,132
건설중인자산	395,345,953	-	395,345,953
합 계	1,329,340,020	(250,521,012)	1,078,819,008

그렇다면, 감가상각비를 계산하는 방법에는 어떤 것이 있을까? 감가상각비는 그 자산의 가치 감소 형태를 반영해서 계산한다. 일반적으로 건물은 매년 가치 감소액이 일정한데, 이처럼 감가상각비가 매년 일정하도록 계산하는 방법이 '정액법'이다. 한편, 기계장치의 경우에는 초창기에 가치 감소가 현저하고 나중으로 갈수록 가치 감소액이 작아지는 형태를 띈다. 이처럼 초기에 가속 상각되는 감가상각비 계산방법이 '정률법'이다.

사실 가치를 감소하는 형태를 반영해서 감가상각비를 계산한다고 했지만, 감가상각을 하는 핵심적인 이유는 취득원가를 기간에 걸쳐서 비용으로 배분하려는 목적에 있다. 자산은 언젠가는 비용으로 없어져야 한다. 유형자산은 갑자기 자산이 손상되지 않는 이상 비용화 시키는 방법이 감가상각인 것이다. 이렇게 비용을 배분하는 논리는 회계상 수익비용 대응의 원칙에 있다. 수익이 발생하는 기간에 걸쳐서 유형자산을 비용으로 만들어 주어 그 수익에 적절히 비용을 대응시키기 위함이다. 이렇게 해야 매년 발생하는 수익에 기여하는 유형자산을 비용으로 계상하여 순이익을 평탄하게 유지시켜 나갈 수 있다.

감가상각비를 계산하기 위해서는 네 가지 요소인 취득원가, 내용연수, 잔존가액, 상각방법이 결정되어야 한다. 취득원가는 앞서 언급했듯이 지출 중에서 유형자산으로 인식시키는 금액을 말한다. 내용연수는 해당 유형자산을 이용할 수 있는 기간을 의미한다. 이 기간은 자산의 수명이라고 할 수 있는데, 회계에서는 물리적인 수명보다는 경제적 수명을 중요시 여긴다. 이것이 경제적 내용연수다. 내용연수가 결정되면, 그 내용연수가 종료되었을 때 남은 자산의 가치를 추정해 보아야 한다. 내용연수가 지나서 고철이 된 자산도 판매해서 수익을 얻을 수 있기 때문이다. 이것이 잔존내용연수다.

마지막으로 감가상각방법을 결정해야 하는데, 감가상각방법은 가치감소형태에 따라 정액법과 정률법이 있다. 정액법은 매년 일정한 감가상각비를 비용으로 인식하는 회계처리방법이다. 매년 일정하게 가치가 감소하는 유형자산에 적합한 방법이다. 정률법은 초기에 가속상각하는 방법이다. 두 방법의 공식은 다음과 같다.

정액법	정률법
감가상각비 = [취득원가 − 잔존가치]×1/내용연수	감가상각비 = [취득원가 − 감가상각누계액]×정률법상각률

실무상으로는 정액법을 정률법보다 많이 쓰는데 정액법의 계산이 훨씬 간편하기 때문이다. 그리고 매년 일정한 감가상각액을 인식하는 것이 비용을 배분한다는 측면에서 수익의 지속성이 높은 산업에 더 적합하기 때문이다. 다음은 포스코의 재무제표 '주석'의 일부인데, 포스코는 모든 유형자산을 정액법으로 상각한다는 사실을 알 수 있다.

> 유형자산 중 토지는 감가상각을 하지 않으며, 그 외 유형자산은 자산의 취득원가에서 잔존가치를 차감한 금액에 대하여 아래에 제시된 경제적 내용연수에 걸쳐 해당 자산에 내재되어 있는 미래 경제적 효익의 예상 소비 형태를 가장 잘 반영한 정액법으로 상각하고 있습니다. 리스 자산은 당사가 리스기간의 종료시점까지 자산의 소유권을 획득할 것이 확실하지 않다면 리스기간과 자산의 내용연수 중 짧은 기간에 걸쳐 감가상각하고 있습니다.
>
> 유형자산을 구성하는 일부의 원가가 당해 유형자산의 전체원가와 비교하여 유의적이라면, 해당 유형자산을 감가상각할 때 그 부분은 별도로 구분하여 감가상각하고 있습니다.
>
> 유형자산의 제거로 인하여 발생하는 손익은 순매각금액과 장부금액의 차이로 결정되고 당기 손익으로 인식합니다.
>
> 당사는 유형자산의 감가상각에 아래의 내용연수 동안 정액법을 적용하고 있습니다.

구 분	추정내용연수	구 분	추정내용연수
건 물	5 ~ 40년	공구와기구	4년
구 축 물	5 ~ 40년	비 품	4년
기계장치	15년	리스자산	18년
차량운반구	4 ~ 9년		

보유 목적에 따라 회계처리가 달라지는 유형자산의 마법

"부동산은 일반적으로 유형자산으로 분류됩니다. 다만, 부동산 판매업자에게 부동산은 판매를 목적으로 보유하는 자산이기 때문에 '재고자산' 혹은 '상품'으로 분류됩니다. 한편, 시세차익 목적이거나 임대 목적으로 부동산을 보유하는 경우에는 '투자부동산'으로 분류하게 되죠. 이처럼 부동산은 보유 목적에 따라 분류가 달라집니다."

최근 아이뉴스24의 인터넷 뉴스를 보면 하이트진로는 자신이 보유한 서울 서초구의 910억 원대 토지와 건물을 제이엘유나이티드에 매각하기로 결정했다고 공시했다. 하이트진로 측에서는 이를 '자산관리 효율화를 통한 재무구조 개선'이라고 밝혔다.

이런 뉴스만 보더라도 기업에서 재무구조를 개선하거나 경영의사 결정을 할 때 중요하게 판단하는 것이 부동산의 보유 여부라는 것을 알 수 있다. 이러한 부동산은 본래 영업 목적으로 보유하는 경우에는 앞서 배운 유형자산으로 분류하겠지만, 투자 목적으로 보유하는 경우에는 별도로 투자부동산이라는 계정으로 처리해야 한다. 이를 세법상으로는 '비영업용 부동산'이라고도 한다.

그런데 부동산을 보유하는 기업의 입장에서 이것이 투자의 목적인지 영업용으로 보유하는 것인지 구분하는 것은 사실상 쉽지 않다. 일반적으로 실무에서는 법인세법을 따라 분류하고 있으나 국제회계기준에서는 '시세차익 목적이거나 임대 목적'인 경우에는 투자부동산으로 분류하라고 회계처리를 강제하고 있다.

부동산은 토지와 건물처럼 가치와 물리적 크기가 크고 지속적으로 보유하면서 그 처분과 이전에 등기 등의 다소 복잡한 절차를 거쳐야 하는 자산이다. 기업이 소유하는 부동산은 통상적으로는 유형자산으로 분류한다. 시세차익 목적이라거나 임대 목적이라는 것이 명백하면 투자부동산으로 분류하겠지만 말이다.

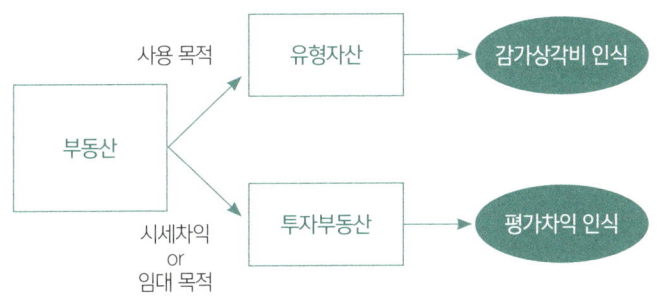

기업의 입장에서 부동산을 투자부동산으로 분류하는 실익도 있다. 유형자산은 재평가모형을 선택할 경우에 부동산의 시가가 오르면 자

산도 크게 인식할 수 있어 재무구조 개선효과가 있다. 하지만, 유형자산으로 인식할 경우에 그만큼 감가상각비가 많이 계상된다. 감가상각비는 비용이기 때문에 당기순이익을 낮추어 경영성과를 줄이는 단점이 있다. 그래서 경영진은 재평가를 망설이게 된다.

그러나 투자부동산으로 분류할 경우 공정가치모형을 선택할 수 있다. 경영자가 투자부동산의 회계처리를 공정가치모형으로 선택할 경우에는 투자부동산을 감가상각하지 않는다. 따라서 감가상각비가 비용으로 잡히지 않게 된다. 대신에 부동산의 시장가치인 공정가치로 평가하면서 평가이익(손실)을 수익과 비용으로 인식하여 손익계산서의 경영성과에 영향을 준다.

경제상황에 따라 경기가 호황인 경우에는 투자부동산으로 분류한 부동산의 시장가치가 상승하므로 공정가치 모형하에서는 순이익이 증가하게 된다. 이 경우에는 당기순이익이 상승하여 경영성과가 크게 나고, 주주들은 배당으로 가져갈 재원이 늘어나게 되어 주가가 상승할 수도 있다.

보일 듯 말 듯,
잡힐 듯 말 듯 무형자산

"무형자산은 기업의 다른 자산들과 구별되지만, 눈에 보이지 않는 자산입니다. 눈에 보이지 않는다는 것을 '물리적 실체가 없다'고 표현하죠. 이런 특성 때문에 무형자산을 자산으로 인식하기 위해서 까다로운 요건이 존재합니다."

무형자산은 기업의 자산 중에서 가장 추상적인 자산이다. 눈에 보이지 않기 때문에 자산으로 인정하는 기준이 엄격하다. 기업에서는 새로운 기술을 개발하거나 영업권을 취득하고, 기업을 인수 합병할 때 필히 무형자산이 발생하게 된다. 무형자산은 눈에 보이지 않지만 지출이 확실히 기업에 효익을 가져다주며 객관적으로 다른 자산과 구별할 수 있는 자산이다. 회계 초보자들이 가장 어려워하는 것이 어디까지를 무형자산으로 보는지와 무형자산의 가치는 어떻게 평가해야 하는지 등이다. 이에 대해 살펴보자.

무형자산이란

무형자산이란 기업이 영업활동에 사용하기 위하여 장기적으로 보유하고 있는 물리적 실체가 없는 자산을 말한다. 무형자산은 물리적

형태가 없다. 미래 경제적 효익이 장기적으로 이루어질 것으로 기대가 되고 정상적인 영업활동에 이용하는 과정에서 다른 자산보다 불확실성이 큰 게 무형자산이다. 이렇게 무형자산을 인식하는 것 자체가 추상적이고 불확실하기 때문에 무형자산을 자산으로 기록하는 요건은 까다롭다.

그 요건은 식별 가능성, 통제 가능성, 미래 경제적 효익으로 구분할 수 있다.

(1) 식별 가능성은 기업 실체와 분리하여 매각, 이전, 교환, 임대가 가능한 경우이거나 기업 실체와 분리할 수는 없지만 계약상 또는 법적 권리가 있는 경우를 말한다. 이는 한마디로 다른 자산과 구별할 수 있느냐를 따져보는 것이다.

(2) 통제 가능성은 해당 자산을 소유한 기업 이외의 제3자의 접근과 사용을 제한할 수 있는 것을 말한다. 예를 들면, 특허권은 타인의 해당 기술적 이용을 20년이라는 법정기간동안 배타적으로 독점할 수 있기 때문에 이에 들어간 지출은 무형자산으로 인식할 수 있다. 한마디로 통제 가능성은 남들이 내 권리를 침해하지 못하도록 막을 수 있는지 여부를 따져보는 것이다.

(3) 미래 경제적 효익은 해당 자산을 보유 또는 이용함으로써 미래

에 현금유출을 감소시킬 수 있는 가능성을 말한다. 이는 모든 자산의 요건이기도 하다. 자산은 기본적으로 기업에게 돈을 벌어다 주는 존재다. 무형자산도 이를 활용해서 기업이 이윤을 벌어들일 수 있어야 한다.

무형자산의 종류

무형자산은 그 종류가 산업재산권과 소프트웨어, 광업권, 개발비 등으로 나누어진다. 산업재산권은 특허권, 실용신안권, 상표권, 의장권 등이 있다. 만약에 분쟁이 발생한 경우 관련된 소송 비용은 해당 무형자산의 원가의 증가로 처리할 수 있다.

소프트웨어 개발에 소요된 원가와 외부에서 구입한 소프트웨어 구입 비용은 '소프트웨어'라는 항목의 무형자산으로 기록할 수 있다. 우리가 흔히 하는 라이센스와 프랜차이즈에 관한 독점권도 무형자산이다. 창업비는 과거에는 무형자산으로 인식하는 것이 관행이었지만 2003년 이후부터는 비용처리하고 자산으로 인식할 수 없다. 기업의 개발비 Development cost 는 일정한 요건을 충족하면 개발비라는 개정과목으로 무형자산으로 기록할 수 있는데, 요건을 충족하지 못하면 비용처리 해야 한다.

[참고] 무형자산의 종류

영업권	사업결합에서 획득하였으나 개별적으로 식별이 불가능한 미래 경제적 효익을 말한다. 영업권 = 합병 등의 대가로 지급한 금액 − 취득한 순자산의 공정가치 * 영업권은 상각하지 아니하며, 손상차손만 인식하고 손상차손환입은 인식하지 않는다.
개발비	신제품, 신기술 등의 개발과 관련하여 발생한 비용 중 개별적으로 식별 가능하고 미래 경제적 효익을 확실하게 기대할 수 있는 것이 개발비다. (1) 연구단계에서 발생한 지출 : 무조건 당기비용 (2) 개발단계에서 발생한 지출 : 자산요건을 충족하면 무형자산권가에 산입 **연구단계** − 새로운 지식을 얻고자 하는 활동 − 연구결과 등을 탐색, 평가, 최종 선택 − 재료, 시스템 등에 대해 여러 가지 대체안을 탐색 − 새로운 재료, 시스템 등 대체안을 제안, 설계, 평가 및 최종 선택 **개발단계** − 시작품과 모형을 설계, 제작, 시험 − 새기술 관련 공구, 금형 등 설계 − 소규모 시험공장 설계, 건설 − 새로운 재료, 시스템 등에 대해 최종 선정안을 설계, 제작, 시험
소프트웨어	외부구입 : 구입 비용을 소프트웨어로 무형자산 처리 내부개발 : 자산 인식요건 충족 시 개발비로 무형자산 처리

산업 재산권	**특허권** 특수한 기술적인 발명 등에 대하여 발명가 및 소유자에게 발명품의 제조 및 판매에 특권을 주는 것	
	실용신안권 특정고안을 실용신안법에 의하여 일정기간 독점적, 배타적으로 이용할 수 있는 권리	
	의장권 특정의장을 의장법에 의하여 일정기간 독점적, 배타적으로 이용할 수 있는 권리	
	상표권 특정상표를 상표법에 의하여 일정기간 독점적, 배타적으로 이용할 수 있는 권리	

5. 언제 줄지, 얼마나 줄지 잘 모르겠는데 부채는 부채다!

부채가 뭔가요?

"부채는 기업의 '빚'입니다. 미래에 갚아야 하는 의무죠. 부채는 미래의 경제적 효익의 유출이라고도 표현합니다. 이러한 부채도 1년 안에 갚아야 하는 의무는 유동부채로 분류되고, 1년 이후에 갚아도 되는 의무는 비유동부채로 분류됩니다."

재무상태표 (2021년 12월 31 현재)

```
┌─────┬─────┐       ┌──────────────┐
│     │ 부채 │   =   │   유동부채    │
│     │     │       │ (1년 이내 현금화)│
│ 자산 ├─────┤       └──────────────┘
│     │     │              +
│     │ 자본 │       ┌──────────────┐
│     │     │       │  비유동부채   │
│     │     │       │ (1년 이후 현금화)│
└─────┴─────┘       └──────────────┘
```

인간은 누구나 빚을 가지고 있다. 나는 빚이 없는데요? 아니다. 마음의 빚도 빚이 아니던가. 기업에게 뭔가를 갚아야 할 의무인 빚은 부채라는 용어로 표현된다. 자산이 유동자산과 비유동자산으로 나누어지듯이 부채도 유동부채와 비유동부채로 나누어진다. 그 기준은 자산과 마찬가지로 1년을 기준으로 한다. 물론, 정상영업 주기 이내에서 현금화가 된다면 그것도 유동부채이기는 하지만 실무상으로는 그냥

1년을 많이 쓴다.

　부채는 갚아야 할 의무다. 언젠가는 그 의무를 다해야 한다. 그 '언젠가'가 바로 상환기간 혹은 변제기간이다. 그 기간이 1년 이내인 유동부채는 좀 급하게 갚아야 하는 항목이다. 급한 만큼 위험하다. 왜냐하면 빨리 갚기 위해서 자산을 희생해야 할 수도 있기 때문이다. 주로 유동자산인 현금이 풍부하다면 그 자산으로 바로 유동부채를 상환하면 좋겠지만, 보통 현금이 그만큼 많기는 힘들다. 이 경우 다른 유동자산을 처분하거나 어려운 경우에는 부동산을 처분해야 할지도 모른다. 상대적으로 의무기간이 여유있는 비유동부채는 기업의 안정성을 위협하지는 않는다. 다만, 이자부담이 있을 뿐이다.

　유동부채는 그 종류가 다양하다. 주로 단기차입금, 외상매입금, 지급어음, 미지급금, 장기차입금 중 만기가 1년 이내에 도래하는 것 등이 유동부채이다. 단기차입금은 금융기관이나 타인으로부터 돈을 빌린 것이다. 그것도 1년 이내에 갚는 조건으로 빌린 채무다. 빨리 갚아야 하는 채무인 만큼 관리가 필요하다.

　한편, 외상매입금이나 지급어음은 기업이 재화나 서비스를 제공하고 아직 돈을 갚지 않은 것이다. 이는 외상매출금의 반대라고 보면 된다. 대금을 최대한 빨리 갚아야 한다. 그래서 유동부채다. 미지급금은 재고자산이 아닌 건물이나 기계장치 등을 구입하고 아직 대금을 지불하지 않은 채무다.

  비유동부채는 장기매입채무, 장기차입금, 사채 등 상환기간이 긴 채무를 말한다. 장기매입채무는 보통 장기간에 걸쳐서 분할상환하는 게 일반적이다. 우리가 알고 있는 장기할부 구입액이 이런 종류의 채무다. 장기차입금은 금융기관에서 장기간에 걸쳐 원리금을 상환하는 조건으로 돈을 빌린 것이다. 보통 담보를 잡고 이자도 높다. 사채는 기업이 발행한 채무증권이다. 만기가 되기 전에 일정기간동안 이자를 지급하고 만기에 액면가액을 일시에 상환한다.

기업의 리스크를 나타내는 부채가 충당부채다?

"기업이 미래에 어떠한 의무가 발생할지 여부가 불확실한 경우 그 의무를 이행할 가능성과 금액을 고려해서 부채로 인식하는 계정이 '충당부채'입니다."

충당부채는 예상금액을 부채로 인식한 것이다. 이는 충당부채의 정확한 정의를 보면 확실히 알 수 있다. 충당부채는 과거 사건의 결과로 현재 의무가 있으며, 지출시기와 금액이 불확실하나 그 의무를 이행하기 위한 자원의 유출 가능성이 매우 높고, 그 금액을 신뢰성 있게 추정할 수 있는 부채를 의미한다. 정의가 좀 길지만, 미래에 자금유출이 불확실하지만 그 금액을 추정하여 장부에 기록하는 것 정도로 해석하면 된다.

포스코의 재무제표 주석상에 충당부채 항목을 보면 충당부채는 상당한 불확실성을 내재하고 있음을 알 수 있다. 우리가 일반적으로 보기 힘든 '상여성충당부채'라는 항목이 눈에 띄는 데, 48억 정도인 것으로 보아 작은 액수는 아니다. 이는 임원에게 보너스를 주기 위해서 미리 설정하는 부채라고 보면 된다.

[참고] 포스코의 주석상 충당부채 내역

19. 충당부채

(1) 당기말과 전기말 현재 당사의 충당부채 내역은 다음과 같다.

(단위: 백만원)

구 분	제 53(당) 기		제 52(전) 기	
	유동부채	비유동부채	유동부채	비유동부채
상여성충당부채(주1,2)	14,518	34,461	14,020	35,816
복구충당부채(주3)	5,136	12,425	6,783	15,942
무발손실충당부채(주4)	4,937	2,052	204	2,184
배출부채(주5)	20,224	–	–	–
판매보증부채(주6)	18,789	3,664	–	–
합 계	63,604	52,602	21,007	53,942

(주1) 임원에 대하여 단기 및 장기 경영실적을 추정하여 연간 기본 연봉의 33%~76% 한도 내에서 충당부채를 인식하고 있습니다.

(주2) 당사는 운용중인 장기근속포상제도에 대하여 보험수리적 평가에 기초하여 미래 지급예상액의 현재가치를 측정하였으며, 당기와 전기 중 각각 33,146백만원, 29,299백만원의 충당부채를 인식하였습니다.

(주3) 당사는 강릉시에 위치한 마그네슘 제련공장 부지 등 일부 도지가 오염되어, 오염된 토지를 복구하기 위한 추정비용의 현재가치를 충당부채로 인식하였습니다. 추정비용을 산정하기 위해 당사는 현재 사용 가능한 기술 및 자재들을 사용하여 토지오염을 복구할 것이라는 가정을 사용하였으며, 당 비용의 현재가치는 1.23%~1.43%의 할인율을 사용하여 측정하였습니다.

(주4) 당사가 피소되어 있는 소송 중 승소가능성이 패소가능성보다 높지 않다고 판단되는 소송 및 기타 무발상황에 대해 충당부채로 인식하고 있습니다.

(주5) 당기말 현재 당해 연도 분으로 제출이 예상되는 무상할당 배출권의 수량을 초과하는 온실가스 배출량에 대해서 충당부채를 설정하였습니다.

(주6) 당기말 현재 당사에 청구될 것으로 예상되는 클레임비용을 충당부채로 설정하였습니다.

또한, '복구충당부채'라는 계정은 강릉시에 위치한 공장 인근 토지가 오염되어 포스코가 나중에 복구할 비용을 추정해서 미리 부채로 잡은 것이다. 재미있는 것은 먼 미래에 기술력을 추정하고 얼마나 비용이 들거라는 것을 예측한 다음, 회사 나름대로 현재가치로 환산하여 부채로 계상했다는 사실이다. 포스코의 회계 담당자는 참 유식한 것 같다. 현재가치에 사용한 2.67% 이자율은 어디서 나온 건지 잘은 모르겠지만, 아마 시중 금리와 위험을 반영한 것이 아닐까 생각된다.

이처럼 충당부채는 재무제표에서 가장 애매하고 그 금액을 구하기 위해서는 고도로 전문적인 기법을 사용해야 함을 알 수 있다. 물론, 실무에서는 시중의 금리와 경제상황 등을 추정해서 감각적으로 금액을 산정하는 경우가 많지만 그래도 전문가적 판단이 중요한 항목이다.

사채가 뭐죠?

"사채는 기업이 자금을 조달하기 위해서 발행한 채무증서(채권)입니다. 이를 회사채라고도 하죠. 사채는 매년 이자와 만기에 액면금액을 갚아야 합니다. 장기간에 걸쳐서 갚아야 하는 의무이기 때문에 현재가치로 평가하여 기록합니다."

회사에서 유가증권을 발행해서 자금을 조달하는 방법은 크게 두 가지가 있다. 하나는 주식을 발행해서 투자자를 통해서 자금을 조달하는 방법이다. 이를 유상증자라고 한다. 다른 하나는 사채를 발행하는 방법이다. 사채는 회사에서 장기간에 걸쳐 자금을 조달하기 위하여 외부에 증권을 발행하고 일정기간동안 이자를 갚고 만기에 원금을 상환하기 위해 만들어진 증서다. 이는 회계적 용어로 채무증권이라고 한다.

사채는 그 시가 변동이 중요한 경우에는 유동부채로 분류할 수 있지만, 보통은 비유동부채로 분류한다. 사채의 발행가액은 사채의 미래현금흐름을 발행 당시 시장이자율로 할인하여 구한다. 즉, 미래에 일정한 기간동안 지급하는 이자와 만기 상환하는 액면금액을 시장이자율로 할인해서 현재가치화 하는 것이다.

이때 발행 당시 시장이자율은 당해 사채를 구입하는 투자자들이 판단한 수익률로 '요구수익률' 혹은 '사채의 자본비용'이라고도 한다. 이는 국공채이자율에 일정한 리스크 프리미엄을 가산해서 결정한다. 국공채이자율은 아무런 위험이 없는 상태의 이자율을 의미하고 리스크 프리미엄은 사채 발행기업의 신용수준을 반영해서 그 신용등급에 따라 결정된다.

기업은 자신들의 리스크 프리미엄을 산정하려고 신용평가기관에 사채 신용등급 평가를 의뢰한다. 일반적으로 기업들이 은행에서 대출을 받을 때 기술보증기금이나 신용보증기금에 재무제표를 제출하고 등급을 받은 후 금융기관에서 대출을 받기도 한다. 신용평가기관에서 발행하는 신용평가 보고서를 보면 각종 재무비율을 통해서 기업의 적정한 신용등급을 매겨 준다. 아래는 금융감독원 업무자료에서 검색한 (주)한국투자증권의 사채발행시 신용평가 보고서의 일부이다.

이렇게 리스크 프리미엄은 기업의 특수한 상황에 따라 다르다. 시장이자율은 기업에 따라서 다를 수밖에 없는 것이다. 따라서 동일한 조건에서 사채를 발행한다고 하더라도 기업의 신용등급에 따라 사채의 발행금액은 천차만별이 된다.

<참고> 한국투자증권 신용평가 보고서 중 일부

평가개요

신용등급	**AA**/안정적
평가대상	제 895회 외 주가연계파생결합사채
평가종류	본평가
기업어음	A1
전자단기사채	A1

등급연혁

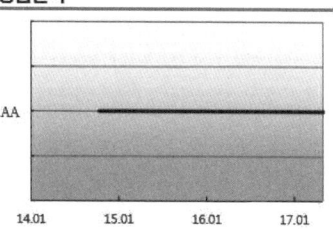

주요 재무지표

구 분	K-IFRS(별도)					
	2013.03	2013.12	2014.12	2015.12	2015.09	2016.09
총자산(억원)	192,732	198,538	234,887	284,797	275,458	325,702
자기자본(억원)	31,945	30,828	31,903	32,949	33,027	32,623
영업이익(억원)	2,095	916	2,963	3,144	3,157	2,107
당기순이익(억원)	1,590	755	2,201	2,561	2,536	1,749
영업용순자본(억원)	22,794	20,856	22,355	23,320	23,574	24,201
총위험액(억원)	5,051	4,902	5,583	7,284	6,558	8,081
ROA(%)	0.8	0.5	1.0	0.9	1.3	0.7
ROE(%)	5.1	3.2	7.0	7.9	10.5	7.2
(조정)레버리지(배)[1]	5.6	6.0	6.7	7.6	7.2	8.7
(영업용)순자본비율(%)[2]	451.2	425.5	400.4	596.5	633.1	1,199.4

(주 1) 조정레버리지=(총자산-투자예수금)/자기자본, 레버리지 = 규제비율상 산정된 레버리지

2) 영업용순자본비율=영업용순자본/총위험액, 순자본비율=(영업용순자본-총위험액)/필요유지 자기자본, 순자본비율 관련 지표는 2015년까지 별도 기준, 2016년부터 연결 기준.

동사는 2015년부터 레버리지, 순자본비율 조기적용.

3) FY13에 결산월이 3월에서 12월로 변경됨에 따라 FY13은 2013년 4월~12월 총 9개월임.

6. 회사의 종자돈 자본의 구성

회사에 주주로서 투자한 납입자본

"자본은 기업의 자산에서 부채를 차감한 나머지입니다. 모든 자산에서 부채를 갚고 남은 순자산이 자본이며, 이는 기업의 주인인 주주에게 귀속됩니다."

재무상태표 (2017년 12월 31 현재)

| 자산 | 부채 |
| | 자본 | = 자본금 / 자본잉여금 / 자본조정 / 이익잉여금 등 |

앞에서 재무상태표를 살펴본 바 있듯이, 자본은 '자산 – 부채'이다. 한 마디로 잔여 재산인 것이다. 기업은 자산을 굴려서 영업을 하고 수익을 창출하면서 몸집을 키워나간다. 그 과정에서 매년 자산규모는 성장하게 된다. 이때 부채가 일정하다면 자산에서 부채를 갚고 남은 순자산은 모두 주주에게 귀속된다. 주주가 회사의 주인이기 때문이다. 이러한 주주의 몫이 자본이다.

이 자본은 자산에서 부채를 뺀 나머지로 정의되지만, 그 주주의 거래 형태에 따라서 자본금, 자본잉여금, 자본조정, 기타포괄손익누계액, 이익잉여금으로 세분화된다. 이 구성 요소는 주식회사의 주인이 가져갈 몫이지만 그 탄생의 기원이 각기 다르다.

자본금은 '주식 액면금액 × 발행 주식수'로 정의된다. 즉, 주식을 발행할 때 액면금액의 합계를 의미한다. 자본금은 주식대금의 납입액이 아니다. 보통 주식대금의 납입액은 액면금액보다 크다. 정말 비전이 없는 기업이 아닌 이상 주가는 액면보다 크게 형성되기 때문이다. 그렇기 때문에 자본금은 전체 발행가액에 비해서 작은 것이 일반적이다.

자본잉여금은 주주와의 거래에서 기업이 주주로부터 이득을 취한 것을 말한다. 구체적으로 어떻게 기업이 주주와 거래하고 이득을 취할 수 있단 말인가? 그 대표적인 사례가 '주식발행초과금'이다. 주식을 발행할 때 기업은 액면가액보다 비싼 값을 납입금액으로 제시한다. 그럼 납입대금이 액면금액을 초과하게 되는 데 이는 주주에게 주식을 발행하면서 액면가보다 더 받았기 때문에 기업 입장에서는 이득이다. 이게 바로 '주식발행초과금'이다.

가령, (주)상빈이 있다고 치자. 이 기업은 1월 1일 주주들에게 주식을 1주당 10,000원씩에 100주를 발행했다. 그런데, 주식의 액면금액은 1주당 5,000원이다. 이 경우 자본금은 500,000원(=100주×5,000원)이고, 주식발행초과금은 500,000원(10,000원×100주 - 500,000원)이 된다. 주식발행초과금은 액면금액을 초과해서 주식을 발행함으로써 기업이 이득을 본 부분이라고 생각하면 쉽다.

자본조정은 자본의 마이너스(-) 항목이라고 보면 된다. 예를 들면 자기주식이 대표적인 항목인데, 기업이 발행한 주식을 다시 사들이게 되면 기업 자신이 자기를 지배하는 꼴이 된다. 따라서 상법상 의결권과 배당수취권이 사라진다. 내가 나를 지배할 수는 없기 때문이다. 이 경우 자본금은 이미 발행주식이 있기 때문에 플러스(+)로 남게 되고, 다시 사들인 자기주식은 아무런 권리가 없는 종잇조각이므로 마이너스(-) 자본으로 기록하게 된다. 이게 자본조정이다.

이렇듯 주주와의 거래에서 발생하는 것이 자본금, 자본잉여금, 자본조정이며, 이런 주주와의 거래를 '자본거래'라고 한다. 자본은 주주와의 거래로 변동하게 된다. 그렇다고 주주와의 거래만 있는 것이 아니다.

기업은 본질적으로 외부의 이해관계자들과 영업활동을 한다. 이 과정에서 수익과 비용이 발생하고 당기순이익이 창출된다. 물론, 아직 실현되지 않은 이익인 미실현 이익도 발생한다. 미실현 이익이란 토지의 평가차액처럼 아직 손익으로 현실화되지 않는 손익을 말한다. 이런 손익이 기타포괄손익이다. 이처럼 외부와의 거래는 회계상 '손익거래'라고 부른다. 이렇게 손익거래의 결과가 누적된 것이 이익잉여금과 기타포괄손익누계액인 것이다.

재무상태표 (2017년 12월 31 현재)

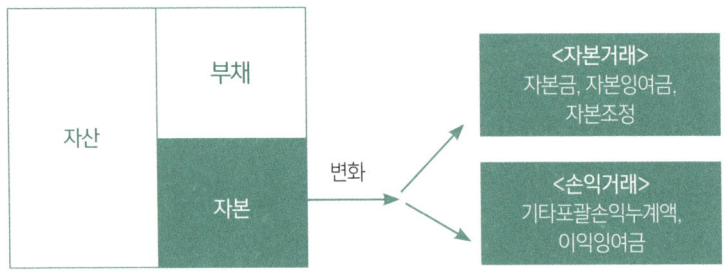

증자와 감자 완전정복

"증자는 기업이 주식을 발행해서 자본금을 증가시키는 거래입니다. 반면에 감자는 기업이 주식을 소각하여 자본금을 감소시키는 거래라고 볼 수 있죠."

머니투데이 2017년 2월 1일자 기사에 보면 넵튠이 운영자금 마련을 위해 30억 원, 투자자금을 위해 70억 등 총 100억을 제3자 배정 유상증자를 결정했다고 1월 31일 공시했다고 밝혔다. 이렇듯 경제뉴스를 보면 유상증자나 무상증자에 대한 이야기를 자주 접할 수 있다. 이미 주식투자나 기업실무에 익숙한 사람들은 익숙한 용어겠지만 회계 입문자들에게는 생소한 단어일 것이다. 이러한 증자와 감자에 대한 의미를 살피고 그 종류에 대해서 알아보자.

증자 vs 감자

증자는 회사가 주식을 발행해서 일정한 자금을 끌어오는 것을 말한다. 기업의 자금조달은 앞에서도 말했듯이 외부의 금융기관이나 대부자들을 이용해서 자금을 빌려오는 '부채'의 방식이 있고, 투자자들을 모집해서 자본을 증가시키는 '증자'의 방식이 있다. 증자는 자본금과 자본잉여금을 증가시키는 거래로 회계상으로는 자산과 자본을 동시에 증가시킨다.

이와 정반대의 개념이 감자다. 이는 자본을 감소시키는 거래로서 주식을 주주로부터 대가를 지불하고 사서 소각시키는 유상증자라는 방법과 기업에 누적된 결손금을 없애기 위해서 주주들의 자본금을 희생시키는 '무상증자'로 나눌 수 있다. 감자는 그냥할 수 없다. 기업이 마음대로 감자를 하게 되면 필연적으로 주주들은 손해를 보고 자신들의 권리를 침해받을 것이다. 따라서 주식을 감자하기 위해서는 상법상의 주주총회 특별결의를 거쳐야 한다.

유상증자 + 무상증자 = 증자

유상증자는 주식회사의 자본을 증가시키는 가장 흔한 방법이다. 증자는 대부분 유상증자라고 볼 수 있다. 이는 회사의 주식을 증가시킬 뿐만 아니라 회사의 자산도 증가시킨다. 주주들은 증가된 자본을 현금으로 납입하거나 현물로 납입할 것이기 때문이다. 이를 출자라고 한다. 전자를 현금출자, 후자를 현물출자라고 한다.

기업이 발행한 신주를 주주가 매입하면 회사는 순이익이 발생했을 경우에만 주주들에게 배당을 주면 된다. 주식은 채권과 달리 매기 일정액의 이자를 지급하지 않아도 된다. 회사의 입장에서는 비용으로 나가는 것이 없다. 때문에 기업의 입장에서는 부채를 증가시키는 것에 비해서 재무구조가 개선되고 손익적으로도 유리한 효과를 누리게 된다.

무상증자는 별도의 납입 없이 사내유보금으로 주식을 증가시켜 주주들에게 주식을 나눠주는 방식이다. 무상증자의 재원은 보통 자본잉여금이다. 쌓여있는 자본잉여금을 자본금으로 계정만 바꿔주는 것이 무상증자이기 때문에 실질적으로 기업의 재산이 증가하는 것은 아니다. 단지 주식 수만 늘어난다. 주식 수가 늘기 때문에 필연적으로 자본금도 증가한다. 단기적으로 주주들은 무상증자가 주식수를 늘려주기 때문에 자신들의 주식 가치가 늘어난다고 생각하여 무상증자 소문이 돌기 시작하면 주가가 오르는 경향이 있다.

<참고> 무상증자는 회계적으로 자본은 불변이다!

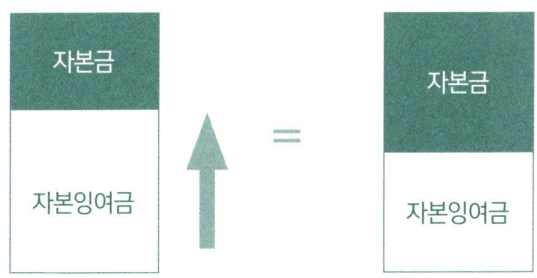

유상감자 + 무상감자 = 감자

유상감자는 기업의 규모를 축소시키거나 자본구조를 조정하려고 할 때 주로 사용한다. 유상감자는 자본금을 감소시키고 주식수를 줄이기 위해서 주주들에게 일정한 금액을 지급하는 방식이다. 일반적으로 기업의 규모에 비해서 자본금이 너무 많거나 자본금을 줄이면서 기업의 내실을 다지려고 할 때 주로 행해진다. 이는 실질적으로 자본감소 과정에서 자산이 감소하므로 실질감자라고도 한다. 주주들에게 직접적으로 영향을 미치기 때문에 상법에 따라 주주총회의 특별결의를 거쳐야 한다.

무상감자는 기업이 주주들에게 자본금을 아무런 대가 없이 감소시키는 것을 말한다. 이는 망해가는 기업이 살아나기 위해 주주들의 희생을 강요하는 것과 같다. 주로 단기순손실이 누적되어 결손금이 지나치게 불어난 기업의 경우에 결손금을 없애기 위해서 자본금과 결손금을 상계하는 방식으로 이루어진다. 무상감자는 자본금이 감소하는 대신에 결손금도 감소하기 때문에 기업 전체의 자본은 변화가 없게 된다. 자본의 변화가 없기 때문에 '형식적 감자'라고도 한다. 이 또한 주주들에게 손해를 가져올 수 있으므로 주주총회 특별결의를 통해서 이루어진다.

배당은 어떻게 지급되나요?

"배당은 기업의 돈 주머니인 '이익잉여금'이라는 자본계정에서 지급됩니다. 배당은 현금으로 지급하는 현금배당과 주식으로 지급하는 주식배당으로 나누어 생각할 수 있습니다."

배당은 주주의 주요 수익원이다. 기업은 매출액에서 시작해서 각종 비용을 차감하고 최종적으로 주주에게 귀속되는 당기순이익을 창출해낸다. 올해 창출된 당기순이익은 재무상태표 상의 이익잉여금이라는 자본의 항목으로 흘러들어간다. 이익잉여금은 매년 벌어들인 당기순이익을 모으고 모아서 형성한 곳간의 곡식과도 같은 존재다. 이를 상법에서는 '배당가능이익'이라고 부른다. 배당을 줄 수 있는 재원이라는 뜻이다. 이런 이익잉여금이 클수록, 이익잉여금의 원천인 당기순이익이 클수록, 주주는 많은 배당을 가져갈 수 있다.

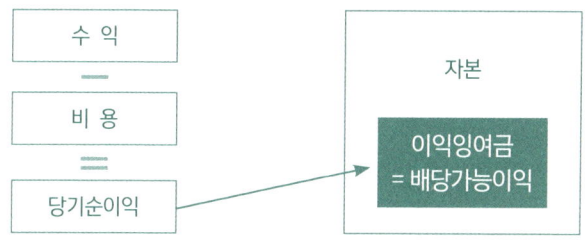

배당은 상법상 주주총회를 통해서 지급된다. 배당의 재원은 이익잉여금이지만 회계상으로는 주주총회를 거쳐 처분되므로 '미처분 이익잉여금'이 재원인 것이다. 주주총회를 통해서 배당으로 처분이 되고 그 과정에서 일정한 준비금도 적립하게 된다. 상법상으로는 현금배당액의 10%를 자본금의 2분의 1에 달할 때까지 이익준비금을 적립하도록 강제하고 있는데, 이는 지나치게 배당을 많이 주어 회사의 재원이 모두 유출되는 것을 방지하기 위함이다.

우리가 잘 아는 것은 주주총회를 통해서 현금으로 배당을 지급하는 현금배당이지만 다른 방식의 배당도 있다. 주주에 대한 이익의 분배는 모두 배당이라고 할 수 있는데, 현금 대신 주식으로 배당을 주는 경우도 가능하다. 이를 '주식배당'이라고 한다.

주식배당은 이익잉여금을 재원으로 주주들에게 주식을 발행해서 지급하는 것을 말한다. 즉, 신규로 발행해 주는 주식 수만큼 자본금이 증가하고 그만큼 이익잉여금은 감소하는 것이다. 주식배당은 현금처럼 재산이 기업 외부로 유출되지 않기 때문에 재정구조를 튼튼히 하는 면에서는 현금배당보다 좋다. 그러나 지나친 주식배당은 자본금의 비대화를 초래할 수도 있다.

<참고> 주식배당은 자본이 불변이다!

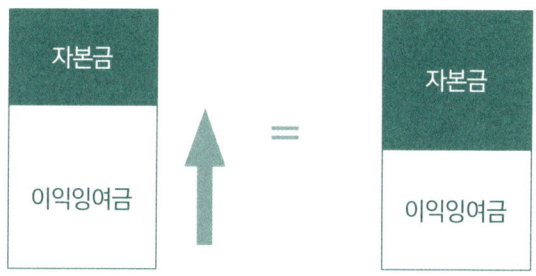

Lesson3

꼭 알고 넘어갈 손익계산서
KEY POINT

1. 내가 받은 이 돈 전부가 수익이 아니라고요?

수익은
언제 그리고 얼마를 인식하는가?

"수익은 기업의 주된 영업활동을 통해서 기업의 순자산이 증가하는 사건을 회계적으로 표현한 것입니다. 즉, 기업이 영업활동에서 벌어들인 돈이라고 볼 수 있습니다."

우리는 영화에서, 해적들이 약탈하여 수많은 재산을 도적질해 오면 중간에 간부들이나 이해관계 있는 자들에게 분배하고, 최종적으로 남는 것은 그 해적선의 주인에게 돌아가는 것을 볼 수 있었다. 이는 기업에도 마찬가지로 적용된다. 해적들이 약탈해서 들여온 돈이 기업에게는 영업활동을 통해서 창출한 수익에 대응되는 것이다. 수익은 기업이 벌어들인 돈이다.

이 수익이라는 것에서 중간에 물건 공급자에게 분배한 매출원가라는 비용을 차감하고, 영업활동에 기여한 수많은 관계자들에게 지출된 판매비와 관리비를 차감하면 영업이익이 나온다. 이 영업이익에서 자금을 대준 은행에게 이자 비용을 지불하고 나면 세전 이익이 나오고 정부에게 법인세를 납부하고 나면 당기순이익이 나온다. 이 당기순이익은 기업의 주인인 주주의 몫이다.

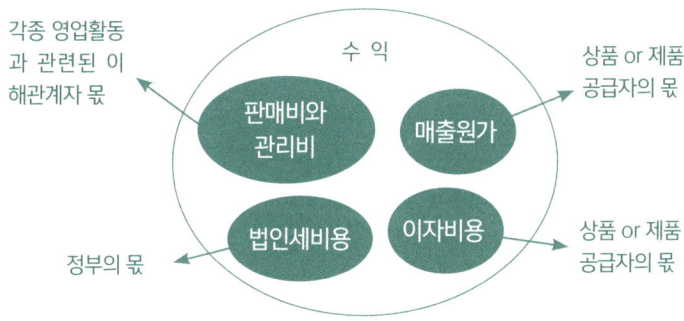

이렇게 기업이 수익을 벌어오면 다양한 이해관계자들이 수익을 비용이라는 형태로 나눠간다. 비용은 기업 외부의 이해관계자들에게 쥐어주는 돈이라고 생각하면 이해하기 쉬울 것이다. 그리고나서 남는 돈은 이익잉여금으로, 주주가 가져가면 된다. 가져가는 방식은 앞

에서 말했듯이 배당금이라는 방식으로 가져간다.

기업의 손익계산서를 보면 수익이 얼마나 중요한지 명확해진다.

손익계산서

	매출액(수익)	
−	매출원가	공급자 몫
=	매출총이익	
−	판매비와 관리비	영업 관련 이해관계자 몫
=	영업이익	
+	영업외수익	일시적 수익
−	영업외비용	금융기관의 몫
=	법인세차감전 순이익	
−	법인세비용	정부의 몫
=	당기순이익	

매출액에서 매출원가를 차감하고 판매비와 관리비를 차감하면 영업이익이 나온다. 여기서 영업과 관련 없는 손익을 가감하면 법인세차감전 순이익(세전 이익)이 나오고 법인세비용을 차감하면 최종적으로 당기순이익이 나온다. 중간에 차감하는 항목들이 비용인 것이고 이 비용을 견디고도 당기순이익이 남을 만큼 수익이 나와 줘야 기업은 살아남을 수 있다. 그만큼 수익이 지속적이고 충분해야 한다.

2. 영업활동의 종류에 따라 수익을 인식하는 방법이 다르다?

재화의 판매에 따른 수익인식

"판매로 인한 수익은 '판매기준' 혹은 '인도기준'에 따라서 장부에 기록합니다. 손익계산서에 매출액으로 기록되는 것이죠. 이를 기록하기 위해서는 인식기준을 만족해야 합니다."

상품을 판매하여 수익을 얻는 기업은 서비스업과는 달리 상품이 팔렸을 때 수익을 인식한다. 이때 상품이나 제품을 재화라고 표현하는데, 재화는 판매를 위해 생산한 제품과 재판매를 위해 매입한 상품으로 고객에게 재화를 인도하는 시점에 수익을 인식하는 것이 일반적이다. 이러한 기준을 '판매기준' 또는 '인도기준'이라고 한다.

재화의 판매로 인한 수익을 다음 조건이 모두 충족된 경우에 인식한다. (1) 재화의 소유에 따른 유의적인 위험과 보상이 구매자에게 이전된다. (2) 판매자는 판매된 재화의 소유권과 결부된 통상적인 수준의 관리상 지속적인 관여를 하지 않고 효과적인 통제도 하지 않는다. (3) 수익금액을 신뢰성 있게 측정할 수 있다. (4) 거래와 관련된 경제적 효익의 유입 가능성이 높다. (5) 거래와 관련하여 발생했거나 발생할 원가를 신뢰성 있게 추정할 수 있다.

이 다섯 가지 요건을 모두 충족해야 판매수익으로 기록할 수 있는데 각각을 설명하면 다음과 같다.

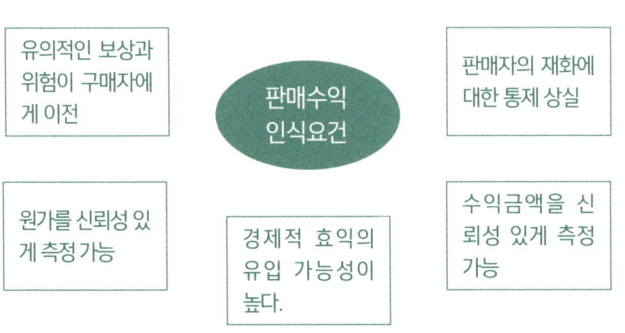

1 소유에 따른 유의적인 보상과 위험이 구매자에게 이전

재화의 소유에 따른 유의적인 위험과 보상이 이전되어야 판매했다고 볼 수 있다. 위험은 물건의 파손 등을 말하고, 보상은 재화를 사용하면서 누리는 모든 것을 말한다. '이전'은 일반적으로 법적 소유권 이전이나 재화의 물리적 이전을 의미한다. 거래마다 법적인 소유권은 이전되었으나 실질은 판매자가 독점하는 경우도 있으므로 거래의 실질을 잘 따져보는 것이 중요하다.

판매자가 소유에 따른 유의적인 위험을 부담하는 경우에는 다음의 것들이 있다. 1) 인도된 재화의 결함에 대해 정상적인 품질보증범위를 초과하여 책임을 지는 경우, 2) 판매대금의 회수가 구매자의 재판매에 의해 결정되는 경우, 3) 설치조건부 판매에서 계약의 중요한 부분을 차지하는 절차가 아직 완료되지 않은 경우가 있다.

② 판매자의 재화에 대한 통제 상실

판매자가 판매했지만, 재화를 통제할 수 있다면 판매수익을 인식하면 안 된다. 판매자가 자기마음대로 판매한 제품의 사용을 제한하는 경우 소유권이 이전되었다고 해도 실질적인 권한이 이전된 것은 아니다. 그러면 판매했다고 볼 수 없는 것이다.

③ 수익금액을 신뢰성 있게 측정 가능

수익금액을 신뢰성 있게 측정할 수 있어야 수익으로 인식할 수 있다. 이는 당연한 요건이다. 재무제표에 금액을 적기 위해서는 금액을 알아야 한다. 그 금액을 측정할 수 없으면 거짓말을 하지 않는 이상 손익계산서에 수익금액을 입력하지 못할 것이다.

④ 경제적 효익의 유입 가능성 높음

경제적 효익의 유입 가능성이 높다는 것은 모든 수익에 공통적인 요건이다. 수익이라는 것은 기업이 돈을 벌었다는 의미다. 경제적 효익이 여기서 말하는 '돈'이다. 판매를 했는데 대금을 회수할 가능성이 낮거나 대금 회수에 불확실성이 있는데도 수익을 인식하면 성과가 과대하게 평가될 것이다. 따라서 경제적 효익의 유입 가능성이 높을 경우에만 수익을 인식해야 한다.

5 원가를 신뢰성 있게 측정 가능

원가의 신뢰성 있는 측정이 가능해야 한다는 말은 판매로 번 돈을 수익으로 기록하려면 그에 대응하는 '매출원가'를 파악할 수 있어야 한다는 것이다. 손익계산서는 수익만 기록하면 반쪽짜리 성과만 기록된다. 비용까지 인식해야 순이익을 산출할 수 있다. 이는 수익비용대응의 원칙이 존재하는 이유다. 따라서 원가를 신뢰성 있게 측정할 수 있어야 판매수익을 인식할 수 있다.

용역(서비스)의 제공에 따른 수익인식

"기업의 서비스 수익은 다른 말로 '용역수익'이라고 합니다. 이런 서비스 수익은 용역이 제공된 정도에 따라서 수익을 인식하는 '진행기준'을 적용합니다."

서비스는 우리말로 '용역用役'이라고 부른다. 용역의 제공으로 인한 수익은 용역 제공 거래의 결과를 신뢰성 있게 추정할 수 있을 때 보고기간 말에 그 거래의 진행률에 따라 인식한다. 용역 제공 거래의 결과는 아래의 요건을 만족할 경우에 신뢰성 있게 추정할 수 있다.

1️⃣ 수입금액을 신뢰성 있게 측정 가능
2️⃣ 거래와 관련한 경제적 효익의 유입 가능성이 높음
3️⃣ 진행률을 신뢰성 있게 측정 가능
4️⃣ 거래 원가를 신뢰성 있게 측정 가능

서비스 수익은 진행률에 따라서 진행된 정도를 따져 그만큼만 인식한다. 이를 진행기준이라고 하는데 이는 장기간에 걸쳐 용역이 제공되는 특성을 반영한 회계처리방법이다. 진행기준은 수익을 특정

회계기간의 용역활동과 성과의 정도에 대한 정보를 제공한다. 가령, 건설공사계약을 체결하여 수익을 인식할 때 진행률은 건물이 지어진 정도라고 볼 수 있다. 이를 투입된 원가로 진행률을 계산해서 그 정도에 따라 수익을 인식하면 한 번에 수익을 인식하는 것보다 거래의 형태와 진척 상황을 더 잘 나타낸다.

각 요건을 분석하면 다음과 같다.

1 수입금액을 신뢰성 있게 측정 가능

거래 상대방과 다음 모든 사항에 대해 합의된 경우에 일반적으로 수익금액을 신뢰성 있게 추정할 수 있다.

- 수수되는 용역과 관련한 거래당사자들의 법적 구속력 있는 권리
- 용역 제공의 대가
- 결제 방법
- 결제 조건

보통 수익금액은 계약서를 보면 알 수 있다. 계약서상 도급금액이나 계약금액이 용역거래를 통해서 지불하게 되는 총 수입금액이기 때문이다. 그런데, 계약서를 쓰지 않았거나 용역 제공 거래를 확정하지 않은 경우 수입금액을 추정해야 할 수 있다. 추정을 한다는 것이 신뢰성이 없다는 것을 의미하지는 않으므로 상관 없다.

② 거래와 관련한 경제적 효익의 유입 가능성이 높음

서비스 수익은 거래와 관련한 경제적 효익의 유입 가능성이 높은 경우에만 인식한다. 그러나 이미 수익으로 인식한 금액에 대해서는 추후에 회수 가능성이 불확실해지는 경우에도 이미 인식한 금액을 조정하지는 않는다. 즉, 이미 수익으로 인식했다면 그것으로 된 것이다. 만약에 회수가 불가능한 금액이 발생하면 그만큼 대손상각비 등으로 비용처리하면 된다.

③ 진행률을 신뢰성 있게 측정 가능

진행률은 다양한 방법으로 결정할 수 있다. 기업은 수행된 용역을 신뢰성 있게 측정할 수 있는 방법을 사용하여야 한다. 거래의 성격에 따라 다음과 같은 방법을 사용할 수 있을 것이다.

- 작업 수행 정도의 직접적인 조사
- 총예상 용역량 대비 현재까지 수행한 누적 용역량 비율
- 총추정원가 대비 현재까지 발생한 누적원가의 비율

현재까지 발생한 누적원가는 현재까지 수행한 용역에 대한 원가만을 포함하며 다른 원가는 당연히 제외한다. 총추정원가는 현재까지의 누적원가와 향후 수행해야 할 용역원가를 예상하여 합산해서 결정한다.

용역제공이 특정 기간 내에 불특정 다수의 활동에 의하여 수행되는 경우에 그 진행률을 더 잘 나타낼 수 있는 다른 방법이 없다면 실무적 편의를 위해 정액기준으로 기간에 걸쳐 수익을 인식할 수 있다. 만약에 특정한 활동이 다른 활동에 비해서 유의적일 때에는 그 활동이 수행될 때까지 수익의 인식을 연기한다.

④ 거래 원가를 신뢰성 있게 측정 가능

수익비용 대응의 원칙에 따라 거래원가를 모르면 수익을 인식할 수 없다. 서비스 수익도 마찬가지다. 용역을 제공하는 데 들어간 원가를 신뢰성 있게 측정할 수 있어야 수익을 장부에 기록할 수 있는 것이다.

3. 매출을 얻기 위해 이만큼의 비용이 들어갔네?

매출원가는
어떻게 인식되는가?

"매출원가란 기업의 영업활동을 판매된 제품(or 상품)에 투입된 제조비용(or 매입비용)을 말합니다. 제조업이라면 제품을 생산(or 매입)하기 위해 필요한 모든 비용(원료, 투입된 인력, 공장을 가동시키기 위해 필요한 전기료, 수도료 등등)을 말하는 것입니다."

매출원가는 물건을 판매하기 위해 투입된 비용으로 제조업과 물건의 유통업에 따라 다르다. 제조업의 경우는 판매할 물건을 직접 만들어야 하기 때문에 원재료를 매입해서 제조공정에 가동하기 위한 인건비, 전력비, 기계감가상각비 등이 투입될 것이고, 이러한 모든 비용이 원가를 구성할 것이다. 이에 반해 유통업은 외부에서 판매할 물건을 사오기 때문에 원가에는 물건 매입 비용만 고려될 것이다.

· 제조기업

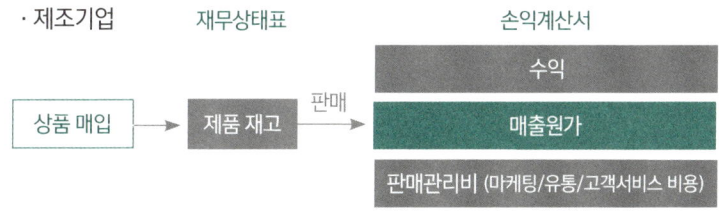

· 제조기업

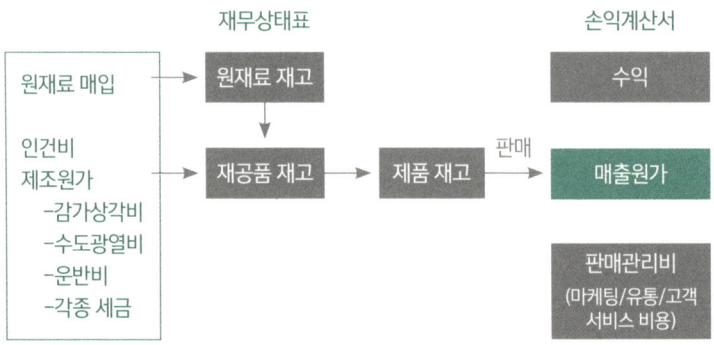

　예를 들어 치킨가게의 원가 내역을 보면 판매하기 위한 치킨을 제조하기 위해서는 원재료인 닭을 구매할 것이다. 여기에 밀가루 반죽에 필요한 밀가루, 계란 등의 부재료와 닭을 튀기기 위한 기름, 튀김통, 가스불, 게다가 이 모든 작업을 진행할 사람의 노동력이 필요할 것이다. 이를 종합해 보면 아래와 같이 치킨의 원가가 구성될 것이다.

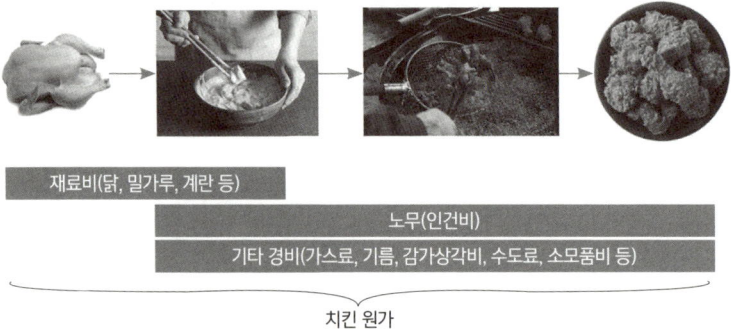

4. 영업활동의 필수 지출! 판매비와 관리비

판매비와 관리비는 무엇인가?

"판매비와 관리비는 영업활동과 관련하여 간접적으로 발생하는 모든 비용입니다. 판매비는 광고비, 판촉비 등을 포함하고, 관리비는 관리부서 직원들 인건비, 임차료 등 부수 비용을 포함합니다."

판매비와 관리비는 기업의 주된 영업활동과 관련하여 간접적으로 발생하는 모든 비용을 말한다. 이는 직접적으로 매출액에 대응되는 매출원가와는 다르다. 영업비용 중에서 매출원가를 제외한 모든 원가를 말한다고 보아도 무방하다. 판매비와 관리비를 분리해서 살펴보면 다음과 같다.

판매비는 상품이나 제품을 판매하기 위해서 지출되는 비용이다. 이는 주로 영업 부서와 마케팅 부서에서 지출하는 비용을 말한다. 영업관련 부서의 인건비, 접대비, 광고비, 판촉비 등을 포함하는 것이 판매비라고 보면 된다.

관리비는 말 그대로 영업활동을 관리하기 위해서 들어가는 지출이다. 이는 주로 회사의 관리부서인 경영팀, 총무와 인사, 경리팀, 전략기획팀 등의 부서에 들어가는 인건비, 세금과 공과, 임차료 등이 포함된다. 관리비는 판매비에 비해서 간접비의 성격이 더 강하다.

만약에 매출액에서 판매비와 관리비가 차지하는 비중이 크면 제품을 생산하는 비용이나 재고자산 매입비용보다 판매와 경영을 위해 부수적으로 발생하는 비용이 더 많다는 것을 의미한다. 만약에 매출액에서 생산원가나 매입원가가 높아 매출원가도 높다면 이러한 원가절감을 위한 생산효율화, 매입과정의 원가절감 노력이 필요하겠지만 판매비와 관리비는 부수적인 판촉비용이나 인건비의 절감이 필요할 것이다. 업종마다 판매비와 관리비의 비중이 다르므로 동종 업계와 비교해서 과다한지 따져보는 것이 필요하다.

[참고] 판매비와 관리비 종류

급여	급여는 임직원에게 지급하는 봉급, 제 수당, 상여금, 일용근로자 급여(잡금) 등 근로계약에 따라 지급하는 금액을 말한다.
퇴직급여	퇴직급여는 영업기간 중 임직원이 퇴사하는 경우 자사의 퇴직금 지급 규정에 의해 지급하는 금액을 말한다.
복리후생비	복리후생비는 간식비, 야식비, 경조사비, 고용보험료 및 건강보험료 회사부담분, 건강 진단비 회사 부담액, 자가운전 보조수당, 사내 동호회비 등 종업원의 복지를 위해서 지출하는 비용을 말한다.
임차료	임차료는 사무실의 임차료, 차량의 리스료, 창고의 임차료 등 부동산 또는 동산의 임대차 계약상 지급하는 비용을 말한다.

접대비	접대비는 주대, 차대, 경조사비, 대리운전비 등 일반적으로 회사의 영업과 관련하여 거래처에 제공하는 금전이나 물품을 말한다.
감가상각비	감가상각비는 유형자산의 가치가 시간이 지남에 따라 그 가치가 감소하는 것을 해당 자산의 내용연수에 걸쳐 비용화한 것을 말한다.
세금과공과	세금과공과는 회사의 차량에서 발생하는 자동차세, 부동산 재산세, 사업소세, 국민연금 회사 부담분, 벌금, 과태료, 각종 부담금 등 회사에 대해서 국가나 지자체가 부과하는 조세와 공공 지출을 처리하는 계정과목을 말한다.
광고선전비	광고선전비는 광고물 구입비, 광고 제작비, 광고물 배포비, 매체 이용비용 등 기업의 제품판매나 이미지 개선을 위해서 지출하는 비용을 말한다.
연구비	연구비는 신제품이나 신기술의 연구 활동과 관련하여 지출한 비용을 말한다.
대손상각비	대손상각비는 거래처 파산 등의 사유로 채권의 회수가 불가능하게 된 경우 이를 비용으로 처리하는 계정이다.
여비교통비	여비교통비는 판매 및 관리 활동에 종사하는 종업원 및 임원의 고속도로 통행료, 교통비, 출장여비, 숙박비 등 여비 및 교통비를 처리하는 계정이다.
차량유지비	차량유지비는 세차비, 정기주차료, 차량수선비, 검사비, 통행료 등 차량의 유지 및 관리를 위해서 발생하는 비용을 말한다.
통신비	통신비는 전화료, 우편요금 등을 위해서 지출되는 비용을 처리하는 계정이다.

교육훈련비	교육훈련비는 임직원의 강의 비용, 견학비, 강사료, 학원비 등 교육을 위해서 지출한 비용을 처리하는 계정이다.
수선비	수선비는 건물 내외벽의 도장, 기계수선에 들어가는 지출, 비품 수선비 등을 처리하기 위한 계정이다.
수도광열비	수도광열비는 가스료, 기름값, 난방 비용, 도시가스료, 수도료, 전기료, 연료 비용 등 영업 활동에 들어가는 각종 비용을 처리하기 위한 계정이다.
포장비	포장비는 포장재료비, 박스 등 규격품 비용 등 상품이나 제품의 포장을 위해 지출한 금액을 처리하는 계정이다.
소모품비	소모품비는 소모자재 대금인 복사기 부품교체비, 건전지, 전구 교체비 등을 처리하는 계정이다.
지급 수수료	지급 수수료는 용역 수수료, 세무기장 수수료, 변호사 변호 수수료, 컨설팅 수수료, 중개 수수료 등을 처리하는 계정이다.
보험료	보험료는 기업이 위험을 보장받기 위해서 보험에 가입하여 지급하는 보험료를 처리하는 계정이다.
보관료	보관료는 상품, 제품, 원재료 등을 창고에 보관하는 데 소요되는 창고임차료 등을 말한다.
운반비	운반비는 운반에 소요되는 배달료, 상하차 비용, 택배 비용, 용달비 등을 처리하기 위한 계정이다.
판매 수수료	판매 수수료는 판매 활동과 관련해서 거래처에 지급하는 수수료를 처리하는 계정이다.
잡비	잡비는 비용항목 중에서 빈번하게 발생하지 않고 금액도 중요하지 않은 계정을 묶어서 처리하기 위한 계정이다.

5. 영업은 잘 되는데, 왜 이익이 없다고 하지?
영업외 수익

"영업외 수익은 기업의 주된 영업활동 이외의 활동에서 발생한 경제적 효익의 증가를 말합니다. 한 마디로 기업이 벌어들인 돈 중에서 매출액을 제외한 나머지라고 할 수 있습니다."

기업의 주된 영업활동은 업종과 관련이 있다. 금융업에게 주된 영업은 자금의 대여다. 따라서 금융업을 영위하는 기업에게는 이자수익이 매출액이 된다. 한편 제조업에게는 주된 영업은 제품의 생산과 판매다. 따라서 제조업을 영위하는 기업에게 제품판매 수익이 매출액이 되는 것이다. 이처럼 업종에 따라 본업에서 벌어들인 수익은 매출액이 된다.

영업외 수익은 매출액이 아닌 수익이다. 이는 주된 영업활동이 아닌 활동에서 창출된 수익이다. 금융 업종의 기업에게 이자수익은 매출액이지만 제조업을 영위한 기업에게 이자수익은 영업활동이 아닌 부수적인 수익으로서 '영업외 수익'이 된다. 영업외 수익은 기업의 주된 영업활동이 아닌 기타 투자 및 재무활동을 통해 발생된 수익을 의미한다.

영업외 수익의 종류

이자수익	예금, 채권, 대여금 등에서 발생하는 모든 이자수입
배당수익	단기매매증권, 매도가능증권 등 주권에서 발생한 배당금
임대료	기업 소유의 부동산 임대 및 임차 부동산의 전대로 발생한 임대료 수입
단기투자자산평가이익	회사채, 주식 등의 단기매매증권의 시가(공정가치)가 장부 금액을 초과하는 부분
단기투자자산처분이익	회사채, 주식 등의 단기매매증권을 장부금액보다 높은 가액으로 처분 시 차익
외환차익	외화자산을 원화로 환수하거나 외화부채를 원화로 상환할 때 발생하는 환차익
외화환산이익	환율의 변동으로 인한 장부상 평가차익
지분법이익	유의적인 영향력을 행사하는 피투자회사의 당기순이익 발생으로 인한 지분법이익
장기투자증권손상차손환입	투자증권의 회수가능액이 회복된 경우의 회복금액
투자자산처분이익	투자자산의 처분시 장부금액보다 비싸게 매도한 경우의 차익
유형자산처분이익	건물, 기계장치 등 유형자산을 장부금액보다 큰 금액으로 처분했을 때의 차익

사채상환이익	회사채 상환시 사채의 장부가액보다 상환금액이 작은 경우 이익
전기오류수정이익	전기의 회계상 오류를 수정하면서 발생하는 이익

주된 영업활동이 아닌 활동에서 발생하는 수익이 영업외 수익이므로, 재고자산이 아닌 자산을 팔면서 발생하는 처분이익, 화폐성 자산의 외화환산이익 및 환차익 등이 이에 해당한다.

영업외 비용

"영업외 비용은 판매비와 관리비와는 달리 기업의 영업활동과 무관하게 발생한 비용을 말합니다. 굉장히 일시적이고 우발적인 비용이 많고, 투자활동이나 재무활동과 관련된 비용인 셈이죠. 그런데 생각보다 기업의 성과에 영향을 많이 미치기 때문에 잘 파악할 필요가 있습니다."

영업외 비용은 기업의 주된 영업활동이 아닌 활동으로부터 발생한 비용과 차손을 말한다. 물론, 중단사업손익에도 해당되면 안 된다. 즉, 영업활동에서 발생하는 매출원가와 판매비와 관리비가 아닌 비용이라고 생각하면 쉽다. 그렇다면 영업외 비용은 중요할까? 이에 대한 답은 생각보다 중요하다는 것이다. 이 영업외 비용 때문에 기업의 경영성과인 당기순이익이 폭락할 수도 있기 때문이다.

매일경제 2017년 2월 3일자 기사를 보면 모바일게임 '영웅'의 개발사 썸에이지의 지난해 매출이 주력 매출원의 노후화로 전년 대비 36% 감소했다고 밝혔다. 특히 당기순손실 67억9448만 원이 발생했는데, 이는 영업외 비용으로 처리된 일회성 비용인 합병 비용 52억 때문이라고 분석되었다.

썸에이지의 손익계산서

	매출액(수익)	60억4007만 원	
−	매출원가		
=	매출총이익		
−	판매비와 관리비		
=	영업이익	(15억5594만 원)	
+	영업외 수익		
−	영업외 비용	(52억)	합병 비용
=	법인세비용 차감전순손익		
−	법인세비용		
=	당기순이익(손실)	(67억9448만 원)	

 이처럼 영업외 비용이 일시적이고 비 반복적인 비용이라고 무시하다가는 큰 코 다친다. 이러한 영업외 비용의 종류와 내용을 아는 것은 그만큼 중요하다고 볼 수 있다.

<참고> 영업외 비용의 종류

이자비용	이자비용은 단기차입금 이자나 회사채에서 발생하는 이자, 대출 이자 등 타인으로부터 자금을 빌려 쓰고 지불하는 성격의 비용을 처리하는 계정이다.
단기투자자산 처분손실	단기투자자산 처분손실은 단기투자자산(단기매매증권, 당기손익인식 금융자산)을 처분할 때 장부금액보다 저렴한 값으로 처분하면서 발생하는 손실을 처리하는 계정이다.
단기투자자산 평가손실	단기투자자산을 회계기간 말에 시가(공정가치)로 평가하면서 시가가 장부금액보다 떨어져서 발생하는 평가손실을 처리하는 계정이다.
외환차손	외환차손은 외화자산을 상환받을 경우 원화로 받는 금액이 외화자산의 장부금액보다 작은 경우이거나 원화로 상환하는 금액이 외화부채의 장부금액보다 큰 경우에 발생하는 손실을 처리하는 계정이다.
외화환산손실	외화환산손실은 회계기간 말 화폐성 외화자산의 환율이 하락해서 발생하는 평가차손이나 화폐성 외화부채의 환율이 상승해서 발생하는 차손을 처리하는 계정이다.
파생상품거래손실	파생상품거래손실은 선도, 선물, 옵션 등 파생상품이 청산되는 과정에서 발생하는 손실 혹은 거래비용을 말한다.
파생상품평가손실	파생상품평가손실은 파생상품의 회계기간 말 공정가치가 감소하여 발생하는 평가손실을 의미한다.
기부금	기부금은 영업과 관련 없이 무상으로 특정인에게 지급하는 급부를 말하는데 이를 처리하기 위한 계정을 말한다.

지분법손실	지분법손실은 유의적인 영향력을 미치는 관계회사의 당기순손실로 인한 투자회사가 인식하는 손실을 의미한다.
장기투자증권 손상차손	장기투자증권 손상차손은 투자주식이나 채권의 회수 가능한 가액(시장가치)이 폭락하여 장부가액보다 떨어졌을 때 인식하는 손실을 처리하는 계정이다.
매도가능증권 처분손실	매도가능증권(주로 주식)을 처분하면서 장부가액보다 낮은 가치로 처분하면서 발생하는 손실을 의미한다.
유형자산처분손실	유형자산처분손실은 유형자산을 처분하면서 장부가액보다 싸게 처분하여 발생하는 손실을 처리하는 계정과목이다.
사채상환손실	사채상환손실은 사채를 조기에 상환하면서 사채의 장부금액보다 비싼 금액으로 상환하면서 발생한 손실을 의미한다.
전기오류수정손실	전기오류수정손실은 전기 이전에 발생한 회계상 오류로 순이익이 과대계상된 것을 수정하는 과정에서 발생한 손실을 말한다.
잡손실	잡손실은 가산세, 벌금, 보상금, 연체료, 지체상금 등 영업외 비용 중에서 일시적이고 우발적이며 금액적으로도 중요성이 떨어지는 항목을 말한다.

제3장

기업의 언어, 재무제표 읽을 줄 아시나요?

Lesson 1
재무제표분석으로 회사의 능력치를 평가하라!

1. 재무제표(손익계산서, 재무상태표, 현금흐름표) 보는 법

"재무비율분석을 위해서는 우선 재무제표에 대한 분석이 필요합니다. 손익계산서로 대략적인 수익성과 성장성을 파악한 이후 재무상태표를 통해 활동성, 안정성을 파악하고, 마지막으로 현금흐름표를 통해 기업이 창출하는 이익의 질Quality을 파악하면 당신은 그 기업을 판단할 수 있을 것입니다."

기업을 분석할 때 여러분들은 모두 재무제표부터 펼칠 것이다. 그러나 막상 재무제표를 볼 때 무엇부터 어떻게 시작해야 할지 몰라 난감할 때가 많았을 것이다. 이를 위한 가벼운 Tip을 주고자 한다.

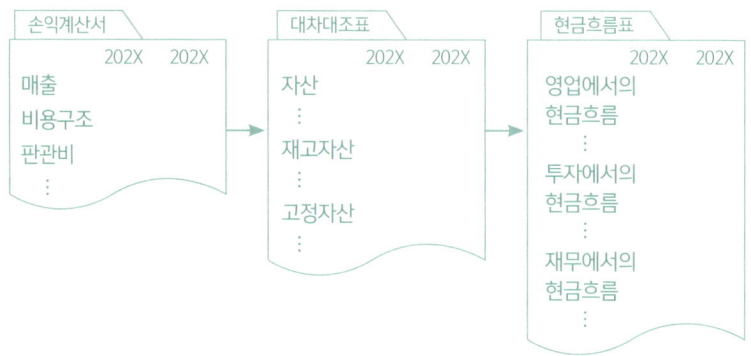

단계 1 손익계산서를 먼저 분석하라

　기업의 경영성과를 보여주는 손익계산서에는 많은 정보가 있다. 우선은 전체적인 외형을 파악하기 위해 매출액, 영업이익, 당기순이익을 본다. 그리고 매출원가율(=매출원가/매출액), 영업이익률(=영업이익/매출액), 당기순이익률(=당기순이익/매출액)을 파악하여 대략적인 수익성과 과거 매출 추세, 영업이익률 추세를 보고 기업이 성장하고 있는지 쇠퇴하고 있는지를 체크한다.

단계 2 대차대조표는 손익계산서와 함께 분석하라

　대차대조표는 의외로 많은 사람들이 보기 어려워한다. 기업분석관점에서 손익계산서는 당장의 성과를 보여주지만 대차대조표는 미래의 성과를 가늠할 수 있는 좋은 지표다. 우선은 유형자산과 무형자산을 확인하여 성장 엔진이 잘 갖추어져 있는지 파악하라. 예를 들어 제조업이라면 공장과 기계, 그리고 기술이 향후 성장 엔진일 것이다. 세부적으로 알수는 없지만 계략적으로라도 유형자산과 무형자산을 통해 핵심자산을 직접 해당 기업이 보유하고 있는지? 과거 추세를 보며 지속적으로 이런 핵심자산에 투자가 이루어지고 있는지를 확인한다. 이러한 투자를 자본적 지출Capex이라고 하는데 일반적으로 이러한 투자가 지속적으로 이루어지고 있다면 향후 매출이 증가할 가능성이 높은 것이다. 그 다음으로는 안정성을 확인하라. 현금성자산 보유량, 부채비율, 차입상환 스케줄 등을 확인하여 자금 여력이 충분한지를 파악한다. 마지막으로 매출채권, 재고자산, 매입채무 등 운전자본에 대한 활동성을 분석하여 기업의 현재 처한 상황을 파악한다.

단계 3 현금흐름표를 통해 기업이 창출하는 이익의 질Quality을 파악하라

보통 회계는 발생주의에 따라 인식함으로 실제 현금흐름과는 상당한 차이를 보일 수 있다. 지속적으로 이익을 창출하는 기업이 갑자기 부도처리가 되는 흑자도산이 가장 극단적인 예일 것이다. 이러한 함정을 피하기 위해서는 현금흐름에 대한 분석이 필수적이다.

현금흐름표는 영업에서 창출하는 현금을 보여주는 '영업활동 현금흐름'과 투자를 통한 성과를 보여주는 '투자활동 현금흐름' 마지막으로 자본조달, 배당으로 인한 성과를 보여주는 '재무활동 현금흐름'으로 구성된다.

아래와 같이 영업, 투자, 재무 현금흐름의 패턴만으로도 회사의 상태를 대략적으로 판단할 수 있다.

구분	영업활동 현금흐름	투자활동 현금흐름	재무활동 현금흐름	비고
패턴1	+	-	-	-가장 이상적인 현금흐름 패턴 -영업에서 창출한 현금을 미래를 위해 투자하거나 주주나 채권자를 반환하는 구조
패턴2	+	+	-	-성숙기(쇠퇴기)에 있는 기업의 현금흐름 패턴 -영업에서 창출한 현금을 미래에 대한 투자없이 내부에 유보 또는 배당만 하는 구조
패턴3	-	-	+	-신생업체 또는 부실회사에서 보이는 현금흐름 패턴 -영업에서 현금을 창출하지 못하여 외부자금조달을 통해 기업을 유지하는 구조

또한, 당기순이익과 현금흐름표를 비교하여 차이가 발생하는 이유는 분석하면 해당 기업의 당기순이익이 질적인 측면에서 좋은 것인지 아닌지 판단해 볼 수 있다.

2. 재무비율분석이 뭐예요? 회사의 인바디 측정

"재무비율분석은 기업의 상태를 금액으로 표현한 재무제표를 비율로 변환하여 규모가 다른 기업 간의 비교를 하거나 시장의 지표와 비교하여 주식투자에 적용하기 위한 기법을 말합니다."

주식투자에서 재무비율분석이 왜 필요한가!?

주식투자를 위해서는 재무제표를 뜯어서 볼 수 있어야 한다. 그 중에서 질적인 비교를 확실하게 하는 방법이 재무비율분석이다. 금액을 비교하다 보면 작년과 올해의 금액변화는 확인할 수 있지만 상대적으로 얼마나 성장했고, 얼마나 질적으로 성장하고 있는지, 그리고 주가에 어느 정도 영향을 주는지 파악하기 힘들다. 그렇기 때문에 비율을 통해서 주가를 분석하고 기업의 잠재력 등을 가늠해 보는 것이 더 효과적이다.

재무제표의 요소들을 재무비율로 바꿔서 분석하면 매년 기업의 추세와 시장에 비해 어떤 위치에 있는지도 비교해 볼 수 있다. 여기서 재무제표 요소라고 하면 매출액, 매출총이익, 영업이익, 당기순이익, 자산, 부채, 자본 등 큰 틀에서의 재무제표 항목들을 의미한다. 재무비율은 재무제표의 요소 간의 비율을 구한 것이며 이를 통해서 보다 명확한 관계를 파악할 수 있다. 가령, 총자산수익률(ROA=당기순이익/

총자산)을 통해서 기업이 보유한 자산 대비 수익이 얼마나 났는지 파악할 수 있는데 이는 수익의 질을 평가하는 지표로 활용된다.

주식투자자에게 가장 많이 쓰이는 재무제표 요소는 손익계산에서는 매출액, 매출총이익, 판관비, 영업이익, 당기순이익, 이자비용 등이 있으며 재무상태표에서는 총자산, 유동자산, 재고자산, 유동부채, 총부채, 자본, 이익잉여금 등이 있다. 가령, 매출액이 전년도 대비 얼마나 증가했는지에 따라 기업의 시장성을 파악할 수 있고, 총자산이 얼마나 증가했는지 파악하여 투자 규모가 어느 정도인지 가늠해 볼 수 있다. 이러한 재무제표 요소들을 비율화해서 전년도와 비교하거나 시장의 지표들과 비교하는 것은 투자자에게는 기본 중의 기본이다.

재무비율은 재무제표의 요소 간의 비율이라고 보았다. 그 중에서 주식투자자에게 가장 필요한 것은 딱 두 가지다. 하나는 <가치비율>이고 다른 하나는 <손익비율>이다. <가치비율>은 자산, 부채, 자본, 그리고 기업자산의 총체적 가치인 기업가치 등 가치$_{Value}$로 표현되는 재무제표 요소들을 활용한 재무비율을 말한다. <손익비율>은 매출액, 영업이익, 당기순이익 등 손익계산서 요소들을 활용한 재무비율이다. 이 두 가지는 혼용해서 시장성 비율과 함께 주식투자에서 유용하게 사용된다. 따라서 이 장에서는 특별히 둘을 구분해서 설명하지 않고 어떤 비율을 어떻게 활용할지에 중점을 두고 소개해 보겠다.

3. 재무비율 분석을 위한 방법 : 안정성, 성장성, 수익성, 활동성

회사의 부도 가능성 평가는
안정성

"안정성은 기업이 파산하지 않을 가능성을 말합니다. 이를 평가하는 비율에는 부채비율, 자기자본비율, 유동비율, 당좌비율, 이자보상비율 등이 있습니다. 각 비율의 개념과 투자시 활용법에 대해서 살펴봅시다."

재무비율 중에서 안정성 비율은 굉장히 다양하다. 투자자가 안전성 비율을 보는 이유는 대상 기업이 망할 가능성이 있는지를 파악하기 위함이다. 한 마디로 기업의 리스크를 가늠해 보기 위해서 안정성 비율을 검토하고 일정수준을 넘어가서 위험하다고 판단되면 투자하지 않는 것이 좋을 것이다. 실전에서 활용할 수 있는 안정성 비율을 소개해 보겠다.

1. 부채비율 활용하기!

$$부채비율 = \frac{총 부채}{자기자본}$$

부채비율은 부채를 자본으로 나눈 비율이다. 이는 기업이 자기자본보다 외부의 채무자에게 얼마나 의존하고 있는지를 나타낸다. 기업의 재무 레버리지의 정도라고도 하는데, 이는 부채를 외부에서 가져다 쓴 만큼 수익성이 좋을 때는 확실하게 고수익이 나오고, 수익성이 나쁠 때는 확실하게 망하는 정도를 의미한다. 보통은 부채비율이 1.0 아래인 경우에는 매우 안전한 상태라고 생각할 수 있고, 1.0~2.0인 경우에도 상대적으로 안전한 상태라고 볼 수 있다. 그러나 부채비율이 산업평균에 비해서 지나치게 높은 경우에는 투자를 해서는 안 된다. 투자해서 잘되면 큰 돈을 벌 수 있는 기업이지만 망하면 파산 위험이 굉장히 큰 기업일 테니 말이다.

금융업의 경우에는 다른 업종에 비해서 부채비율이 높다. 제조업은 상대적으로 부채비율이 낮은 편이다. 건설업의 경우에는 금융업과 비슷하게 부채비율이 높은 편인데 대출을 받아서 사업을 일으키는 경우가 많기 때문이다. 부채비율만으로 해당 기업이 안전한 기업인지 파악하는 것은 무리가 있다. 오히려 뒤에 소개하는 비율과 함께 판단해 보는 것이 좋겠다.

2. 자기자본비율 활용하기!

$$자기자본비율 = \frac{자기자본}{총 자산}$$

자기자본비율은 총자산에서 자기자본(자본)이 차지하는 비율을 의미한다. 여기서 자본은 총자산에서 총부채를 뺀 잔여 지분의 개념이다. 이 비율은 전체 보유자산을 위해서 자기자본으로 얼마의 비중으로 조달했는지를 나타내는 비율이다. 자기자본비율은 0.5를 기준으로 이를 넘어서면 자본이 부채보다 많기 때문에 일반적으로 안전하다고 판단한다. 보통 자기자본비율이 0.5라는 것은 부채비율이 1.0이라는 의미와 크게 나르지 않다. 어쨌는 자기자본비율은 클수록 파산 위험이 적다는 의미이다. 그렇다고 너무 자기자본비율이 높아서 1.0에 가깝다면 부채를 전혀 쓰지 않아 레버리지를 통한 사업확장 가능성은 오히려 떨어질 수도 있다. 따라서 0.5 언저리의 적당한 상태가 좋다고 생각한다.

3. 유동비율 활용하기!

$$유동비율 = \frac{유동자산}{유동부채}$$

유동비율은 유동부채 대비 유동자산의 비율이다. 이는 기업의 단기적인 채무상환능력을 나타낸다. 부채비율이 전체적인 기업의 재무건전성을 나타낸다면 유동비율은 단기적인 지급 능력을 파악하는 지표이다. 그만큼 흑자도산이나 단기적 파산 가능성을 가늠하기에 좋은 비율이다.

유동비율은 클수록 재무안정성이 높다고 볼 수 있다. 유동자산은 재고자산 및 당좌자산으로 구성되어 있는데 현금화 가능성이 높은 자산들이다. 이런 자산을 처분해서 유동부채를 상환할 수 있는 가능성이 높다는 것은 그만큼 단기적 안정성이 크다는 의미다. 여기서 '유동'이라는 것은 통상 1년 이내에 현금화가 가능하다는 것을 의미한다. 유동비율이 높으면 일반적으로 좋다고 볼 수는 있지만 이 비율이 절대적인 것은 아니다. 오히려 유동비율이 높다는 것은 재고자산이 지나치게 많이 누적되어 팔리지 않기 때문일 수도 있다. 따라서 유동자산 중에 재고자산을 제외하고 판단할 필요가 있는데, 이는 바로 아래 설명할 당좌비율로 파악할 수 있다.

4. 당좌비율 활용하기!

$$당좌비율 = \frac{당좌자산(=유동자산-재고자산)}{유동부채}$$

당좌비율은 유동부채대비 당좌자산의 비율을 의미한다. 여기서 당좌자산이란 유동자산 중에서 재고자산을 제외한 나머지를 말한다. 때문에 유동비율보다 더 안정성과 활동성을 잘 반영한 비율이라는 평가를 받는다. 이 비율은 안정성에서 유동비율보다 더 엄격한 비율이며, 당좌비율이 1.0을 넘는 기업은 매우 안정적인 기업이라고 볼 수 있다. 당좌자산이 유동부채보다 많다는 것은 웬만한 유동부채는 당좌자산을 즉시 사용해서 갚을 수 있다는 의미이기 때문이다. 구체적으로 당좌자산은 현금 및 현금성자산, 단기금융자산, 장기금융자산 중 만기가 일찍 도래하는 것 등이므로 현금화가 매우 용이한 자산이다.

5. 이자보상비율 활용하기!

$$이자보상비율 = \frac{영업이익(EBIT)}{이자비용}$$

이자보상비율은 이자비용대비 영업이익이 얼마나 되는지에 대한 비율이다. 이는 기업이 이자를 갚을 수 있는 능력을 나타낸다. 이자보상비율이 1.0을 넘는 경우에는 영업이익을 통해서 이자를 충분히 갚을 수 있다는 의미이며, 반대의 경우에는 영업이익으로 이자를 갚고도 모자라 자산을 처분해야 함을 의미한다. 따라서 이 비율이 1.0 이하라면 기업이 위기에 처했다고 보아도 좋다. 일반적인 기업의 경우에는 2.0~5.0 정도 되기 때문이다. 영업이익은 기업이 주된 영업활동으로 벌어들인 이익이므로 매년 시장 상황에 따라 달라진다. 이자보상비율도 이에 따라서 변동할 수 있으므로 매기 잘 파악해야 한다. 이자보상비율을 분석할 때 웬만하면 2.0이 넘는 기업에 투자하자.

회사의 미래를 볼 수 있는
성장성

"손익의 증가율을 파악하는 이유는 수익성이 얼마나 성장하고 있는지, 그리고 그 추세는 어떠한지를 보고 주가를 예측하기 위함입니다."

전년도 대비 재무제표의 요소가 증가한다는 것은 그 기업이 성장하고 있다는 의미이다. 따라서 각종 증가율은 기업의 성장성을 나타내는 지표이다. 대표적인 증가율 몇 가지만 분석해 보아도 해당 기업의 성장 가능성과 주가의 추세를 간단하게나마 예상해 볼 수 있기 때문에 증가율 분석은 의미가 있다. 구체적으로 설명하면 다음과 같다.

1. 매출액 증가율

$$\text{매출액 증가율} = \frac{\text{당기매출액} - \text{전기매출액}}{\text{전기매출액}}$$

매출액 증가율은 전년 대비 매출액이 얼마나 증가했는지를 나타내는 지표이다. 매출액은 주된 영업활동으로 벌어들인 수익이므로 기업의 수익성을 보여준다. 이런 매출액이 지속적으로 성장한다는 것은 기업의 시장성이 좋다는 것을 증명하는 것이다. 매출액이 증가하는 추세에 있어서 매출액 증가율이 지속적으로 양수(+)를 유지하면 기업의 영업이익도 증가할 것이다. 자연스럽게 기업의 현금흐름도 증가하게 되고 주가도 상승할 가능성이 커진다. 이 추세를 분석하여 증가세를 보인다면 투자해도 나쁘지 않다.

만약에, 매출액 증가율이 음수(-)를 보이면 사업성 때문인지 경제 상황 때문인지 따져보고 투자할지 고민해 보아야 한다. 전체적인 거시경제 상황이 좋지 않아서 매출액 증가율이 낮은 것이라면 주가가 하락했을 때 해당 주식에 투자하는 것도 좋은 전략일 수 있기 때문이다.

2. 영업이익 증가율

$$\text{영업이익 증가율} = \frac{\text{당기영업이익} - \text{전기영업이익}}{\text{전기영업이익}}$$

영업이익 증가율은 전기에 비해서 영업이익의 증가 추세가 어떠한지를 보여주는 지표이다. 영업이익 증가율이 양수(+)라면 영업이익이 증가하는 추세에 있는 것이므로 기업 가치와 주가가 성장할 가능성이 있다. 영업이익은 조금만 변형하면 기업의 현금흐름이기 때문이다.

기업은 영업 레버리지(고정비 효과) 때문에 매출액 증가율에 비해서 영업이익 증가율의 변동이 크다. 특히, 고정비가 큰 설비산업의 경우에 감가상각비 때문에 그 변동성이 다른 업종에 비해서 큰 것이다. 따라서 매출액 증가율에 비해서 영업이익 증가율이 훨씬 커야 정상적인 영업활동을 하고 있는 것이다. 만약에 그 증가율이 비슷하다면 매출액 증가 추세에 비례하여 영업비용 증가 추세도 같이 증가하는 것이므로 기업의 비용 효율성이 많이 낮아지고 있는 것을 의미한다. 이 경우 경영진의 관리능력이 저하되고 있는 신호이므로 투자를 미루는 게 현명할 것이다.

3. 순이익 증가율

$$당기순이익 증가율 = \frac{당기순이익 - 전기순이익}{전기순이익}$$

순이익 증가율은 당기순이익이 전기순이익에 비해서 얼마나 증가 추세에 있는지를 보여준다. 순이익은 주주에게 배당 가능 이익으로서 귀속되는 이익이므로 주가에 큰 영향을 미치는 요소다. 따라서 순이익증가율이 클수록 주가가 상승할 가능성이 크다고 보면 된다. 주가가 상승할 가능성이 높다는 것은 그만큼 기업의 성장성이 높다고 풀이될 수도 있다.

만약에 매출액과 영업이익 증가율은 양수(+)로 지속적으로 성장하는데 순이익 증가율은 정체되어 있거나 음수(-)를 보인다면, 이는 영업외 손익의 영향임에 분명하다. 보통 영업외 손익은 이자비용이나 법인세 비용, 기타 우발적인 손실의 영향인데 특별한 사항이 있는지 분석해 보고 경영과정 때문에 지속적으로 이런 영업외 손실이 우려된다면 해당 기업에 투자하지 않는 것이 타당하다. 한편, 당기순이익 증가율이 음수(-)더라도 당기에만 일시적으로 영업외 손실이 발생한 것이라면 앞으로의 성장 가능성은 긍정적으로 평가할 수 있다. 따라서 다른 비율과 계정과목을 잘 살펴야 할 것이다.

회사의 능력을 볼 수 있는
수익성

"손익계산서는 매출액에서 시작해서 당기순이익을 계산하는 과정을 보여주고 있습니다. 이러한 손익구조를 평가하는 비율에는 매출총이익률, 영업이익률, 순이익률 등이 있습니다. 각 비율의 개념과 투자시 활용법에 대해서 살펴봅시다."

수익성 비율은 기업이 올해 벌어들인 수익의 양$_{Quantity}$보다는 질$_{Quality}$을 분석하기 위한 도구다. 일반적으로 매출액이나 자산 등에 비해서 이익이 얼마나 났는지를 분석하여 투자자가 해당 기업의 주식을 통해서 어느 정도 수익률을 낼 수 있는지를 추정해 볼 수 있게 한다. 구체적으로 살펴보면 다음과 같다.

1. 매출총이익률 활용하기!

$$매출총이익률 = \frac{매출총이익(매출액-매출원가)}{매출액}$$

매출총이익률은 매출액 대비 얼만큼의 매출총이익이 창출되었는지를 나타내는 비율이다. 이는 손익계산서상의 가장 위에 나타나는 비율이다. '매출원가율 + 매출총이익률 = 1'의 등식을 만족하기 때문에 해당 기업의 매출원가율에 따라서 매출총이익률은 달라진다. 즉, 원가구조에 따라 매출총이익률이 다르므로 기업의 사업형태를 반영한다고 볼 수 있다. 이는 기업 자체보다도 경쟁사와 비교해서 사업성이 좋은지, 원가가 적정한지 파악하는 지표로 쓰인다.

매출총이익률은 업종에 따라서 천차만별이다. 유통업의 경우에는 물건을 사서 매출을 일으키기 때문에 중간 마진이 매출총이익이 된다. 따라서 매출총이익률이 낮을 수밖에 없다. 반면에 제조업의 경우는 원가절감을 통해서 매출총이익률을 높이는 편인데, 이는 경쟁기업이나 산업평균지표를 비교해서 파악함이 타당하다. 단순하게는 매출총이익률도 높을수록 좋은 지표이기는 하다.

2. 영업이익률 활용하기!

$$영업이익률 = \frac{영업이익}{매출액}$$

영업이익률은 매출액 대비 영업이익의 비율을 나타내는 지표이다. 이는 영업활동으로 벌어들인 수익이 매출액에서 얼마나 차지하는지를 보고 지속적으로 창출되는 수익률을 평가할 수 있다. 여기서 영업이익은 매출액에서 매출원가를 차감한 매출총이익에서 판매비와 관리비를 차감한 순액으로서 주된 영업활동으로 벌어들인 수익이다.

따라서 영업이익률은 기업의 본업에 충실하여 벌어들인 수익률이므로 사업성을 나타낸다. 영업이익률도 업종별로 상이하므로 산업평균치나 경쟁기업의 수치와 비교해서 높을수록 좋다.

3. 당기순이익률 활용하기!

$$당기순이익률 = \frac{당기순이익}{매출액}$$

당기순이익률은 매출액 대비 당기순이익의 비율을 의미한다. 이는 주주에게 배당을 줄 수 있는 재원인 당기순이익이 매출액에 비해서 얼마나 창출되었는지를 보여주는 지표이다. 당기순이익률이 5%라는 것은 매출수익에서 모든 비용을 차감하고 주주에게 귀속되는 이익이 5%라는 의미이다. 당기순이익은 영업외 수익과 영업외 비용이 모두 반영된 이익이므로 기업을 영위하면서 발생된 모든 수익과 비용이 조정된 수에 주주에게 귀속되는 결과치이다. 한 마디로 사후적인 배당을 예측할 수 있는 이익률이지만 그 자체로는 큰 의미는 없다. 왜냐하면 영업외 손익은 매년 큰 폭으로 변화하기 때문이다. 따라서 장기적인 예측치의 의미는 크지 않고 당기의 실적 파악에만 유용하다.

회사의 효율성을 볼 수 있는 활동성

"회전율은 기업자산을 얼마나 효율적으로 사용했는지를 보여주는 지표입니다. 이에는 총자산회전율, 유형자산회전율, 재고자산회전율 등이 있습니다. 각 회전율의 개념과 활용방안에 대해서 살펴봅시다."

보통 재무비율 중에서 '회전율'이라고 불리는 것들은 활동성 비율이라고도 한다. 이런 활동성 비율은 기업이 가진 자산의 종류마다 얼만큼의 매출이나 매출원가를 일으키는지 그 속도를 나타낸다. 얼마나 자산을 잘 활용했는지를 나타내는 지표인 것이다. 구체적으로 소개하면 다음과 같다.

1. 총자산회전율

$$총자산회전율 = \frac{매출액}{총자산}$$

총자산회전율은 기업의 총자산을 얼만큼 매출액을 창출하는 데 활용했는지 그 수준을 나타내는 지표이다. 이는 자산을 투자해서 매출액이 많이 창출될수록 활동성이 높고 효율적으로 자산을 이용한 것으로 평가된다. 이 비율은 과거에 비해서 높을수록 좋으며, 다른 기업에 비해서도 높을수록 유리하다고 평가된다. 이 비율이 높아지는 추세라면 기업의 전체 자산이 잘 활용되고 있다는 증거이며 산업마다 이 비율이 다르기 때문에 해당기업이 속한 산업과 업종 평균과 비교하여 판단하는 게 좋다.

2. 재고자산회전율

$$재고자산회전율 = \frac{매출액}{재고자산}$$

재고자산회전율은 재고자산대비 매출액이 얼마나 발생하는지를 측정하는 지표이다. 이는 재고자산이 팔려서 매출액을 창출한다는 논리가 배경에 깔려있으므로 재고자산이 얼마나 빠르게 매출로 이어지는지를 나타낸다.

재고자산회전율은 높을수록 좋으며, 업종 평균에 비해서 지나치게 높은 경우에는 적정재고를 늘릴 필요가 있다. '365÷재고자산회전율'로 계산하면 '재고자산회전기간'을 구할 수 있는데 이는 며칠마다 재고자산이 다 팔려나가는지를 기간으로 계산한 지표이다. 이 기간은 짧을수록 판매력이 좋은 기업임을 의미한다. 재고자산회전율은 과거에 비해 증가하는 추세인 기업일수록 좋으므로 추세를 보고 기업의 활동성을 평가하는 것이 좋다.

3. 매출채권회전율

$$매출채권회전율 = \frac{매출액}{매출채권}$$

매출채권회전율은 매출채권대비 매출액이 얼마를 차지하는지의 비율이다. 이는 매출채권이 얼마나 빠르게 회수되는지를 보여주는 지표이다. 매출채권회전율이 높을수록 매출채권이 빠르게 현금화되므로 해당 기업의 구매자와의 관계에서 우위에 있음을 보여준다.

해당 기업의 과거 매출채권회전율에 비해서 낮아지는 추세를 보이는 경우 매출채권의 회수에 문제가 생겨 대손이 발생할 가능성이 높아지고 있음을 의미한다. 이는 기업의 수익성이 악화될 가능성이 높음을 나타낼 뿐만 아니라 기업의 흑자도산 가능성도 있으므로 위험한 신호이다. 매출채권 회전율이 낮은 기업은 경쟁력이 낮다고 판단해도 좋으니 동종 업종의 평균 수치와 비교하는 것도 의미가 있다.

4. 회사는 투자액으로 지금 얼마를 번 거야?

투자액 대비 수익률을 나타내는 지표
ROE, ROA, ROIC

"투자액 대비 순이익의 비율은 투자자가 투입한 원금 대비 얼마나 돈을 벌었는지를 나타내는 지표입니다. 이에는 ROE, ROA, ROIC가 있습니다. 각 비율의 개념과 투자시 활용법에 대해 살펴봅시다."

가치대비 수익률은 진정한 수익률의 개념이라고 할 수 있다. 내가 투자한 돈이 원금이라고 한다면 그 원금에서 열린 과실果實의 비중을 파악하는 것이 우리가 얼마의 이득을 보았는지 파악하는 데 더 적합하기 때문이다. 이 수익률에는 ROE, ROA, ROIC가 있는데 각각을 소개하면 다음과 같다.

1. ROA(Return On Assets)

$$ROA = \frac{당기순이익}{총자산}$$

ROA는 총자산 수익률이라고도 하며, 기업의 총자산 대비 얼마의 당기순이익을 벌어들였는지를 나타내는 지표이다. 현재 운용하는 자산으로 얼마나 많은 당기순이익을 창출했는지를 보면 투자액 대비 수익성을 잘 알 수 있다. 이 지표는 주주에게 귀속되는 당기순이익이 기업 전체 자산에서 차지하는 비율이므로 주주의 수익성을 검증하는 데도 사용한다. ROA는 ROE에 자기자본승수를 곱한 값이므로 기업의 부채비율이 클수록 ROA는 감소하는 경향이 있다. 즉, 빚을 많이 지는 기업은 ROA가 작아진다는 의미이다. 따라서 ROE를 계산해 본 후 ROE와 ROA가 동시에 높다면 기업의 전체적인 수익성이 좋다는 것을 의미하고 기업의 잠재력이 크다고 해석해도 좋다.

2. ROE(Retrun On Equity)

$$ROE = \frac{당기순이익}{자기자본}$$

ROE는 자기자본순이익률이라고도 하며, 자기자본대비 얼마의 당기순이익을 벌어들였는지를 나타내는 지표이다. ROE는 순수하게 주주가 투자한 금액 대비 주주에게 귀속되는 순이익의 비율이므로 주식에 투자해서 올린 수익률이라고 보아도 무방하다. 즉, 이 비율과 다른 자산에 투자했을 때의 수익률을 비교해서 투자가 적정한지 의사결정에 활용하는 것은 의미가 있는 것이다. ROE는 주주가 투자한 금액에서 발생된 수익률을 의미하므로 투자 대상 주식의 주가가 몇 퍼센트로 성장할지를 예측하는 데에도 사용된다.

3. ROIC(Return On Invested Capital)

$$ROIC = \frac{세후영업이익}{영업투하자본}$$

ROIC는 투하자본수익률이라고도 불리며, 영업활동을 위해 투하된 자산대비 영업이익의 비율이다. 이는 영업활동만을 통해 발생된 수익률을 의미하므로 가장 기업의 수익성을 잘 반영한다고 볼 수 있다. 여기서 세후영업이익은 영업이익×(1-세율)로서 세금을 반영한 영업이익이고, 영업투하자본은 순운전자본+유형자산증가액 등을 의미한다.

수많은 증권분석가들은 기업의 성장성에만 관심을 두고 기업의 가치 측면에는 소홀한 경향이 있다. ROIC를 분석하는 것은 가치투자에서 굉장히 중요한 의미를 가진다. 높은 ROIC를 가진 기업은 ROIC를 유지하거나 더 성장시킴으로써 주주에게 주가상승의 기회를 제공하고, WACC(가중평균자본비용)보다 낮은 ROIC를 가진 기업에 투자하면 장기적으로는 주가가 하락하여 손실을 본다는 것이 여러 통계에서 입증되었기 때문이다.

5. 회사의 가치를 1주당 금액으로 환산하자!

주당 가치비율
EPS, BPS, SPS

"주당 가치비율은 주식 1주당 특정한 항목의 비율이 어떠한지를 보여주는 지표입니다. 이에는 EPS, BPS, SPS, CPS가 있습니다. 각 개념을 살펴보고 주식투자 시 활용방안에 대해서 살펴봅시다."

주가는 주식 한 주당 얼마인지로 계산된다. 재무제표를 통해서 주가를 추정하기 위해서는 총 재무요소가 아닌 주식 한 주당 얼마의 금액으로 재무요소가 평가되는지를 파악하는 것이 필요하다. 이 때문에 분석하는 것이 주당 가치비율이다. 주당 가치비율에는 $EPS_{\text{Earning Per Share}}$(주당순이익), $BPS_{\text{Book value Per Share}}$(주당장부가치), $SPS_{\text{Sales Per Share}}$(주당매출액), $CPS_{\text{Cashflow Per share}}$(주당현금흐름)이 있다. 이에 대해 구체적으로 살펴보자.

1. EPS. 주당순이익

$$EPS = \frac{\text{보통주 당기순이익}}{\text{보통주 발행주식수}}$$

주당순이익은 당기순이익을 발행주식수로 나누어 계산한다. 즉, 보통주 주식 한 주당 당기순이익이 얼마인지를 나타내는 주당 가치비율이다. 기업의 주가를 주당순이익으로 나누면 PER가 나오는데 이는 뒤에서 소개하겠다. 주당순이익은 주식 한 주에 귀속되는 주주 몫을 나타낸다. 그렇기 때문에 이런 EPS의 증가추세를 분석하면 주가의 추세를 간접적으로 예상할 수 있다.

주당순이익은 당기순이익의 크기뿐만 아니라 발행주식수에도 큰 영향을 받는다. 이때 발행주식수만 증가시키는 신주인수권부사채의 행사나 전환사채의 행사는 주당순이익을 희석시켜 주식가치에 부정적인 영향을 미칠 수 있지만, 반대로 무상감자를 통해 주식수가 감소하면 주당순이익이 증가하여 주주가치에 긍정적인 영향을 미치게 된다.

2. BPS, 주당장부가치

$$주당장부가치 = \frac{장부상\ 자기자본}{발행주식수}$$

주당장부가치는 재무상태표상 자산에서 부채를 차감한 잔여지분인 자본을 발행주식수로 나누어 계산된 지표이다. 한 주당 장부가 기준으로 얼마의 자본이 있는지 나타낸다. 이는 장부가 기준의 주가라고 볼 수 있다. 시간가치기준 주가를 주당장부가치로 나누면 PBR이 나오는데 이는 나중에 설명한다.

주당장부가치는 발행주식수의 영향을 많이 받는다. 주식수가 늘수록 주당장부가치는 감소하게 되어 있다. 주당장부가치는 해당 기업의 순자산이 지속적으로 성장하는지 파악하기 위해서 전기와의 금액 비교가 중요하다. 매기 증가하는 추세에 있다면 주가도 상승할 것이기 때문이다.

3. SPS, 주당매출액

$$주당매출액 = \frac{매출액}{발행주식수}$$

주당매출액은 당기에 발생한 매출액을 발행주식수로 나누어 계산한다. 주식 한 주당매출액이기 때문에 수익의 질을 나타낸다. 투자자의 입장에서는 주당매출액이 증가하는 추세에 있는 주식에 투자하는 것이 타당하다. 주당매출액은 재무비율 분석에 있어서 자주 사용하지는 않는다.

주가대비비율
PER, PBR, PSR

"주가와 주당가치비율을 나타내는 지표에는 PER, PBR, PSR, PCR이 있습니다. 이 지표들은 주식투자에서 기업이 저평가되었는지 판단하는 데 유용하게 활용됩니다."

1. PER(주가이익비율)

$$주가이익비율 = \frac{주식의\ 시장가치}{주당순이익(EPS)}$$

주가이익비율은 주가를 주당순이익으로 나누어 계산한 값이다. 이는 현재 주가가 현재 이익에 대비한 적정한 주가에 비해 과대평가되어 있는지 과소평가되었는지를 알 수 있게 하는 지표이다. 주가이익비율$_{PER}$은 주가를 추정함에 있어서 많이 사용한다. 해당 기업의 PER를 계산하여 작년의 PER에 비해 높으면 과대평가되었다고 해석하거나 업종 평균의 PER와 비교해서 높으면 과대평가된 것으로 판단할 수 있다. 이렇게 고 PER 주식은 되도록 투자하지 않는 것이 유리하고, 저 PER 주식은 시장에 비해 과소평가된 주식이므로 투자하는 것이 좋다.

일시적으로 기업에서 영업외 이익이 발생하거나 영업외 비용이 감소하여 당기순이익이 높아진 경우에 PER가 급락할 수도 있는데, 이렇게 저 PER가 된 경우에 섣불리 투자할 경우에는 오히려 손해를 볼 수도 있으니 주의해야 한다. 이런 오류를 방지하기 위해서 다른 재무비율 분석과 함께 검토해야 할 것이다.

2. PBR(주가장부가비율)

$$주가장부가비율 = \frac{주식의\ 시장가치}{주당장부가치(BPS)}$$

주가장부가비율은 주가를 주당순자산장부가치로 나누어 구하며, 이는 현재 주가수준이 순자산장부가치에 비해서 고평가 되었는지 저평가되었는지를 나타내는 지표다. 장부가치에 비해서 고평가된 경우에 그 원인을 파악하는 것이 중요하지만 일반적으로 장부가치대비 주가가 과대평가된 것으로 파악한다. PBR이 1.0 이상이면 장부가 대비 과대평가된 것이므로 투자할 때 신중해야 한다. 최근 국제회계기준이 도입되면서 공정가치 평가가 확대되어 PBR은 과거에 비해서는 1.0에 가까워졌다. 따라서 PBR이 1.0보다 훨씬 큰 경우 그 주식에는 투자하지 않는 것이 더욱 현명해졌다고 볼 수 있다.

3. PSR(주가매출액비율)

$$주가매출액비율 = \frac{주식의 시장가치}{주당매출액(SPS)}$$

주가매출액비율은 주가를 주당매출액으로 나누어 계산한 값이다. 이는 현재의 주가가 한 주당 매출액에 비해서 과대평가되었는지, 과소평가되었는지를 판단하는 지표다. 이는 매출수익을 통한 상대가치 평가기법으로 PER와는 다르게 고정비 때문에 적자를 볼 수밖에 없는 신생기업이나 설비투자가 큰 기업의 가치평가에 주로 사용한다.

Lesson 2
주린이를 위한 재무제표 활용법!

1. 영리한 투자자들은 숫자를 분석한다
기본적 분석과
기술적 분석

"실제로 전문 분석가들은 기본적 분석과 기술적 분석을 병행하여 매매를 합니다. 이들은 주로 기본적 분석을 통해 대략적인 매매시기를 파악한 후, 기술적 분석으로 미세한 매매 타이밍을 잡아가곤 합니다."

기본적 분석

기본적 분석이란, 기업의 내재가치를 산출하는 데 초점을 맞추는

구 분	기본적 분석	기술적 분석
주요 자료	재무제표, 국제정세, 환율	차트, 주요 뉴스
투자 성향	가치투자	심리투자, 예측투자
투자 기간	중장기	단기
한계점	① 핵심 자료인 재무제표의 공개시기가 1년에 4번 뿐이다. ② 시장에서 관심을 못받을 경우, 주가가 내재가치에 수령하기까지 오랜 시간이 걸린다. ③ 분식회계 등 재무제표를 속일 경우에 투자 실패를 겪을 수 있다.	① 단기투자에 한정된 분석기법임. ② 표본(거래량)이 적을 수록 오차가 크다. ③ 작전세력, 기사 등에 의해 주가가 예측하지 못한 방향으로 변동할 수 있음

분석 방법으로, 투자가치를 중시하고 시장 변화에 대한 원인 분석이 가능하다. 또한 경제요인이나 산업요인 및 기업요인 등을 광범위하게 검토하고 기업의 재무제표를 분석하는 것을 말한다. 따라서 주식이 갖는 본질적 가치를 중요하시고 이를 산출한다. 이를 시장에서 형성되는 실제 주가와 비교하여 매수 또는 매도의 판단에 이용하는 주식투자 방법이다.

기본적 분석의 대표적인 방법은 절대적 평가 방법인 현금흐름할인법(DCF법)과 상대적 평가 방법인 P-Multiple, EV-Multiple 같은 방법

이 있다. (4. 회사의 적정 주가는 도대체 얼마야? 참조)

기술적 분석

　기술적 분석은 내재가치 결정에 영향을 주는 기본적 요인들보다 주가와 거래량의 과거 흐름을 분석하여 주가를 예측하는 방법이다. 기술적 분석가들은 주가 자체 또는 거래 활동 등을 도표화하여 과거의 일정한 패턴이나 추세를 찾아내고, 이 패턴을 이용하여 주가 변동을 예측하려고 한다.

　주식투자에 성공하려면 신속한 의사결정을 통해 매매시점을 잘 포착해야 한다. 기본적 분석에만 의존할 경우 정보 분석에 시간이 많이 걸려 매매 타이밍을 놓칠 수 있다. 분석에 필요한 자료들이 너무 복잡하고 전문적인 경우가 많기 때문이다.
　어떤 종목이 저평가된 것으로 분석됐더라도 거래가 잘 안 된다면 예상한 기간에 기대만큼의 투자수익을 내기 어려울 수도 있다. 이 같은 기본적 분석의 결점을 보완해주는 것이 기술적 분석이다. 기술적 분석은 과거의 통계적인 주가흐름이 미래에도 반복될 것이라는 전제 아래 차트, 그래프 등을 통해 일정한 추세를 파악한다. 기술적 분석가들은 '추세선' '이동평균선' '차트 패턴' 등 다양한 분석 지표를 이용해 주가의 움직임을 예측, 주식 매매 타이밍을 잡는 데 활용할 수 있다고 주장한다.

2. 회사의 적정 주가는 도대체 얼마야?

절대적 가치 평가
(DCF 평가)

"기업의 본질 가치가 가장 중요하다. 이 수치를 정확하게 설정하기 어렵지만 예측치를 정해야만 한다. …… 기업의 본질 가치란 기업이 시장에서 활동하는 기간 동안 창출할 수 있는 현금의 현가이다. 본질 가치에 대한 예상치는 개인에 따라 다르고 매우 주관적이며 이 수치는 미래 현금흐름에 대한 예측이 변하고 금리가 변동함에 따라 달라진다. 이렇게 불명확한 성격에도 불구하고 기업의 본질 가치는 매우 중요하다. 기업의 본질 가치야말로 사업과 투자의 적합성을 논리적으로 판단할 수 있는 유일한 방법이다."

워렌 버핏 Warren Buffett

워렌 버핏이 말한 기업의 본질 가치를 현실적으로 가장 잘 구현하는 방법이 '현금흐름할인법'Discounted Cash Flow, DCF이다.

기업 활동이 영원히 계속될 것(영구 기업)이라는 가정하에 기업이 매년 발생시킬 현금흐름Free Cash Flow;FCF을 바탕으로 적정할인율로 할인Discount하여 기업의 가치를 평가한다. 이론적으로 가장 우수한 방법이며 실무에서도 많이 쓰이는 방법 중 하나이다.

DCF법에 따른 가치를 산정하기 위해서는 일반적으로 다음 절차를 수행하여야 한다.

1. 과거 성과 분석 및 미래 전망 수립	• 과거 성과 분석 • 가치동인 추정-매출 성장률, 마진, 규모의 경제, 자산 생산성 등 • 전략적인 측면에서 향후 사업 전망 이해
2. 잉여현금흐름(Free cash flows) 추정	• 세부 추정기간 결정 • 매출 추정 • 비용구조 및 매출 성장을 지탱할 수 있는 자산에 대한 추정 • 추정 재무제표 완성 및 Free cash flow 추정
3. 자본 비용 추정	• Beta 도출 및 자기자본 비용 산출 • 세후 부채 비용 산출 • 가중평균 자본비용 산출
4. 잔존가치(Terminal Value) 추정	• Terminal Value 추정 • 영구 성장률 가정, 자본 비용 등과 Cross Check
5. 기타 가치평가 영향요인 추정	• 잉여 현금 등 비영업 자산 존재 여부 확인 • 지급 보증 등 부외부채 존재 여부 확인
6. 기업 가치평가	• 영업에 의한 가치 + 투자자산 가치 = 기업 가치 • 기업 가치 - 부채 가치 = 주식 가치

예를 들어 간단히 설명하면, 미래 5년 동안의 추정 현금흐름을 할인한 현재가치 합계가 900이고, 5년 이후 잔존가치의 현재가치가 100이면, 이 회사의 영업에 의한 가치 Operating Value는 1,000이 된다. 그런데, 이 회사가 현재 초과보유 현금 100, 비영업용 주식보유액 100,

비영업용 부동산 100 등의 투자자산 등을 보유하고 있으면, 이 회사의 기업가치Enterprise Value는 1,300(=1,000+100+100+100)이 되는 것이다. 그리고, 그 회사가 현재 차입금 200을 갖고 있다면 이 회사의 지분가치Equity Value는 1,100(=1,300-200)이 되는 것이다.

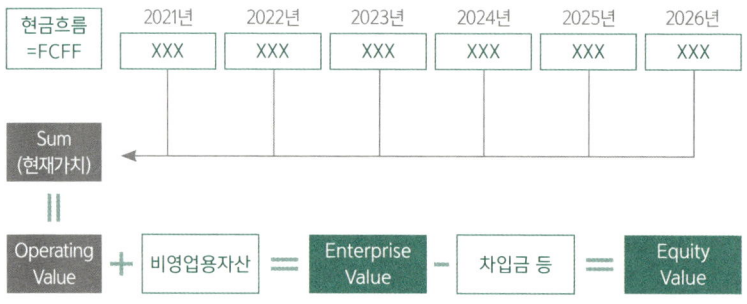

위의 예에서도 보듯이 DCF법에서 가장 핵심이 되는 사항은 정확한 현금흐름을 산출하는 것이며 이를 위해서는 매출추정, 비용구조, 운전자본, 고정자산투자, 자금계획 등에 대한 적절한 가정에 근거한 추정 손익계산서, 추정 대차대조표, 추정 현금흐름표가 필요하다.

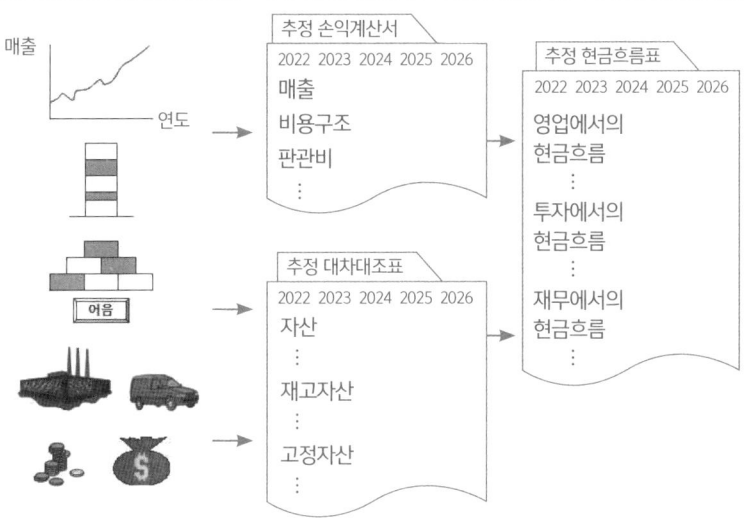

여기까지만 보셔도 이러한 방법은 복잡해 보이고, 테크니컬하게 변환하거나 도출해야 하는 요소들이 많아 전문가가 아닌 일반인이 수행하기에는 매우 어렵다고 느낄 것이다.

그러나 우리는 주식투자를 하건 회사업무를 할 때도 특정기업의 공정한 가치가 어떤지를 알아야 할 때가 있다. 이를 위해 보다 간단하면서도 의미있는 결과를 도출할 수 있는 상대가치법에 대해 알아보자.

상대가치평가
(EV/EBITDA, PER)

"상대가치법은 평가대상 회사와 영업위험 및 재무위험이 유사한 비교대상 기업의 주가, 배수 등 가격정보를 참조하여 평가대상 기업의 가치를 평가하는 방법입니다. 시장가치법은 비교적 쉽게 가치를 산정할 수 있으나 회사 특유의 정보나 특수한 상황을 세부적으로 반영하기 어렵다는 단점이 있습니다."

상대가치법에 따른 가치평가는 아래의 절차에 따라 이루어진다.

1단계 : 시장가치법은 산업구조 및 시장현황, 재무정보 등을 고려하여 상장된 회사 중 가장 유사한 기업을 선정한다.

2단계 : 선정된 유사기업에 대한 재무지표를 분석하여 가치평가에 적용할 지표를 선정 후 공시자료나 포털, 증권 사이트를 통해 선정된 지표에 대한 시장 배수를 산정한다.

3단계 : 이렇게 산출된 배수에 평가하려는 회사의 지표를 곱하여 가치평가를 한다.

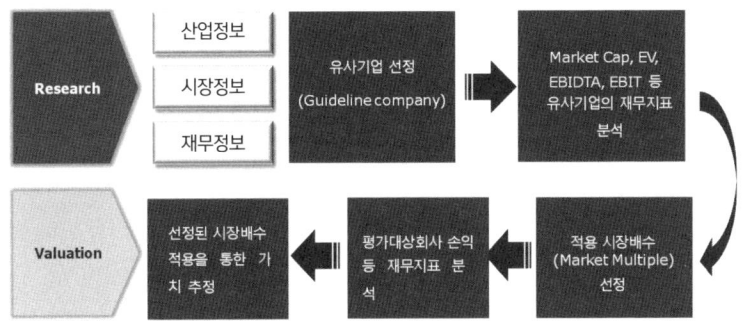

시장가치법은 일반적으로 PER을 이용하는 P-Multiple과 EV/EBITDA로 대표되는 EV-Multiple을 가장 많이 사용하고 있다.

P-Multiple

$$\text{Market P-Multiple} = \frac{\text{유사기업의 시가총액}}{\text{유사기업의 당기순이익}}$$

Valuation = 평가대상기업의 당기순이익 × Market P - Mltiple

EV-Multiple

$$\text{Market EV-Multiple} = \frac{\text{유사기업의 주식의 시장가치 + 차입금}}{\text{유사기업의 EBITD A}}$$

Valuation = 평가대상기업의 EBITD A × Market EV Multiple

예를 들어 평가하려고 하는 ㈜삼화의 당기순이익이 3,000원, EBITDA가 6,000원, 차입금이 5,000원이라고 할 때 ㈜삼화의 업종이나 특성을 고려시 유사기업의 현황은 아래와 같다고 하자.

구분	① 시가총액	② 차입금	③ 영업이익	④ 감가상각비	⑤ 당기순이익	⑥ PER (①/⑤)	⑦ EV/EBITDA ((①+②)/(③+④))
유사기업 1	60,000	10,000	10,000	5,000	8,000	8배	5배
유사기업 2	70,000	20,000	15,000	6,000	12,000	6배	4배
유사기업 3	80,000	30,000	20,000	8,000	15,000	5배	4배
평균						6배	4배

㈜삼화의 총 지분가치를 상대가치법으로 산출하면,

P-Multiple Valuation = 3,000원 * 6배 = 18,000원

EV-Multiple Valuation = 6,000원 * 4배 - 5,000원 = 19,000원

어떤 지표를 적용하느냐에 따라 가치평가의 결과는 다소 달라지나, 평가하려는 회사의 산업 특성 등을 고려하여 기준이 되는 지표를 선정하여 평가하면 된다.

위에서 산출된 결과는 M&A Deal 목적이라면 상대와의 가격협상 시 기준가격으로 이용하면 되고 주식투자목적이면 현재의 주가가 고평가 또는 저평가되었는지를 판단하는 기준가격으로 이용하면 된다.

3. 실전에 활용가능한 분석 Tool

"이제는 실전이다. 여러분이 이 책의 첫 장부터 꾸준히 따라오셨다면 이제 회계 초급에서 배워야 할 대부분은 다 배웠습니다. 그러나 아무리 이론적으로 많이 알아도 실전에서 활용할 수 없으면 의미가 없습니다. 이제 실전에서 활용 가능한 Tool을 제공하여 업무 목적이던 투자 목적이던 모두 적용 가능한 지침을 드리겠습니다."

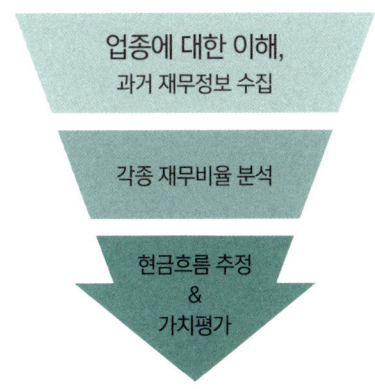

1단계 : 업종에 대한 이해 및 과거 재무정보 수집

기업분석을 위해서는 업종을 이해하는 것이 무엇보다 우선되어야 한다. 업종에 따라 기업의 접근방법이 다를 수 있다. 예를 들면 유통업은 보통 매출 규모는 크지만 마진율이 낮아 영업이익과 당기순이익이 낮은 편이다. 또한, 투자가 많아 차입금 비율이 높은 편이다. 이에 반해서 IT(게임)업의 매출 규모는 유통업보다는 작지만 마진율이 매우 높아 영업이익률과 당기순이익률이 매우 높다. 또한, 게임 개발을 위한 투자비로는 인건비가 대부분이므로 차입금 비율도 낮은 경향이 있다. 이렇듯 업종에 대한 이해와 산업의 현황, 경쟁사 현황 등에 정보를 숙지하고 있다면 분석하려는 회사가 향후 어떻게 될지에 대한 전략적인 판단이 생길 것이다. 따라서 업종을 이해하는 것은 기업분석에서 매우 중요하다.

업종에 대한 이해를 위해서 아래의 절차를 밟으면 왠만한 정보는 대부분 얻을 수 있다.

1 증권사 애널리스트 보고서 이용

무료로 증권사 리포트를 제공하는 사이트 중 가장 많이 이용하는 사이트는 아래 한경컨세서스와 네이버 증권이다.
- 한경컨세서스 : http://consensus.hankyung.com/
- 네이버증권 : https://finance.naver.com/research/

2 구글 사이트와 유튜브 정보 이용

무료로 이용 가능하면서 가장 많은 정보를 획득한 사이트는 단연코 구글과 유튜브다. 검색어로 특정회사나 해당 산업을 검색하면 많은 정보를 얻을 수 있다.

- 구글 : https://www.google.co.kr/
- 유튜브 : https://www.youtube.com/

③ 사업보고서 및 감사보고서 이용

전자공시사이트의 사업보고서 및 감사보고서를 이용하면 분석대상회사의 수많은 정보들을 확보할 수 있다. 특히, 감사보고서에서는 재무제표와 주석을 통해 재무적인 분석을 위한 기초 데이터를 확보할 수 있다.

- 전자공시사이트 : http://dart.fss.or.kr/

2단계 : 재무비율 분석

1단계에서 수집된 과거 재무자료를 이용하여 본서에 소개된 재무비율 분석을 수행하여 회사의 경영상태를 진단한다.

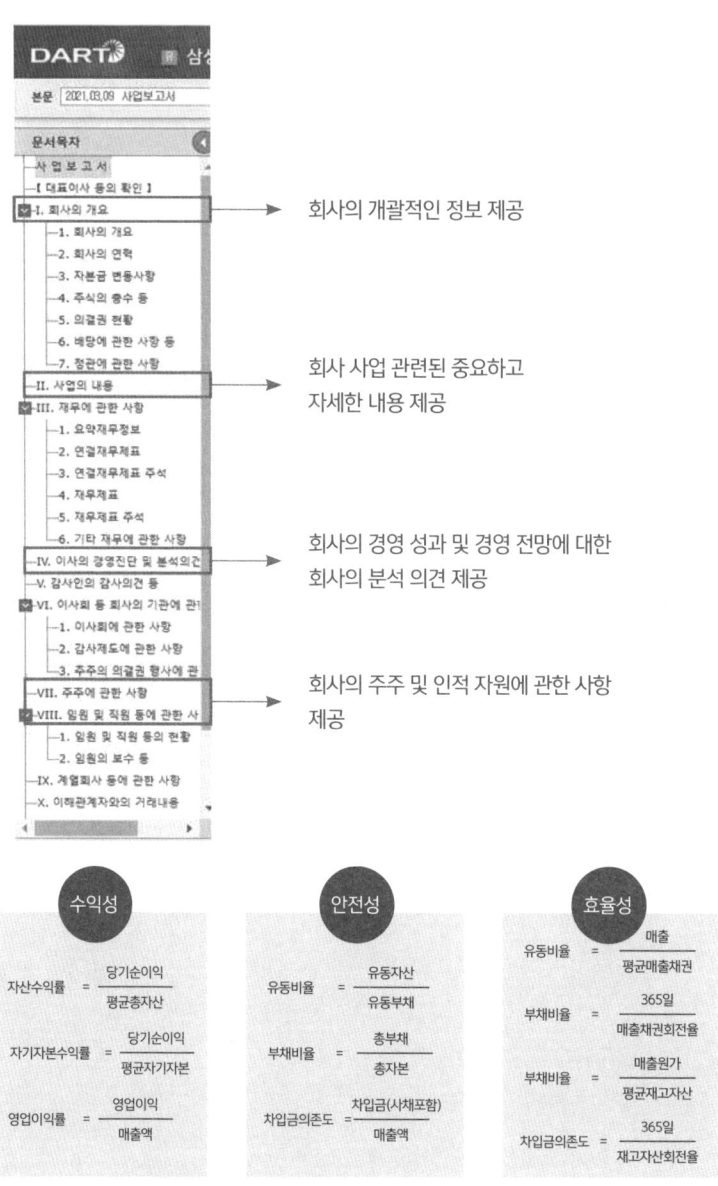

혹시 재무비율분석이 좀 부담스럽다면 아래 무료사이트의 재무비율정보를 이용하는 것도 하나의 좋은 방법이다.
- 네이버증권 : https://finance.naver.com/research/
- 인베스팅 : https://kr.investing.com/

3단계 : 현금흐름추정 및 가치평가

1단계에서 분석한 과거 재무정보나 증권사 리포트 등의 업종정보를 근거로 과거 추세나 산업 동향에 따라 현금흐름을 추정하면 되지만 현금흐름추정은 매우 복잡하고 전문적인 작업이라 웬만큼 공부해서는 수행하기 어렵다.

따라서 독자들에게 추천하는 방법은 최소 2개 이상의 증권사 리포트 상의 미래전망수치의 평균값을 이용하면 비교적 쉽게 미래전망수치를 파악할 수 있다. 이를 이용한 현금흐름 추정 및 가치평가는 아래의 절차에 따라 수행한다.

1. 증권사 리포트의 향후 추정 당기순이익, EBITDA, 입수한다. (2개 이상일 경우 평균한다.)
2. 분석하려는 회사와 유사한 사업을 하는 회사들을 선정하여 산업의 PER, EV/EBITDA 비율을 산출한다.
3. 분석대상 회사의 P-Multiple or EV-Multiple을 이용하여 지분가치(or 주식가치)를 산정한다.

4. 현재의 주가(or 매매협상가격)와 비교하여 과대/과소평가 여부를 판단하다.

위의 절차대로 간다면 특별히 1단계와 2단계에 대한 절차가 필요 없다고 느껴질 수 있다. 하지만 그렇지 않다. 1단계와 2단계는 분석대상회사를 이해하는 단계이다. 분석대상회사에 대한 이해 없이 가치평가 결과값만 가지고 판단하는 것은 매우 위험하다. 어떤 투자던 "왜 투자를 해야 하는가?"에 대한 본인만의 논거 없이 투자하는 것은 투자 실패의 위험이 매우 크다. 따라서 1단계와 2단계를 통해 분석대상회사에 대한 이해를 높이고 이를 토대로 가치평가 결과에 대한 나름대로의 해석을 할 수 있다면 여러분은 이미 높은 수준의 투자전문지식을 가지고 있다고 볼 수 있다.

제4장

초보 사장님만을 위한 압도적 세무 tip

Lesson 1
사업개시 전 이것만은 체크하자

1. 법인설립이 고민이라면
법인설립을 하는
3가지 이유

"'세금', '대출', '영업'. 이 3가지 기준을 가지고 개인사업자로 남을지 법인을 설립할지 생각하면 됩니다."

사람이 태어나면 곧바로 출생신고를 하고 대한민국 국민으로서 권리와 의무를 가지고 활동을 하게 된다. 기업도 마찬가지다. 사업자등록을 하거나 법인 등기를 하고 사업을 시작해야 한다. 이때 사업자등록은 사람으로 말하면 출생신고와 같은 의미이다. 즉, 사업자로서 첫 걸음을 내딛는 과정이므로 법인으로 시작할지 개인으로 시작할지의 선택은 매우 중요하다. 사람은 날 때부터 남자 아니면 여자로 태어난다. 사업도 법인으로 사업을 할지 개인으로 사업을 할지 선택해야 한다. 다만, 개인의 경우는 법인으로 전환할 시 얻는 세제 혜택은 추가적으로 챙기길 바란다.

사업자의 선택 기준 – 대외신용도

당신은 '세무법인 성우'와 '세무회계 성우' 중 오로지 상호를 기준으로 세무대리인을 선정해야 한다면 어디를 선택하겠는가? '세무법인 성우'가 개인사무소보다 뭔가 더 믿음직스러워 보인다. 당신도 그렇게 보이고 싶다면 개인사업자가 아닌 법인으로 시작해야 한다.

정보의 비대칭 속에서 선택은 최대한의 많은 자료를 수집해야 되는데, 상호명이 그 중에 하나일 수 있다. 우리는 개인사무소가 아닌 법인 또는 주식회사라는 명칭에 신뢰가 더욱 가는 건 어쩔 수 없다. 주위에서 쉽게 볼 수 있는 예로 법무법인, 세무법인 등이다. 물론 높은 개인소득세 문제 등도 있겠지만, 개인들이 뭉쳐서 '독립체산제'로 운영하는 법인들은 보통 고객분들께 신뢰를 주기 위해 불편함을 감수하고 법인을 설립한다.

사업자의 선택 기준 - 세금

[참고] 개인사업자

과세표준	세율	누진공세
1,200만 원	6%	–
1,200만 원 초가~4,600만 원 이하	15%	108만 원
4,600만 원 초가~8,800만 원 이하	24%	522만 원
8,800만 원 초가~1억5천만 원 이하	35%	1,490만 원
1억5천만 원 초과~3억 원 이하	38%	1,940만 원
3억 원 초과~5억 원 이하	40%	2,540만 원
5억 원 초과~10억 원 이하	42%	3,540만 원
10억 원 초과(신설)	45%	5,040만 원

[참고] 법인사업자

과세표준	세율	누진공세
2억 원 이하	10%	–
200억 원 이하	20%	2천만 원
3,000억 원 이하	22%	4억 2천만 원
3,000억 원 초과	25%	94억 2천만 원

개인사업자와 법인사업자의 최고세율을 살펴보자. 개인사업자는 과세표준 5억 원 초과기준으로 46.4%이고, 법인사업자는 과세표준 2억까지 11%, 200억까지 22%로 구성되어 있다. 개인사업자 최고세율

구간인 과세표준 5억 원 기준으로 개인은 약 1억8천만 원의 세금이 발생하고, 법인은 8천만 원의 세금이 발생한다. 위와 같이 일정 금액 이상으로 올라가면 세금이 두 배 이상으로 올라가기에 세 부담 측면에서 법인을 설립하는 경우가 많다.

하지만 이렇게 단순한 세금 비교만으로 법인을 설립했다가는 '억울한 세금'을 많이 내게 될 것이다.

개인사업자로 운영했으면 내지 않아도 될 세금을, 법인을 설립하면서 내게 되는 경우가 굉장히 많다. 이를 이해하려면 법인에 대한 개념을 정확히 짚어야 한다.

법인이란 법으로 만들어진 인격체를 뜻한다. 우리처럼 자연적으로 태어난 자연인은 법인의 100% 소유주는 될 수 있지만 법인 자체는 될 수 없다. 다시 말해서, 법인이 벌어들인 이익은 고스란히 법인 소유라는 것이다.

'억울한 세금'의 대표적인 예
1) 가지급금으로 인한 인정이자로 소득세 과세
2) 가지급금에 대한 상여처분으로 소득세 과세
3) 적절하지 않은 급여 설정으로 인한 소득세 과세법인을 외감대상 여부로 양분해서 분류하는 경우도 있지만, 필자는 법인을 다른 방식으로 분류한다.

개법인과 일반법인

개법인은 법인을 개인사업자와 같은 방식으로 운영하는 법인을 말한다. 개인사업자와 법인의 운영방식 중에 가장 큰 차이점을 뽑자면 '통장관리'이다.

법인통장을 개인통장처럼 쓰는 경우 '억울한 세금'을 한 번 더 납부하게 되는 이중과세 문제가 발생한다. 법인의 돈을 사적으로 이용하면 회계상 가지급금으로 처리된다. 가지급금은 쉽게 말해 '횡령'이라고 이해하면 된다. '내가 100% 주주인데 횡령이 말이 되는가?'라고 반문할 수 있지만, 법인의 돈을 자연인인 우리가 증빙자료 없이 가져가면 횡령이다.

2. 사업자등록편

사업자등록 어떻게 하나요?

"보통 사업자등록은 사업장 소재지 관할 세무서에 직접 방문해서 가능했으나 최근에는 홈택스가 워낙 잘 되어 있어서 인터넷을 통해서 간편하게 사업자등록을 할 수 있습니다."

가끔 오피스텔이나 상가를 매입한 분들이 나에게 사업자등록 어떻게 해야 하는지 자문을 구하곤 한다. 생각보다 쉬운 작업이지만 처음 해보는 사람의 입장에서는 난감할 수밖에 없다. 요즘은 세무서에 가지 않고 인터넷을 통해서도 집에서 사업자등록을 간편하게 할 수 있다. 사업자등록을 쉽게 하는 절차에 대해서 살펴보자.

세금과 관련된 모든 절차는 국세청의 홈택스 hometax.go.kr 에서 진행할 수 있다. 최근에는 인터넷으로 세무 업무의 대부분이 가능해졌다. 사업자등록도 마찬가지다. 이때 미리 준비할 것이 있는데 '공동·금융인증서'이다. 공동·금융인증서는 은행에 가서 발급받고 싶다고 하면 일정한 절차를 거쳐서 발급해준다. 이렇게 인증서를 발급받았다면 홈택스를 통해 사업자등록을 할 준비가 된 것이다. 홈택스에 접속하면 아래와 같은 화면이 뜰 것이다. 화면 메뉴 중에서 [신청/제출] 메뉴를 클릭한다.

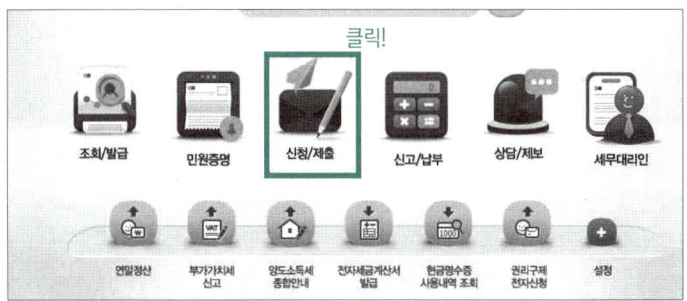

이렇게 [신청/제출]을 클릭하면 해당 페이지로 이동하게 된다. 아래와 같은 페이지가 뜨면 맨 아래 왼쪽 메뉴인 [사업자등록 신청/정정 등]이라는 메뉴를 클릭한다.

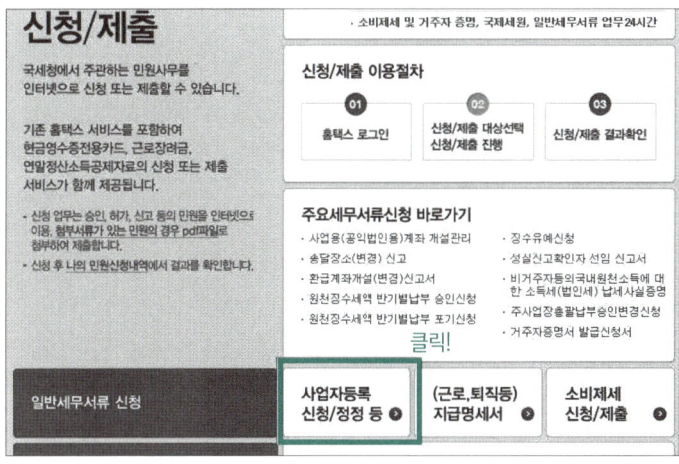

[사업자등록 신청/정정 등]을 클릭하면 다음 화면으로 넘어간다. 다음 화면을 보면 제출서류 준비와 신청서 입력, 제출서류 등록, 신청내

용 확인 및 전송을 하면 사업자등록 처리가 된다는 것을 쉽게 알 수 있다. 그럼 이제 사업자등록 신청을 해보자. 왼쪽 아래의 [사업자등록신청(개인)] 바로가기 버튼을 클릭해 보자.

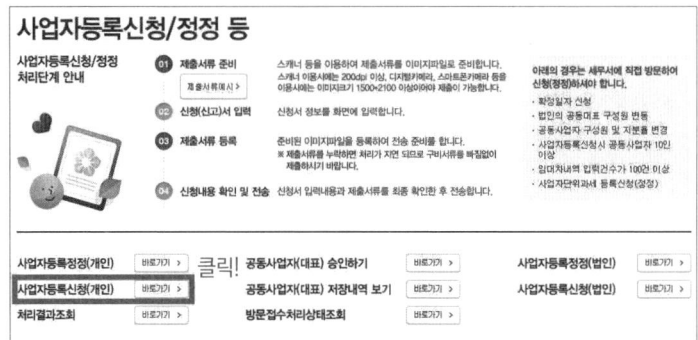

클릭하고 나면 공동·금융인증서로 로그인하라는 페이지가 뜬다. 미리 마련해 둔 공동·금융인증서를 통해 로그인 하면 본격적인 사업자등록 절차로 넘어간다.

로그인이 완료되면 아마도 보안 프로그램을 설치하라고 뜰 것이다. 그럼 보안 프로그램을 설치하면 된다. 진행하는 대로 모두 '예'를 누르면서 넘어가면 된다.

그 후에는 다음과 같은 사업자등록 신청 화면이 뜰 것이다.

순서대로 상호명, 사업장전화번호, 자택전화번호, 휴대전화번호, 사업장소재지, 기타정보를 입력한다. 궁금한 것은 오른쪽 위에 있는 도움말을 클릭하면 안내를 받을 수 있다.

다음으로 업종 선택과 사업장 정보를 입력하면 된다. 맨 아래의 선택사항은 말 그대로 선택사항이다. 이를 모두 기록하고 맨 아래 [저장 후 다음] 버튼을 클릭하면 신청서가 제출된다. 그 다음에 준비한 서류를 전송하고 다시 모든 항목을 체크하고 전송하면 사업자등록이 완료된다. 제출 서류는 [저장 후 다음] 버튼을 누르면 상세하게 안내되기 때문에 그 안내에 따라서 챙기면 문제 없다.

업종 선택

						업종 입력/수정	선택내용 삭제
선택	업종구분	부업종코드	부업태명		부업종명	산업분류코드	

사업정보 추가입력

· 선택한 업종이 영위하고자 하는 사업 내용을 정확하게 반영하지 못하는 경우에는, 실제 영위하고자 하는 사업에 대한 설명을 추가 입력하시기 바랍니다.

사업설명	

사업장 정보입력

기본정보

* 개업일자			종업원수		명
자기자금		원	타인자금		원

임대차내역 입력

사업장구분	● 본인소유 ○ 타인소유(법인포함)		
자가면적		㎡ ─ 평	※ ㎡은 자동으로 평으로 변환됨
타가면적	0	㎡ 0 평	※ ㎡은 자동으로 평으로 변환됨

사업자등록 안하면 불이익이 있나요?

"우선 사업자등록을 반드시 해야 하는지를 먼저 따져보세요. 만약에 사업자등록을 해야 하는 경우인데도 불구하고 이를 하지 않으면 세제상 각종 불이익이 뒤따릅니다."

주변에 프리랜서 사업자들이 정말 많다. 부동산 임대업을 하는 분들도 자기는 사업자등록을 안 해도 된다고 생각하는 분들도 많고, 반대로 사업자등록을 할 필요가 없는 프리랜서 사업자들이 사업자등록을 하는 경우도 있다. 사업소득이 있으면 사업자등록을 반드시 해야 한다고 생각하는 사람이 있는 반면에, 소득은 최대한 숨겨야 한다는 생각에 사업자등록을 안 하고 사업하는 사람도 있다. 그러면 사업자등록은 반드시 해야 하는가? 해야 하는데 안할 경우 어떤 불이익이 있을까?

원칙적으로 계속, 반복적인 사업은 사업자등록을 해야 한다

영리를 목적으로 사업을 하는 경우에는 사업자등록 신청을 사업장의 관할 세무서에 해야 한다. 사업자등록을 하지 않고 사업을 할 경우에는 몇 가지 불이익이 있다. 우선, 세금계산서의 교부가 불가능하므로 관련된 부가가치세 매입세액공제를 받지 못한다. 부가가치세를 납부하면서 내가 매입한 물건에 대해서는 환급을 받지 못하는 불이익이 있는 것이다. 그다음으로는 사업자등록 없이 거래를 한 경우 미등록가산세를 물게 된다. 부가가치세법상으로는 신고불성실가산세도 추가로 물게 된다.

사업자등록을 안 해도 되는 경우가 있다

프리랜서 사업자는 직원을 고용하고 사업장을 영위하면서 사업을 하는 사람들이 아니다. 그냥 개인 자신이 수익의 원천이고 그 대가로 돈을 버는 사람이다. 대표적으로 전문 프로그래머, 학원강사, 연예인 등이 프리랜서 사업자다. 이들은 사업소득세를 내야 하지만 사업자등록을 할 필요가 없다. 굳이 세금계산서를 발행할 일도 없고, 소득을 누락할 우려도 없다. 이들에게 대가를 지불하는 곳에서 이미 원천징수 3.3%를 하고 지급할 테니 말이다. 필자는 종종 외부에 세무강의를 나가고 있다. 세무강의를 제공하고 수수료를 지급받지만, 이는 세금계산서를 발급하지 않고, 기타소득 내지는 사업소득 3.3%의 원천징수만 제외하고 프리랜서처럼 수수료를 받는다. 사업자등록증을 내지 않고 현재는 소득을 받고 있지만, 소득이 많아진다면 사업자등록을 낼 예정이다. 이유는 프리랜서 사업소득이나 기타소득으로 소득이 책정될 수 있지만, 이는 필요경비 측면에서 일반 사업자에 비해 경비를 넣을 수 있는 부분이 굉장히 제한적이라 세금적인 부분에서 불이익을 받을 수 있기 때문이다. 다시말해서, 프리랜서로서 소득이 일정치 않고 크지 않으면 사업자등록을 안 해도 큰 불이익은 없겠지만, 일정 소득이 올라가고 경비처리할 부분도 많다면 사업자를 등록해 세금을 줄이는 방법을 모색하는 것도 절세의 방법이다.

  한편, 쇼핑몰 창업을 하는 개인들이 사업자등록을 하지 않고 물건을 판매해도 된다고 착각하는 경우가 많다. 그런데, 쇼핑몰은 사업자등록 뿐만 아니라 통신판매업 신고도 해야 한다. 사업자등록은 사업 개시일로부터 20일 이내에 일정한 서류를 첨부해서 세무서에 제출해야 하는데, 앞에서 소개한 바와 같이 홈택스로도 가능하다. 통신판매업 신고는 사업장 관할 시·군·구청의 관련 부서 혹은 '민원24' 사이트에서 가능하다.

3. 사업용 계좌와 사업용 카드

사업용 계좌 설정 어떻게 하나요?

"복식부기 의무자와 전문직사업자는 사업용 계좌를 설정해야 하는데, 세무서를 직접 방문하는 방법과 홈택스를 이용하는 방법을 모두 살펴보겠습니다."

사업을 해본 경험이 있는 사람이라면 사업용 계좌에 대해서 들어봤을 것이다. 국세청에서는 사업을 함에 있어 발생하는 거래대금과 인건비, 임차료를 지급하거나 지급받을 때 가계용 계좌와 분리된 별도의 사업용 계좌를 관할 세무서에 신고하도록 강제하고 있다.

"앗, 나는 사업자등록은 했지만, 사업용 계좌는 신고하지 않았는데... 어쩌죠?"

다행히 모든 사업자가 사업용 계좌를 신고해야 하는 것은 아니다. 일정한 대상만 사업용 계좌 설정을 강제하고 있다. 사업용 계좌는 개인사업자 등에서 '복식부기 의무자'와 '전문직종사자'를 대상으로 한다. 업종별로 직전년도 수입금액(매출액)이 일정 금액 이상인 경우에 복식부기 의무자가 되므로 이를 잘 따져봐야 한다.

[참고] 재고자산 저가법 정리

복식부기 의무자	[1호] 농업, 임업, 어업, 광업, 도·소매업, 부동산 매매업, 기타 아래의 2호와 3호에 해당하지 아니하는 업	3억 원
	[2호] 제조업, 숙박, 음식점업, 전기, 가스, 수도 사업, 건설업, 통신업, 금융 및 보험업	1억5천만 원
	[3호] 부동산임대업, 사업서비스업, 교육서비스업, 보건 및 사업복지사업, 오락, 문화, 운동관련 서비스업과 기타 공구, 수리 및 개인서비스업, 가사서비스업	7천5백만 원
전문직 사업자	<부가가치세법 시행령> 제74조 제2항 제7에 따른 부가가치세 간이과세배제대상 사업자 변호사업, 심판변론인업, 변리사업, 법무사업, 공인회계사업, 세무사업, 경영지도사업, 기술지도사업, 감정평가사업, 손해사정인업, 통관업, 기술사업, 건축사업, 도선사업, 측량사업, 공인노무사업 등	
	<의료법>제2조에 따른 의료인이 영위하는 의료업	
	<수의사법>에 따른 수의사업	
	<약사법>에 따른 약사에 관한 업무를 행하는 사업자	

만약에 복식부기 의무자이거나 전문직사업자에 해당해서 사업용 계좌를 만들어야 한다면 은행에 가서 문의하면 쉽게 개설할 수 있다. 은행에서는 개인사업자를 위한 사업용 계좌와 관련된 여러 금융상품을 마련하고 있다. 개인사업자들을 우대하는 통장들이 많으므로 이

중에서 가장 맘에 드는 것으로 만들면 된다. 통장을 개설했다면 복식부기 의무자의 경우에는 복식부기 의무자에 해당하는 사업연도부터 5개월 이내에, 전문직사업자는 사업개시 연도의 다음 연도의 시작일로부터 5개월 이내에 사업장 관할 세무서에 신고하면 된다.

만약에 지금 사용하는 통장이 있다면 그 통장을 사업용 계좌로 신고할 수도 있다. 사업용 계좌는 요즘에는 세무서에 방문하지 않고 홈택스(hometax.go.kr)를 통해서도 신고할 수 있다.

세무서에 방문하여 사업용 계좌를 신고하는 경우

관할 세무서에 방문해서 사업용 계좌를 신고하는 경우에는 세무서에 비치된 '사업용 계좌 개설(변경·추가)신고서'를 작성해서 제출하면 된다. 또한 환급용 계좌를 겸용할 경우에는 신고서 및 통장사본, 신분증사본, 위임장 원본을 첨부하여 제출하면 된다.

기존에 등록된 사업용 계좌를 변경하고 싶거나 추가하고 싶을 때는 5월 종합소득세 확정신고기한 내에 사업용 계좌 개설(변경·추가)신고서를 작성하여 사업장 관할 세무서에 제출하면 된다. 신고서 양식은 다음과 같으니 참고하기 바란다.

[별지 제29호의9 서식]

사업용계좌개설(변경·추가)신고서

신고인	① 상 호		② 사 업 자 등록번호	
	③ 성 명		④ 주 민 등록번호	
	⑤ 사 업 장 소 재 지			(☎ :)
	⑥ 주 소			(☎ :)

⑦개 설 은 행 또는체신관서명	⑨예 금 종 류	⑪계 좌 번 호	⑧구 분

「소득세법 시행령」제208조의5 제9항에 따라 사업용계좌[□개설·□변경·□추가]신고를 합니다.

년   월   일

신 고 인   (서명 또는 인)

세 무 서 장 귀 하

※ 첨부서류 : 개설 또는 추가하는 통장 사본 1부
※ 작성방법
1. 이 서식은 「소득세법」제160조의5에 따른 사업용계좌를 개설·변경·추가하는 경우에 사용하는 서식입니다.
2. 복식부기의무자는 복식부기의무자에 해당하는 과세기간의 개시일(1월 1일)부터 3월 이내에 사업용계좌를 개설하여야 하며, 사업개시와 동시에 복식부기의무자에 해당되는 전문직사업자의 경우에는 사업자등록증 교부일부터 3월 이내에 개설하여야 합니다.
3. 사업용계좌를 변경하거나 추가하는 경우에는 사업장현황신고기한 또는 부가가치세 확정신고기한 이내에 신고하여야 합니다.
4. 사업용계좌는 1개의 계좌를 2 이상의 사업장에 대한 사업용계좌로 신고할 수 있으며, 사업장별로 2 이상 개설할 수 있습니다.
5. ⑧구분란에는 개설, 추가, 폐지 등으로 기재합니다.

홈택스를 통해 사업용 계좌를 신고하는 경우

우선 홈택스(hometax.go.kr)에 접속한다. 메인 화면은 아래와 같다.

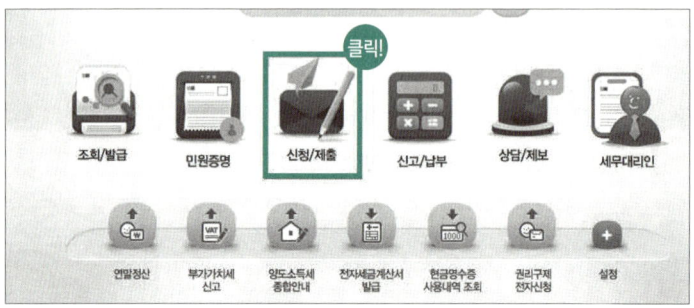

여기서 [신청/제출] 메뉴를 클릭한다. 해당 페이지가 뜨면 [사업용 (공익법인용)계좌 개설관리]를 클릭한다.

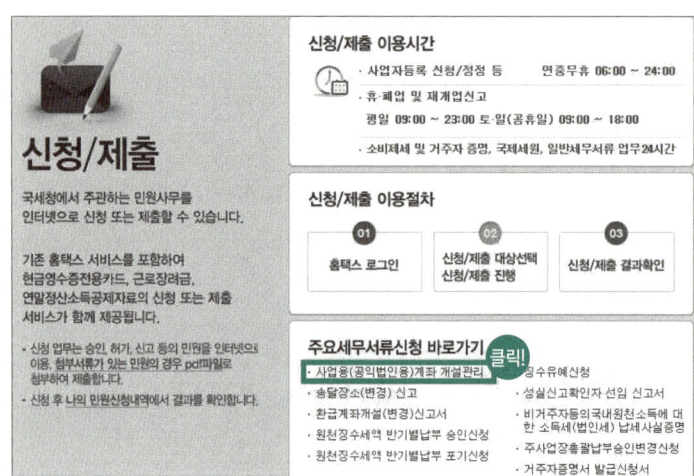

이때에도 공동·금융인증서로 로그인하는 절차는 필요하니 미리 인증서를 준비해두기 바란다. 사업용 계좌 개설관리 페이지가 뜨면 모든 정보를 입력하고 맨 아래 [신청하기] 버튼을 클릭하면 신청이 완료된다.

사업용 계좌를 쓰지 않는 경우 불이익이 있나요?

"사업용 계좌 개설은 일정한 요건에 해당하는 자에게는 의무입니다. 복식부기 의무자와 전문직사업자가 이에 해당하죠. 이런 사업자가 사업용 계좌를 신고하지 않으면 가산세 등 불이익이 있습니다."

사업용 계좌를 사용하는 거래는 대표적으로 금융기관을 통해 거래대금을 결제받는 경우와 인건비 및 임차료를 지급하거나 받는 경우에 이루어진다.

우선, 금융기관을 통한 송금이나 자금이체, 어음수표법에 따른 수표나 어음으로 결제되는 거래 대금의 지급이나 수취는 사업용 계좌를 사용해야 한다. 또한 조세특례제한법에 따라 신용카드, 직불카드, 기명식 선불카드, 직불전자지급수단, 전자화폐 등을 통해 이루어진 거래대금의 지급이나 수취는 모두 사업용 계좌를 사용한다.

또한, 인건비나 임차료를 지급받거나 지급하는 경우에는 사업용 계좌를 사용한다. 다만 인건비는 거래상대방의 사정에 따라 일정한 자(종합신용정보집중기관에서 집중관리 대상으로 지정한자 및 외국인 불법체류자)는 사업용 계좌의 사용을 면제한다.

이러한 사업용 계좌를 사용해야 하는 대상자임에도 불구하고 이를 사용하지 않았거나 신고하지 않은 경우에는 가산세의 불이익이 있다. 이때 미사용가산세는 사업용 계좌를 사용하지 않은 금액의 2/1,000(0.2%)로 계산되며, 사업용 계좌 무신고 가산세는 다음의 둘 중 큰 금액으로 한다.

1) 신고하지 아니한 기간의 수입금액의 2/1,000
2) 거래대금, 임차료, 인건비 등 거래금액 합계의 2/1,000 상당하는 금액

사업자용 신용카드가 필요한가요?

"일반적으로 개인사업을 영위하는 사장님들은 개인용 신용카드와 사업용 신용카드의 구분 없이 쓰시곤 합니다. 그런데 나중에 세무신고를 할 때 부가가치세 환급을 받지 못하거나 세무상 경비로 인정받지 못해서 세금을 많이 내게 되는 경우도 많습니다."

개인사업자는 사업 경비와 개인적 경비를 구분하지 않고 혼용해서 쓰는 경우가 많다. 이런 경우 추후에 부가가치세를 신고하거나 사업소득세를 신고할 때, 개인 용도의 경비와 사업용 경비가 구분이 되지 않아 애를 먹을 수밖에 없다. 처음부터 사업용 경비를 구분하지 않으면, 종합소득세 신고 시 사업소득에서 필요 경비는 사업과 관련된 경비만 인정하기 때문에 세무신고 할 때 이를 구분하기 위해서는 많은 기회 비용이 들어가게 된다.

영업활동을 하다보면 거래처에 접대를 하거나 거래대금을 결제할 때 신용카드를 많이 사용한다. 자신의 개인카드로 결제하는 경우가 많은데, 이럴 경우 부가가치세 매입세액공제로 받을 수 있는 사업용 매입액으로 인정받고 활용하기가 힘들다. 결국 부가가치세 환급에서 엄청난 손해를 보게 되는 것이다.

만약에 개인사업을 지속할 생각이라면 이렇게 세금에서 손해를 보지 않기 위해서라도 사업자용 신용카드를 사용하는 것이 좋다. 개인사업자가 사업자용 신용카드를 별도로 사용하여 지출할 경우에 세금계산서를 별도로 받을 필요도 없다. 이를 통해 매입세액공제를 받아 부가가치세 부담을 줄일 수 있다. 당연히 사업소득을 계산할 때 필요경비로 인정받게 되어 소득세도 절감할 수 있다. 이를 일석이조一石二鳥라고 하지 않던가.

사업자들은 신용카드를 많이 쓰기 때문에 그 활용성을 극대화하기 위해서 '사업자용 신용카드'를 카드사에서 제공하고 있다. 이를 이용하면 부가가치세 신고할 때 매입세액공제의 편의를 얻고 결제 내역 중에서 매입세액공제가 가능한지 여부도 카드사 웹사이트에서 조회할 수 있다. 참고로 굳이 제공된 사업자용 신용카드 말고도 일반 시중에 나와 있는 카드 중에서 혜택이 좋은 것을 찾아 국세청 홈택스(hometax.go.kr)에 접속하여 사업용 신용카드로 등록하고 사용할 수 있다.

4. 간이과세자, 압도적 활용방법

간이과세자가 뭔가요?

"간이과세자가 오히려 세금을 더 많이 낼 수도 있습니다. 나에게 맞는 과세유형을 이해하는 것이 중요합니다."

사업을 하는 사람이라면 누구나 간이과세자라는 용어를 들어봤을 것이다. 간이과세자는 매출액이 4,800만 원 미만이면서 간이과세 배제 업종이 아니면 신고하여 적용받을 수 있다. 대부분의 사람들이 간이과세는 세금을 적게 내고 과세절차도 간단할 거라고 생각한다. 어느 정도 맞는 말이기는 하다. 그러나 오히려 일반과세자보다 세금을 더 많이 부담하는 경우도 있다. 따라서 간이과세자에 대해서 정확하게 이해하는 것은 중요하다. 그리고 일반과세자와 간이과세자를 구분하는 이유는 '부가가치세' 때문이라는 것은 기본적으로 알고 시작하자.

<참고> 간이과세가 배제되는 경우
1. 광업
2. 제조업(단, 과자점, 양복점, 양장점 등 최종 소비자를 직접 상대하는

업종은 간이과세 적용 가능)
3. 도매업(소매업을 함께 영위하는 경우에는 가능하나 재생용 재료 수입 및 판매업은 제외)
4. 부동산매매업
5. 변호사업, 심판변론인업, 변리사업, 법무사업, 공인회계사업, 세무사업, 경영지도사업, 기술지도사업, 감정평가사업, 손해사정인업, 통관업, 기술사업, 건축사업, 도선사업, 측량사업, 공인노무사업, 의사업, 약사업, 한약사업, 수의사업 그 밖에 이와 유사한 업
6. 사업장 소재지, 사업의 종류, 규모 등을 고려하여 국세청장이 정하는 사업
7. 특별시·광역시 및 시(읍·면 지역 제외) 지역에 소재하는 부동산 임대사업으로 국세청장이 정하는 규모 이상의 사업
8. 특별시·광역시 및 시(광역시 및 도농복합형태의 시지역의 읍·면지역 제외)지역 소재 과세유흥장소와 국세청장이 업황 규모 등을 고려하여 정하는 읍·면 지역에 소재한 과세유흥장소
9. 복식부기의무자가 영위하는 사업
10. 둘 이상의 사업장이 있는 사업자가 영위하는 사업으로서 그 둘 이상의 사업장의 공급대가의 합계액이 4,800만 원 이상인 경우

일반과세자와 간이과세자는 다양한 차이점이 있지만 그 중에서 신고기간이 가장 두드러진다. 일반과세자의 경우에는 1기(1월 1일부터 6월 30일까지)와 2기(7월 1일부터 12월 31까지)로 나누어 1월과 7월에 두 번 신고납부를 한다. 반면에 간이과세자는 1월 1일부터 12월 31일까지의 과세대상기간에 대해서 다음해 1월에 한번만 신고납부를 하면 된다.

간이과세자는 신고납부도 1년에 한번만 하면 되어 간편하지만 세율 적용에 있어서도 일반과세자와 차이가 난다. 부가가치세 신고할 때 일반과세자는 모든 재화의 공급에 대해서 10%의 단일세율을 적용받는다. 한편 간이과세자는 업종별 부가가치율이라는 것을 곱하기 때문에 일반과세자의 세액에 5~30% 정도를 더 곱해서 세액을 계산한다. 이는 매입세액공제가 안 되는 부분을 보완해 주는 방편이지만 매입세액이 없는 사업자를 가정한다면 세 부담이 훨씬 적은 것이다.

[참고] 간이과세자의 업종별 부가가치율

업 종	부가가치율
전기, 가스, 증기, 수도	5%
소매업, 재생용 재료수집 및 판매업	10%
제조업, 농림어업, 숙박업, 운수업, 통신업	20%
건설업, 부동산임대업, 기타 서비스업	30%

간이과세자는 신고서를 작성할 때 매출처별 세금계산서 합계표를 작성하지 않아도 된다. 이 부분이 일반과세자와 다른 점이다. 간이과세자는 매출할 때 세금계산서를 발급하지 못하므로 합계표 작성도 면제해 주는 것이다. 실제 거래에서는 거래 상대방이 세금계산서를 요구하는 경우가 많기 때문에 간이사업자는 이를 하지 못한다는 점

에서 불리하다. 따라서 거래처가 세금계산서를 요구하는 영업(특히, 상대방이 법인인 경우)을 할 경우에는 일반사업자가 보다 유리할 것이다. 또한, 매입세액이 매출세액보다 크면 부가가치세 환급이 되지만, 간이과세자는 이러한 환급이 되지 않는다는 점에서 일반과세자에 비해서 불리한 점이 있다.

간이과세자의 장점, 압도적 활용방법

간이과세자의 장점과 단점을 요약하면 다음과 같다.

장점
① 일반과세자에 비해 납부할 부가가치세 최대 90% 절감
② 부가가치세 신고는 1년에 단 1번

단점
① 부가가치세 환급 불가
② 세금계산서 발급 불가로 인한 거래의 단절 가능성

결국, 간이과세자 기간동안 손실이 나지 않는다면 단점①을 극복 가능할 것이고, 단점② 또한 거래 상대방이 사업자가 아닌 일반인들이라면 극복 가능할 것이다.

그렇다면 이제는 간이과세자의 최대 장점인 부가가치세 최대 90% 절감할 수 있는 점을 압도적으로 활용하기 위한 방법을 생각해보자.
일단 간이과세자의 기준을 정확히 알아야 한다.

부가가치세법[2020.12.29] 타법 개정

제61조【간이과세의 적용 범위】

① 직전 연도 공급 대가의 합계액이 8천만 원부터 8천만 원의 130퍼센트에 해당하는 금액까지의 범위에서 대통령령으로 정하는 금액에 미달하는 개인사업자는 이 법에서 달리 정하고 있는 경우를 제외하고는 제4장부터 제6장까지의 규정에도 불구하고 이 장의 규정을 적용받는다. 다만, 다음 각 호의 어느 하나에 해당하는 사업자는 간이과세자로 보지 아니한다. <개정 2020.12.22>

② 직전 과세 기간에 신규로 사업을 시작한 개인사업자에 대하여는 그 사업 개시일부터 그 과세기간 종료일까지의 공급대가를 합한 금액을 12개월로 환산한 금액을 기준으로 하여 제1항을 적용한다. 이 경우 1개월 미만의 끝수가 있으면 1개월로 한다.

부가가치세법 제61조에 ①항에 따른 금액만 충족한다면 다음 연도도 간이과세자로 적용이 가능함을 알 수 있다. 즉, 2021년도에 간이과세자 요건에 충족한다면 2022년은 공급대가가 어떻든 간에 2022년은 간이과세자의 영향을 받는다는 것이다.

자, 그러면 생각해보자.

홍길동은 매달 예상 매출액을 이천만 원 정도로 생각하고 음식점을 개업했다. 홍길동은 간이과세자의 혜택을 최대한 받기 위해서 부가가치세법을 연구했고, 위 법 61조 ①항에 따른 요건을 만족하기 위해서 2021년도 9월에 사업을 개시해서 2021년 12월 31일까지 예상대로 매출액을 7천9백9십만 원에 맞추었다. 그럼 위 법 61조 ①항에 따른 요건을 충족하여 2022년도도 간이과세자로 활동하여 부가세 혜택을 1년동안 연장받으려고 했다. 그런데 2022년 7월 1일부터 일반과세자로 직권이 변경되었다. 이게 어찌된 일일까? 위 법 61조 ②항에 따르면 공급대가는 절대적 금액이 아닌 사업개시일부터 종료일까지 12개월로 환산한 금액으로 하기 때문이다. 즉, 간이과세자 기준에 맞는 공급대가를 산정할 때에는 홍길동의 21년도 공급대가는 7천9백9십만 원이 아닌, 79,990,000 * 12월 / 4월로 월할 계산해서 2억3천9백7십만 원이 된 것이다.

반면, 홍길동의 친구인 서길동은 사업개시일을 한달 늦게 10월에 사업을 개시하고 예상 월매출을 2천만 원 발생했다면, 간이과세자 기준에 맞는 공급대가로 계산시, 7천9백9십9만 원이 되어 2022년도에도 간이과세자의 혜택을 받게 될 수 있다.

	홍길동 (21년 9월 개업)	서길동 (21년 10월 개업)	절감세액
21년 부가세	21,800,000원	2,180,000원	19,620,000원

*월 매출 2천만원, 공제세액 없음 가정

기존사업자를 인수 받는다면 이것만은 확인하자!

"영업을 양수할 때 그냥 무턱대고 사업을 인수하면 사기를 당하거나 손해를 보기 쉽습니다. 철저하게 따져보고 사업을 인수해야 하는데, 그 중에서 가장 중요한 항목 몇 가지를 소개해 보겠습니다."

창업이나 개업을 하는 방법은 여러 가지가 있다. 내가 처음부터 사업장을 개설하고 아이템을 만들어서 인적·물적 시설을 갖추고 영업을 개시하는 방법이 있고, 이미 갖추어진 영업(사업)을 양수하여 그대로 승계 받아 영업활동을 시작하는 방법도 있다. 사업을 양수해서 영업을 개시하는 경우에는 고려해야 할 것들이 많기 때문에 소개해 보고자 한다.

사업을 양도하는 개인사업자로부터 파악해야 하는 것들
1. 양도인이 실제 사업자인지 확인할 것!

사업을 양수할 경우에 가장 먼저 확인해야 하는 것이 거래 상대방이 실제로 그 사업장의 주인인지 여부이다. 이는 사업자등록증만 확인하면 충분한데, 사업자등록증을 보면 상호와 사업자의 성명과 주소, 업종, 업태에 대한 정보가 나와 있으므로 이를 우선적으로 보아야 한다. 공동사업자라고 하는 경우에도 사업자등록증에 공동사업 여부까지 나타나 있으므로 확인할 필요가 있다.

만약에 실제로 사업을 하는 사업자와 명의상 사업자(일명 바지사장)가 다른 경우에는 실제 사업을 영위하는 자와 명의상 사업자를 모두 양도인으로 기재하여 계약서를 작성하는 것이 좋다. 게다가 실제 사업자와 명의상 사업자를 공동 양도인으로 기재할 경우에 연대책임에 대한 조항도 넣는 것이 추후 분쟁 예방에 좋을 것이다.

2. 사업장에 대한 임대차 계약서를 확인하자!

사업장이 사업자의 것이 아닌 빌려 쓰고 있는 것이라면, 임대차 계약서상 임차인이 사업자등록상 사업자와 일치하는지 여부를 보아야 한다. 그리고 사업을 양수 받은 후에 임대인과 임대차 계약을 새로 체결하는 것이 보다 안전할 것이다. 만약에 밀린 월세나 공과금이 있다면 양도인과 합의하에 정산해야 할 것이다. 이를 확인하지 않고 덜컥 사업을 양수했다가는 모든 연체금을 갚아야 할지도 모르니까 말이다.

3. 매출이 제대로 나는지 확인하자!

이미 사업을 운영해보다가 사업을 양도하는 양도인은 자신의 사업체가 비전이 있고 유망하다고 홍보했을 가능성이 크다. 정말로 사업성이 좋을지 확인하기 위해서는 실제 매출액을 검토해 보는 것이 필요하다. 양도인이 말하는 매출액이나 사업성이 맞는지는 매도자의 장부뿐만 아니라 객관적인 소득신고 서류를 추가로 보아야 알 수 있다. 이를 검토하기에 가장 좋은 자료는 '부가가치세 신고서'이다. 일반과세자는 1년에 두 번이나 확정신고를 한다. 확정신고서만 보아도 신고된 매출이 얼마인지 파악할 수 있다.

물론, 세금신고를 적게 하는 것이 사업상 관행인 경우가 많다. 따라서 보다 정확한 매출액을 파악하기 위해서는 양수인이 직접 사업장을 방문해서 현금매출이 얼마나 되는지를 확인하고 POS 단말기나 매출전표를 눈으로 확인하는 방법이 더 정확할 것이다. 확정신고를 하지 않는 면세사업자(학원, 병원)의 경우에는 세무서에 연초에 신고하는 사업장 현황보고라는 것을 확인하면 된다.

4. 자산의 실물확인은 반드시 하자!

간혹 장부만 보고 양도인을 믿었다가 실제로 사업장에 갔는데 자산이 없는 경우가 발생하곤 한다. 이러한 손해를 방지하기 위해서 비품, 유형자산, 재고자산, 원재료의 상태 등을 직접 실물확인할 필요가 있다. 장부와 명세서를 보고도 어느 정도 추정할 수 있겠지만 직접 보는 것이 가장 정확하다.

5. 권리금을 지급한다면 세금계산서 수령이나 원천징수 신고 필수!

권리금은 기존에 점포가 가지고 있는 고객과 영업상 노하우를 이전하는 대가로 받게 되는 금액을 말한다. 상가나 사무실을 양도하거나 임대차할 때 인정받을 수 있는 것이 권리금이지만, 법률에서 권리금을 지급하라고 강제하고 있지는 않다. 토지보상법에서도 영업보상을 하면서도 권리금을 보상금으로 인정하지는 않는다.

권리금의 경우 바닥권리금, 영업권리금, 시설권리금으로 구분할 수 있다. 우선, 바닥권리금의 경우에는 상권과 접근성, 입지, 주변의 인구밀도 등을 통해서 인정되는 가치라고 볼 수 있다. 한편, 영업권리금은 기존의 사업자가 얼마나 영업상 노하우를 가지고 고객을 확보하고 매출을 많이 일으켰는지를 판단하여 책정된다. 시설권리금은 유형자산이나 인테리어 등 시설의 가치를 합산한 금액을 말한다.

필자의 경험상, 신규로 사업을 시작하는 분들은 대부분 권리금에 대한 경비를 세법상 경비로 인정받지 못하는 경우가 많다. 그 이유는 권리금에 대한 실제 금액은 지급하지만 해당 금액을 필요경비로 입증 받을 서류가 아무것도 없기 때문이다.

① 권리금에 대한 세금계산서
② 권리금을 준 자에 대한 소득신고

이러한 권리금을 사업상 경비로 인정받기 위해서는 영업을 넘겨주는 사업자에게 소득이 잡혀야 하는데, 이 부분에서 양도한 자와 양수자는 그냥 얼렁뚱땅 넘어가는 경우가 많다. 양도자는 소득신고가 잡히지 않으니 그냥 넘어가고, 양수한 자는 이러한 경비처리 부분을 잘 모르니 그냥 넘어간다.

앞으로 사업을 시작할 때 권리금을 줘야 되는 경우가 생긴다면 꼭 기억해두자.

① 세금계산서를 받기 위해서는 양수자 입장에서는 부가세를 줘야 한다.

　→ 부가세 지급하자! 양수자가 일반과세자라면 해당 부가세는 100% 환급이 가능하다.

② 세금계산서 대신 원천징수의 방법으로 필요경비로 인정받을 수 있다.

　→ 권리금이 1억이라고 가정한다면, 8.8%인 8,800,000원을 제외한 91,200,000원을 양도자에게 지급하고 8,800,000원은 다음 달 10일까지 국세청에 신고 및 납부하면 된다. 더불어 해당 방법으로 신고하면 양도자는 기타소득으로 잡히게 되고 이는 세법상 무형자산의 양도로 보아 60%의 경비를 인정해주어 실질적인 세부담은 감소하게 된다.

사업을 처음 시작하는 분들에게는 사업초기비용 중 권리금도 상당한 부분을 차지한다. 이는 곧 소득세 및 부가세 절감효과로 이어지니 필요경비로 인정받기 위한 세금계산서 또는 원천징수 신고를 챙길 필요가 있다.

Lesson 2
사업개시 후 1달 이내 이것만은 체크하자

1. 통장엔 돈이 없는데, 세금이 나오는 이유

"증빙관리는 세무조사에 대응하기 위해서, 그리고 사업소득세를 절세하기 위해서라도 반드시 해야 하는 작업입니다. 증빙관리 10계명을 통해서 사업하면서 세금을 최소화 할 수 있는 비법에 대해 알려드리겠습니다."

사업자로서 제대로 경영하려면 국세청에 세금 신고 목적상 증빙관리를 철저히 해야 한다. 세금이 많이 나온다고 하는 사장님들 대부분은 증빙을 그냥 버리거나 잘 관리하지 않아 소득세나 법인세를 신고할 때 각종 경비처리를 할 수 있는데도 불구하고 하지 못해서 세금폭탄을 맞는 경우가 많다. 이런 증빙조차 제대로 챙기지 못하는데 더 중요한 영업활동을 어떻게 챙길지 의심이 갈 정도다.

증빙은 사업자라면 의무적으로 5년간 보관해야 한다. 소득세를 신고할 때 필요경비로 인정받았다면 5년간은 보관해야 추후 국세청에서 잘못된 부분이 발견되면 세무조사 대응을 할 수 있지 않겠는가?
이때 국세기본법상 국세부과의 제척기간은 국가가 국세를 부과할 수 있는 기간이다. 이 기간 안에는 사업자의 소득이 발생했다면 국세청은 언제든지 세금을 매기고 걷어갈 수 있는 것이다. 이 제척기간은 일반적으로 5년이다. 물론, 악질적인 사기나 부정행위는 10년이지만 이런 경우는 드물기 때문이다. 결국 모든 사업자는 적어도 5년간은 증빙을 통해서 세금신고를 제대로 했다는 것을 소명할 준비를 해야 한다.

앞서 5년 동안 증빙보관을 해야 하는 이유에 대해 살펴보았다. 구체적으로 어떤 증빙을 챙겨서 어떤 관리를 해야 할까? 이에 대한 답으로 증빙관리 10계명에 대해서 알아보자.

> **증빙관리 10계명**
>
> [1계명] 세금계산서, 계산서, 매출전표, 현금영수증 등을 통해서 필요

경비 내역을 챙겨두자. 이를 통해서 사업소득세 계산시 경비처리가 인정되어 세금을 절약할 수 있다. 이때, 3만원을 초과한 경비는 무조건 위의 적격 증빙을 챙겨야 가산세 2%를 내지 않게 된다.

[2계명] 전기, 전화, 핸드폰, 가스 등 요금에 대한 영수증은 사업자등록번호가 적혀 있는 영수증을 받아야 부가가치세 매입세액 공제가 된다. 휴대전화요금은 해당 통신사의 고객센터에 연락하여 신분증 사본과 사업자등록증 사본을 팩스로 보내면 부가가치세 공제가 바로 되기도 하므로 이를 알아두면 도움이 된다.

[3계명] 아르바이트생을 고용한 경우 신분증 사본을 받아 근무일수와 지급금액을 정리해 두어야 한다. 이렇게 급여지급일 다음달 10일까지 원천징수해야 필요경비로 경비 처리할 수 있다.

[4계명] 만약에 건물을 임차하여 사업장으로 사용하고 있다면 임대인이 일반사업자인지 보고 일반사업자라면 세금계산서를 받아서 챙겨두어야 한다. 만약에 간이사업자라면 간이영수증이라도 받아야 필요경비로 경비처리할 수 있다.

[5계명] 앞에서 설명한 사업용 계좌를 국세청에 신고했다면, 사업관련 자금만 입금과 출금하도록 하고 사업용 카드를 등록했다면 그 카드로 사업용 경비를 지출해야 한다. 개인카드로 사업용 경비를 지출하면 필요경비로 인정받기 힘들다는 점을 명심해야 한다.

[6계명] 접대비는 금액을 따져보고 1만 원을 초과하면 무조건 적격증

빙을 챙겨야 경비로 인정된다. 단, 경조사비는 20만 원까지 적격증빙이 없어도 청첩장 등만 있으면 비용으로 인정되므로 이것만 보관하면 된다. 또한, 화환 등도 계산서를 받아두면 접대비 명목으로 경비처리 가능하다.

[7계명] 종업원을 위한 식대는 복리후생비 계정으로 처리한다. 이에 대한 영수증을 잘 챙겨야 경비로 인정받을 수 있으며 3만 원을 초과하는 부분은 적격증빙(세금계산서 등)을 챙겨두어야 된다. 바꿔말하면, 종업원이 없는 개인사업자 사장님의 식대는 복리후생비 항목이 불가하므로 경비처리가 될 수 없다.

[8계명] 차량유지비 항목인 자동차세, 자동차 보험료, 유류대, 자동차 수리비, 구입비 영수증 등을 잘 챙겨두어야 이를 경비로 인정받을 수 있다. 만약에 다른 사람의 이름으로 지출이 이루어졌더라도 사업에 사용했다는 것이 분명하면 경비로 인정받을 수 있기 때문에 이 또한 적격증빙을 잘 챙겨두자.

[9계명] 개인사업자의 경우 건강보험료 등은 직장 및 지역가입자 모두 경비로 인정받을 수 있으므로 종합소득세 확정 신고시 건강보험관리공단 홈페이지 등을 통해 금액을 확인해 보아야 한다.

[10계명] 농산물을 이용하여 영업을 하는 사업자의 경우에는 농산물 공급업자로부터 반드시 계산서를 받아두어야 한다. 이를 통해 부가가치세 계산시 의제매입세액공제를 받아 환급 받을 수 있다.

영수증은 가산세 2%,
가산세 없는 서류는?

"부가가치세 매입세액공제를 통해 환급을 받거나 소득세 신고 시 필요경비로 인정받아 소득세를 절세하기 위해서는 적격증빙을 갖추어야 합니다. 적격증빙에는 세금계산서, 계산서, 현금영수증, 신용카드 매출전표가 있습니다. 각각에 대해서 살펴봅시다."

앞에서는 증빙관리에 대한 노하우를 소개했다. 그런데 적격증빙이 왜 필요한가? 적격증빙을 챙겨야 하는 이유는 간단하다. 세금을 줄이기 위해서 적격증빙을 챙기는 것이다. 적격증빙 외에 모든 서류는 세법상 경비처리를 받더라도 적격증빙 미수취가산세를 적용받게 된다. 더불어 적격증빙을 잘 챙기면 매입세액공제를 통해서 부가가치세를 환급받을 수 있다. 또한 적격증빙을 잘 챙기면 장부상 경비로 인정되어 사업소득세를 신고할 때 필요경비처리가 된다. 이를 통해서 소득세를 절감할 수 있다. 다음은 적격증빙에 대해 알아보자.

첫째로, 세금계산서는 사업과 관련된 거래에서 가장 일반적인 증빙이다. 세금계산서는 모든 거래에서 가장 확실하고 객관적인 증빙이라고 할 수 있다. 세금계산서의 발행은 일반과세자로 사업자등록

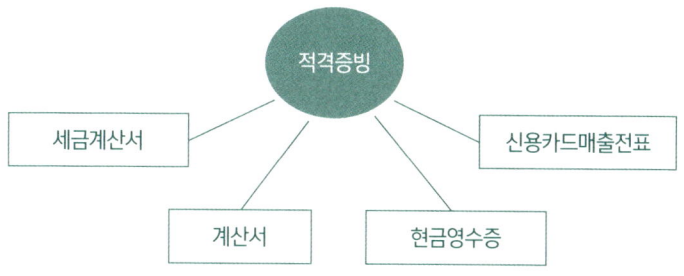

을 한 사업자만 가능하고 간이과세자 및 면세사업자는 발급할 수 없다. 세금계산서에는 그 기재사항이 규정되어 있는데, 반드시 기재해야 하는 사항이 필요적 기재사항이다. 필요적 기재사항을 기재하지 못하면 필요경비로 공제받지 못할 뿐만 아니라 가산세의 불이익도 있다.

세금계산서는 최근에 전자세금계산서로 발행하도록 의무화되고 있다. 따라서 거래상대자는 전자세금계산서로 발행해야 한다. 또한, 세금계산서 발행을 요구하는 입장에서 상대방이 세금계산서를 발행할 수 있는 사업자인지(일반과세자인지)를 홈택스(hometax.go.kr)에서 <조회/발급>의 <사업자 상태>를 클릭하여 조회할 수 있다. 세금계산서를 부정하게 발급받아 매입세액공제 등을 받을 경우 가산세를 묻기 때문에 잘 챙겨야 한다.

둘째로, 계산서는 부가가치세가 면제되는 재화나 서비스를 공급하는 면세사업자가 발행할 수 있는 증빙이다. 면세사업자와 간이과세

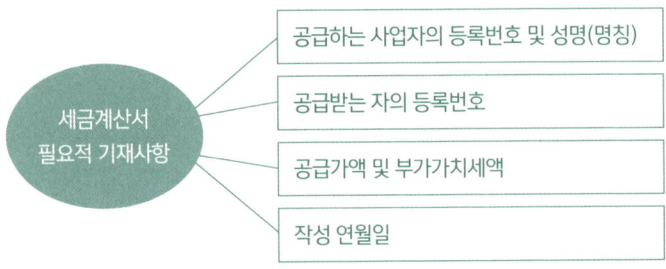

자는 세금계산서를 발급할 수 없기 때문에 이런 사업자와 거래한다면 계산서라도 받아두어야 한다. 여기서 면세 사업자에는 학원, 의료업 등이 있다. 계산서는 부가가치세 신고를 할 때 매입세액 공제는 되지 않는다. 그러나 농수산물을 구입하는 경우 의제매입세액 공제가 가능하며 종합소득세를 신고할 경우 필요경비로 경비처리가 가능하다.

셋째로, 현금영수증은 소비자가 현금을 사용할 때 핸드폰번호를 제공하고 가맹점이 현금영수증 장치를 통해서 현금영수증을 발급하고 이 내역이 국세청으로 통보되는 방식이다. 현금영수증도 엄연히 적격증빙으로 인정된다. 사업과 관련된 거래를 했다면 해당 거래금액은 매입세액공제를 통해 부가가치세 환급도 되고, 필요경비로 소득세 절감도 가능하다.

넷째로, 신용카드 매출전표는 영업과 관련하여 신용카드로 인한 매출이 발생했을 경우 매출액에 대한 증빙으로 사용한다. 한편, 매입하는 사업자의 입장에서는 매출기업의 신용카드 매출전표를 받아두면 지출액에 대한 확실한 증빙으로 활용할 수 있다. 이 또한 부가가치세 매입세액 공제 뿐만 아니라 필요경비를 인정받는 데 사용할 수 있다.

2. 말 많고 탈 많은 인건비, 해결방안은?

4대 보험
꼭 내야 하나?

"세법에는 3대 경비가 있습니다. 이를 경비처리를 하지 못하면 세금이 많이 부과됩니다. 그중 하나가 인건비입니다. 인건비로 절세할 수 있는 방법과 많은 사장님들의 고민인 4대 보험 해결 방법을 알아봅시다."

세법에서 말하는 인건비는 크게 3가지로 구분된다.
① 정규직 근로자 ② 일용직 근로자 ③ 프리랜서
상기 인건비들은 고용주와의 관계에 따라서 크게 ① 근로자 ③ 프리랜서로 구분된다.
근무장소, 근무시간, 근무활동 등 갑과 을의 관계에서 고용된다면 근로자로 보는 것이고 갑과 을이 아닌 보다 평등한 관계에서 용역을 제공하는 자들은 프리랜서로 인건비 신고가 가능하다.
근로자와는 다르게 프리랜서의 경우는 3.3%만 제외하고 지급하면 되므로 고용주 입장에서는 4대 보험 부담 없어 3.3% 프리랜서 신고를 선호한다.

만약, 정말 인건비를 지급할 때 갑과 을의 관계가 아닌 별도의 독립된 사업체에게 지급하는 경우라면 프리랜서로 소득신고를 해도 되지만 실질적으로 그렇지 않다면 이는 크게 3가지 문제로 귀결된다.

첫 번째, 퇴직금 문제가 야기 될 수 있다

법적으로 근로자 입장에서 1년 이상 근무하게 되면 법정퇴직금을 수령할 수 있지만, 프리랜서로 등재되어 있다면 법정퇴직금을 받지 못하게 된다. 프리랜서로 등재하고 퇴직금을 별도로 주는 사업주 분들도 계시지만 이는 비용처리 문제와 더불어 근로자가 고용노동부에 진정을 넣을 시, 퇴직금에 퇴직금을 더 줘야 하는 문제도 야기된다.

두 번째, 실업급여 문제가 야기 될 수 있다

근로자 입장에서 해당 사업장의 기타 이유로 인해 실업을 하게 된다면 실업급여를 받을 수 있는 권리가 생기는데, 4대보험을 사업장이 가입시키지 않았다면 근로자 입장에서는 실업급여를 받지 못하게 되고, 이는 곧 노무 문제로 야기된다.

세 번째, 4대 보험은 선택사항이 아닌 의무사항이다

고용주 입장에서는 4대 보험을 선택적으로 하는 것이 아닌 누군가를 고용했다면 의무적으로 부담해야 하므로 의무사항을 이행하지 않으면 과태료 대상이 된다.

4대 보험의 신고 처리 절차 살펴보기

"4대 보험은 사업장 최초 적용 신고, 사업장 내역 변경 신고, 사업장 탈퇴 신고, 사업장 가입자 취득 신고, 사업장 가입자 내역신고, 사업장 가입자 상실 신고 등의 절차를 알아야 합니다."

4대 보험은 일반적으로 사회보험이라고 일컫는 것들이다. 보통 소규모 사업장의 경우에는 사장님이 종업원 역할을 하면서 일용근로자(아르바이트생)만 고용하므로 큰 고민이 없을 것이다. 그러나 사업 규모가 확장되고 정규직 종업원을 고용하면서부터 4대 보험을 챙겨야 할 필요성이 생긴다.

4대 보험은 국민의 사회적인 위험을 국가적 차원에서 보장하기 위해 만들어진 제도이다. 우리나라는 1인 이상의 상시근로자를 고용하는 사업장은 의무적으로 4대 보험에 가입해야 한다고 규정되어 있다. 우리나라의 4대 사회보험제도는 업무상 재해에 대한 산업재해보상보험(이하 '산재보험'이라 함), 질병과 부상에 대한 국민건강보험, 사망 및 노령에 대한 국민연금보험, 실업에 대한 고용보험으로 나누어져 있다.

사업장의 최초 적용 신고

1. 국민연금의 경우

국민연금은 국민연금공단의 관할지사에서 처리한다. 사용자는 종업원을 고용한 경우 해당 일이 속하는 달의 다음 달 15일까지 신고하여야 한다. 이때, 신고는 4대 보험 인터넷 신고 웹사이트(www.4insure.or.kr)를 통해서 가능하고 국민연금 적용일을 잘 확인해야 한다.

2. 건강보험의 경우

건강보험은 건강보험공단 관할지사에서 처리하며 사용자는 적용일로부터 14일 이내에 신고해야 한다. 4대 사회보험 웹사이트(www.4insure.or.kr)에서 신고가 가능하며, 단위사업장이나 영업소가 있을 경우에는 단위사업장 혹은 영업소 현황을 첨부하여야 한다. 이때 사업장 특성부호는 공무원 혹은 교직원사업장 이외의 사업장의 경우에는 일반사업장으로 작성한다.

3. 고용보험 및 산재보험의 경우

고용보험 및 산재보험의 경우에는 근로복지공단 관할지사에서 처리하며 사용주는 신고의무가 있다. 보험 관계가 성립된 날로부터 14일 이내에 신고해야 한다. 신고는 4대 사회보험 웹사이트(www.4insure.or.kr)에서 가능하다. 산재보험은 접수자가 민원접수증을 출력하여 보관해 두는 것이 중요하다. 산재보험의 혜택은 접수한 날의 다음날 이후 발생한 재해부터 받을 수 있으며, 지연신고 기간 중에 발생한 재해는 지급결정된 보험급여액의 50%를 사업주로부터 징수한다.

사업장 탈퇴 신고

1. 국민연금의 경우

국민연금에서 사업장 탈퇴에 대한 처리는 국민연금공단 관할지사에서 수행한다. 이는 (1) 임의 적용 사업장이 18세 이상 60세 미만의 근로자의 3분의 2 이상의 동의를 얻어 탈퇴하고자 하는 사업장(근로자의 3분의 2 이상 동의서 및 임금대장 첨부), (2) 휴업, 폐업 등에 의한 사업장 탈퇴, (3) 본점 및 지점 또는 2개 이상의 사업장이 합병으로 하나의 사업장이 된 경우, (4) 근로자가 한 명도 없게 된 경우를 대상으로 한다. 신고는 사유발생일이 속하는 달의 다음 달 15일까지 하여야 하며, 인터넷 웹사이트(www.4insure.or.kr)를 통해서 가능하다.

2. 건강보험의 경우

건강보험에서 사업장 탈퇴는 건강보험공단 관할지사에서 처리한다. 이는 (1) 휴업 또는 폐업을 한 사업장, (2) 합병으로 인하여 소멸하는 사업장, (3) 임의 적용 사업장이 되어 탈퇴 신고를 하는 경우의 사업장, (4) 부도 등으로 폐쇄된 사업장 등이 대상이다. 신고는 사유발생일로부터 14일 이내에 하여야 하며, 인터넷 웹사이트(www.4insure.or.kr)를 통해서 가능하다.

3. 고용보험 및 산재보험의 경우

고용보험과 산재보험에서 사업장 탈퇴는 근로복지공단 관할지사에서 처리한다. 이는 ⑴ 사업의 실질적 폐지나 종료의 경우, ⑵ 직권소멸의 경우, ⑶ 보험계약의 해지신청의 경우를 대상으로 한다. 신고는 사업이 폐지 또는 종료된 날로부터 14일 이내에 하여야 하며, 4대 보험 인터넷 웹사이트(www.4insure.or.kr)에서 가능하다.

사업장 가입자의 취득 신고

1. 국민연금의 경우

국민연금의 사업장 가입자 취득은 국민연금공단에서 처리한다. 이는 ⑴ 사업장이 상시 1인 이상의 근로자를 사용하게 된 경우, ⑵ 임의적용 사업장 가입신청이 수리된 경우, ⑶ 적용 사업장에 근로자 또는 사용자로 종사하게 된 경우, ⑷ 적용 사업장에 종사하는 근로자가 18세 이상이 된 경우, ⑸ 일용근로자가 1개월을 초과하여 근로하게 된 경우, ⑹ 적용 사업장에 종사하는 근로자 또는 사용자가 기초수급자에서 벗어난 경우, ⑺ 가입 사업장의 18세 미만 근로자의 가입신청이 수리된 경우를 대상으로 한다. 신고는 사유발생일이 속하는 달의 다음 달 15일까지 해당 웹사이트(www.4insure.or.kr)에서 가능하다.

2. 건강보험의 경우

건강보험의 사업장 가입자 취득은 건강보험공단 관할지사에서 처리한다. 이는 (1) 근로자의 경우 적용 사업장에 사용된 날, (2) 사용자의 경우 적용 사업장의 사용자가 된 날, (3) 공무원의 경우 공무원으로 임용된 날, (4) 교직원의 경우 해당 교원으로 임명된 날, 직원은 해당 학교에 채용된 날, (5) 일용근무자는 1월을 초과하여 근로하기로 결정된 경우에 최초 근무일에 취득된 것으로 본다. 신고는 취득일로부터 14일 이내에 하며, 인터넷 웹사이트(www.4insure.or.kr)를 통해서 가능하다.

3. 고용보험 및 산재보험의 경우

고용보험 및 산재보험의 사업장 가입자 취득은 근로복지공단 관할 지사에서 처리한다. 이는 (1) 보험관계 성립일, (2) 적용사업에 새로 채용된 경우에 근로계약상의 근로개시일, (3) 피보험 자격이 없는 근로자가 피보험 자격을 취득하게 되는 경우에 새로운 근로계약상의 근로개시일, (4) 일용근로자가 1개월 이상 계속 고용되는 경우 최초 고용일에 취득된다. 신고는 사유발생일로부터 14일 이내에 해야 하며, 인터넷 웹사이트(www.4insure.or.kr)를 통해서 가능하다.

사업장 가입자 내역 신고

1. 국민연금의 경우

국민연금공단에서 처리하며, 성명, 주민등록번호, 특수직종근로자 해당 여부를 신고한다. 신고는 사유발생일이 속하는 달의 다음 달 15

일까지 하며, 인터넷 웹사이트(www.4insure.or.kr)를 통해서 가능하다.

2. 건강보험의 경우

건강보험공단 관할지사에서 처리하며, 성명, 주민등록번호를 신고한다. 이는 사유발생일로부터 14일 이내에 신고하며, 인터넷 웹사이트(www.4insure.or.kr)를 통해서 가능하다.

3. 고용보험 및 산재보험의 경우

근로복지공단 관할지사에서 처리하며, 성명, 주민등록번호를 신고한다. 이는 사유발생일로부터 14일 이내에 신고하며, 인터넷 웹사이트(www.4insure.or.kr)를 통해서 가능하다.

사업장 가입자 상실 신고

1. 국민연금의 경우

국민연금공단 관할지사에서 처리한다. 이는 (1) 사망한 날, (2) 국적상실 또는 국외로 이주한 날, (3) 사용관계 종료일, (4) 임의 적용 사업장의 탈퇴 신청이 수리된 날, (5) 60세에 달한 날, (6) 기초수급자로 지정된 때, (7) 다른 공적 연금 가입자격을 획득한 때, (8) 60세 미만 특수직종 근로자가 노령연금 수급권을 취득한 날의 다음 날에 상실한다. 자격을 상실한 날이 속하는 달까지 매월 보험료를 납부하며 별도의 퇴직 정산이 없다. 신고는 상실 사유 발생일이 속하는 다음 달 15

일까지 해야 하며, 인터넷 웹사이트(www.4insure.or.kr)를 통해서 가능하다.

2. 건강보험의 경우

건강보험공단 관할지사를 통해서 가능하다. 이는 (1) 가입자가 퇴직 또는 사망한 날의 다음 날, (2) 의료급여 대상자로 된 날, (3) 유공자 등 의료급여 대상자가 건강보험 적용 배제신청을 한 날에 상실한다. 자격증을 상실한 날이 속하는 달까지는 매월 보험료를 납부해야 한다. 또한, 자격을 상실한 때에 근로자와 정산한 후 공단과 정산한다. 신고는 상실일로부터 14일 이내에 해야 하며, 인터넷 웹사이트(www.4insure.or.kr)를 통해서 가능하다.

3. 고용보험 및 산재보험의 경우

근로복지공단 관할지사를 통해서 처리한다. 이는 (1) 퇴직한 날의 다음 날, (2) 사망한 날의 다음 날, (3) 당해 사업의 보험관계가 소멸한 날, (4) 근로계약의 변경으로 피보험자격을 상실하는 경우에 기존의 근로관계가 종료되는 날의 다음 날, (5) 65세에 도달한 날, (6) 이중고용으로 피보험자격을 상실하는 경우 나중에 고용된 사업에서 피보험자격을 취득한 날에 상실한다. 고용관계 종료일의 근무일을 기준으로 월평균 보수를 일할 계산하여 보험료를 납부한다. 신고는 사유발생일로부터 14일 이내에 인터넷 웹사이트(www.4insure.or.kr)를 통해서 가능하다.

<참고> 4대 사회보험정보연계센터(www.4insure.or.kr)

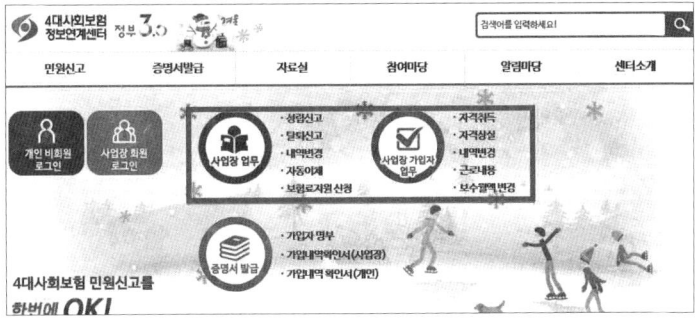

4대 사회보험정보연계센터에 접속하면 사업장에서 해야 할 업무 안내 메뉴가 메인 페이지에 자세히 안내되어 있다. 이를 참고해서 업무를 수행하면 쉽게 처리할 수 있을 것이다.

4대 보험의 계산 실무 알아보기

"4대 보험 모의계산기를 이용하면 건강보험, 연금보험, 고용보험 등을 쉽게 계산할 수 있습니다."

앞에서는 4대 보험의 신고절차에 대해서 알아보았다. 이제는 실제로 4대 보험료율에 따라서 금액을 계산해 보아야 할 때가 왔다. 사실 보험마다 부담률이 3.06%부터 4.5%까지 다양하고 직접 계산하려면 복잡한 과정을 거쳐야 한다. 그러나 최근에는 4대 사회보험 모의계산기(www.4insure.or.kr)에서 보험료 계산이 가능해졌다.

우선, 4대 사회보험정보연계센터에 접속한다. 우측상단의 메뉴 중에서 <알림마당>을 클릭한다.

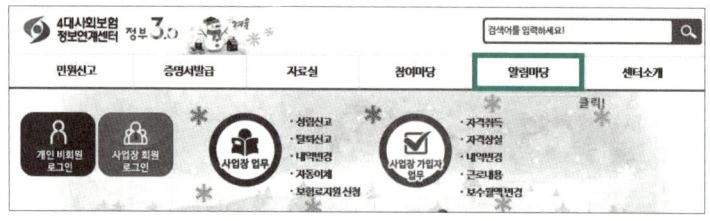

그러면 아래 소 메뉴들이 뜰 것이다. 그중에서 <4대 사회보험료 모의계산> 메뉴를 클릭한다.

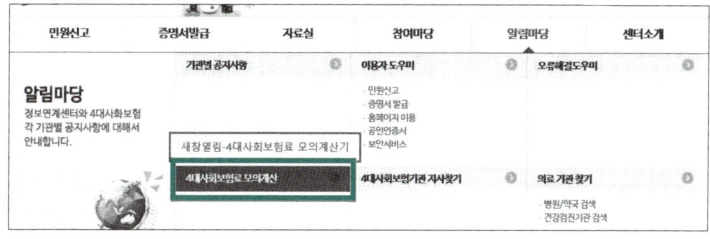

그러면 4대 사회보험료 모의계산 페이지가 뜰 것이다.

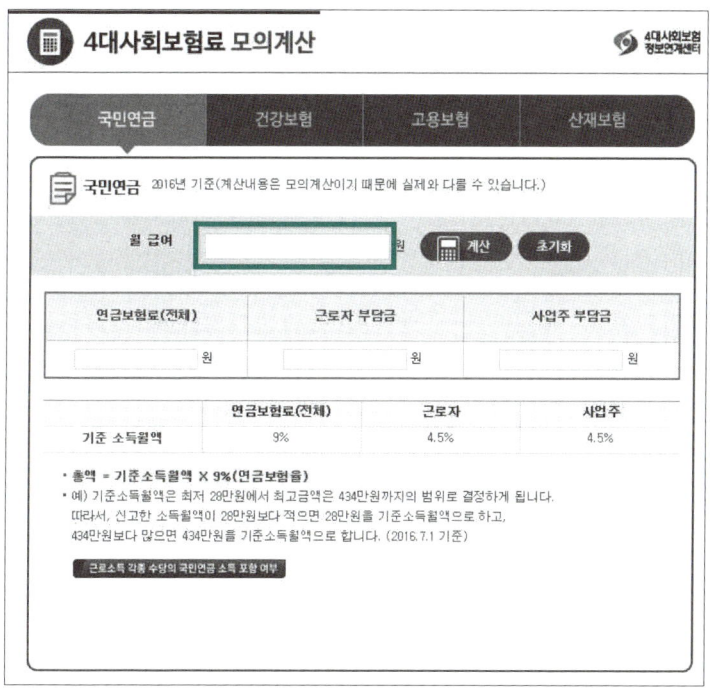

여기서 <월 급여>를 입력한 후에 <계산> 버튼을 누르면 국민연금, 건강보험, 고용보험 부담금을 계산할 수 있다.

1. 국민연금 계산

국민연금의 경우에는 근로자와 사업주 부담금이 각각 계산되어 나온다. 연금보험률이 월 급여의 9%이기 때문에 그에 절반인 4.5%를 근로자와 사업자가 각자 부담하는데, 근로자는 월급에서 차금하고 지급하면 되고, 사업주 부담분은 복리후생비로 처리하면 될 것이다.

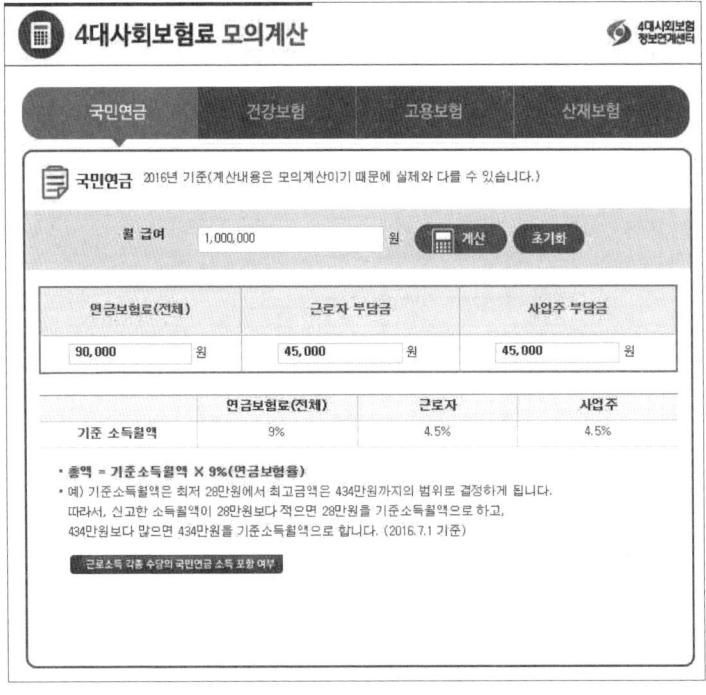

2. 건강보험료 계산

건강보험료도 월 급여를 기준으로 계산되는데, 장기요양보험료가 건강보험료의 6.55%이므로 저절로 계산되어 나온다. 건강보험료도 연금보험료와 마찬가지로 근로자와 사업주가 절반씩 부담하며, 근로자는 월급에서 차감되고, 사업주 부담분은 복리후생비로 처리될 것이다.

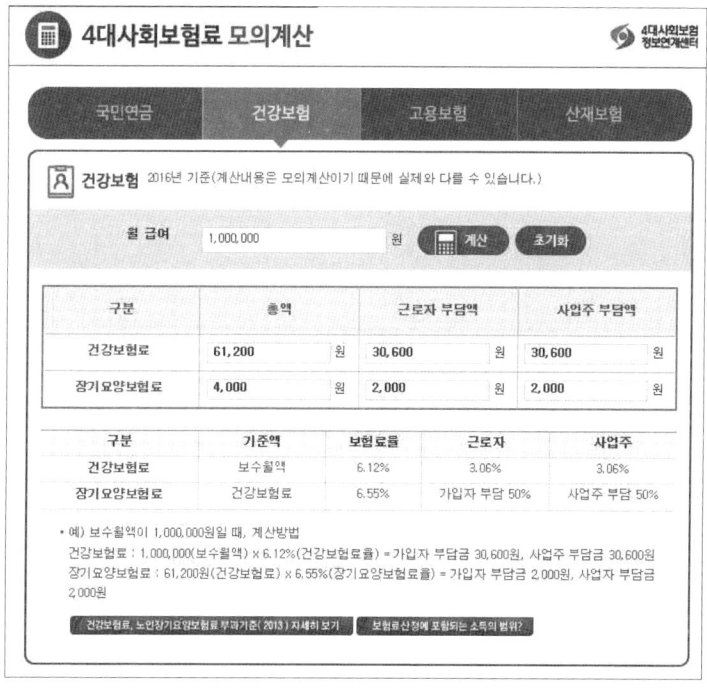

3. 고용보험 계산

고용보험은 근로자 수에 따라 다르게 계산된다. 근로자는 실업급여의 0.65%로 일정하고 사업자는 고용안정, 직업능력개발사업인지 여부에 따라 그 비율이 다르다.

4. 산재보험 계산

산재보험은 사업주가 모두 부담한다. 따라서 근로자에게 부과되는 금액은 따질 필요가 없다. 이는 따로 근로복지공단 홈페이지나 전화 문의해 보면 해결할 수 있다.

> <참고> 4대 보험은 언제 납부하나?
>
> 사업주는 4대 보험료를 월급에서 공제한 후에 다음 달 10일까지 납부해야 한다.

> <참고> 두루누리사회보험 혜택
>
> 4대 보험료를 조금이라도 줄일 수 있는 제도가 두루누리사회보험 지원제도다. 월 보수가 140만 원 미만인 근로자가 있는 10인 미만 사업장의 고용보험료 및 국민연금을 국가가 50% 지원한다.
>
> ※ 신청 방법
> 1. 인터넷 : 4대 보험 연계사이트(www.4insure.or.kr)
> 2. 서류 제출 : 서류 작성 후 근로복지공단 혹은 국민연금공단에 제출
> 3. 두루누리사회보험 웹사이트(www.insurancesupport.or.kr)

어쩔 수 없이 4대 보험 내야 한다면, 최대한 혜택받자

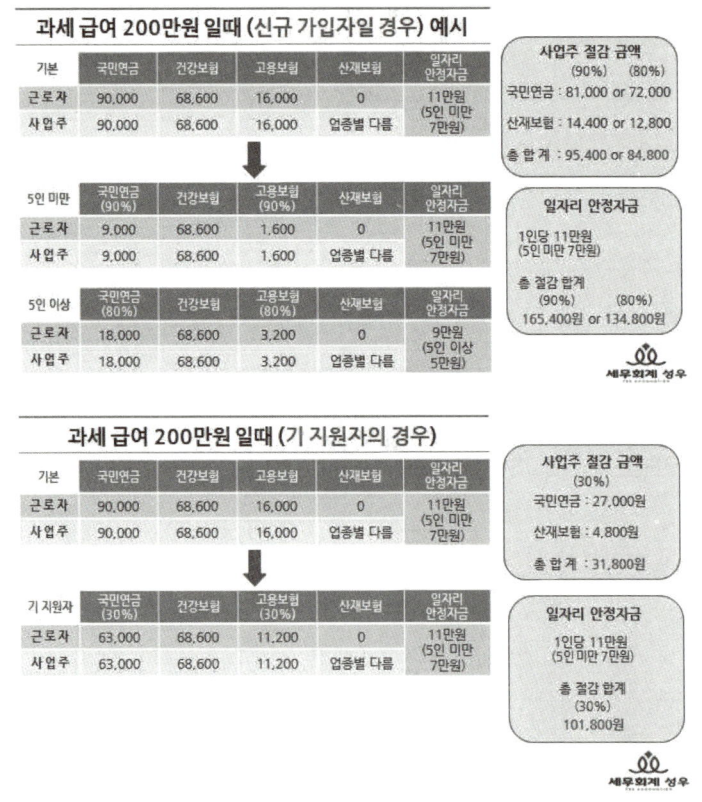

　월 급여 200만 원 기준으로 대략적인 4대 보험은 근로자 부담금 17만원, 사업주 부담금 17만 원, 총 34만 원 가량 된다.

이러한 4대 보험 부담을 줄이고자 한다면 '두루누리사회보험'을 적극 검토해 보아야 한다. 해당 지원사업에 요건이 된다면 34만 원의 4대 보험료가 15만 원 정도로 줄어들 수 있다. 더불어 '일자리안정자금'의 혜택 요건이 충족된다면 안정자금으로 4대 보험료 부담을 충분히 경감시킬 수 있을 것이다.

제30조의4(중소기업 사회보험료 세액공제) ① 중소기업이 2021년 12월 31일이 속하는 과세연도까지의 기간 중 해당 과세연도의 상시근로자수가 직전 과세연도의 상시근로자 수보다 증가한 경우에는 다음 각 호에 따른 금액을 더한 금액을 해당 과세연도의 소득세(사업소득에 대한 소득세만 해당한다) 또는 법인세에서 공제한다. <개정 2014. 1. 1., 2015. 12. 15., 2016. 12. 20., 2018. 12. 24.>

1. 청년 및 경력단절 여성(이하 이 조에서 "청년등"이라 한다) 상시근로자 고용증가 인원에 대하여 사용자가 부담하는 사회보험료 상당액: 청년등 상시근로자 고용증가인원으로서 대통령령으로 정하는 인원 × 청년등 상시근로자 고용증가인원에 대한 사용자의 사회보험료 부담금액으로서 대통령령으로 정하는 금액 × 100분의 100

2. 청년등 외 상시근로자 고용증가 인원에 대하여 사용자가 부담하는 사회보험료 상당액: 청년등 외 상시근로자 고용증가인원으로서 대통령령으로 정하는 인원 × 청년등 외 상시근로자 고용증가인원에 대한 사용자의 사회보험료 부담금액으로서 대통령령으로 정하는 금액 × 100분의

50(대통령령으로 정하는 신성장 서비스업을 영위하는 중소기업의 경우 100분의 75)

더불어 조세특례제한법 제30조의4 1항과 2항을 활용하여 중소기업이 부담하는 4대 보험료를 최대 100프로까지 세액 공제 받을 수 있다.

어쩔수 없이 4대 보험을 내야 하는 상황이라면 위와 같은 지원금과 세액 공제를 활용하면 납부하고 있는 4대 보험료는 더 이상 큰 부담으로 다가오지 않을 것이고, 노무 리스크에도 최고의 방어법이 될 것이다.

다 잘했지만,
이거 없으면 과태료 최고 500만 원

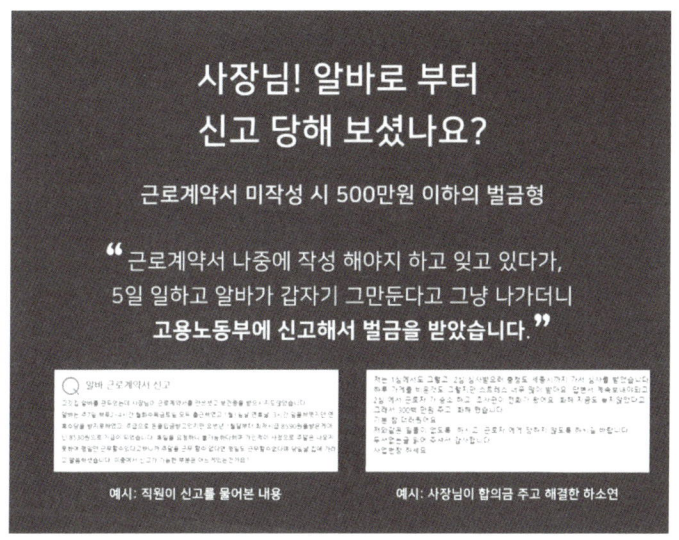

요새 노무 이슈가 참 많이 발생하는 것 같다. 실업 급여, 대출 문제로 귀결되다보니 근로자들도 급여와 노무 이슈에 대해서 많이 공부하는 것 같고 여러 매체를 통해서 쉽게 그러한 경험과 지식을 접할 수 있다. 정상적으로 4대 보험도 가입하고 급여도 정확히 지급했지만, 근로시작할 당시 근로계약서를 작성하지 않으면 500만 원 이하의 벌금형을 받을 수 있다.

사업의 시작 단계에서 모든 시스템을 구축할 수는 없지만, 알바생이라도 근로계약서를 작성하고 일을 시키는 시스템을 만들어야 근로계약서 미작성으로 인한 과태료 및 추후 노무문제 발생시 불리한 위치에 서지 않게 될 것이다.

3. 부가가치세는 사업자의 꽃

부가세
줄일 수 있는 방법 있을까?

"신규사업자 상담 시에 꼭 하는 말이 있습니다. '저는 대표님의 법인세와 소득세는 기필코 합법적으로 줄일 수 있는 방법을 많이 알고 있고 계속 연구하겠지만, 부가가치세를 줄일 수 있는 방법은 모릅니다.'라고…"

세무사로서 가장 바쁜 달은 법인세 기간인 3월과 소득세 기간인 5월, 6월이다. 하지만 심적으로 가장 힘든 기간은 부가가치세 신고기간인 1월과 7월이다.

법인세/소득세 기간에는 대표님들께 얼마나 노력했는지를 숫자로 보여드릴 수 있는 기간이다. 즉, 여러 가지 세액공제를 통해서 세금을 줄인 결과를 보여드릴 수 있다.

다만, 부가가치세 기간에는 세무사로서 크게 해드릴 수 있는 게 없다. 더구나 부가가치세는 매출액의 10/110을 납부하게 되는 거라 금액 자체가 큰 경우들이 많은데, 부가가치세를 줄여달라고 하면 참 난감하기 그지 없다. 할 수 있는 게 없기 때문이다.

필자는 그래서 신규사업자 상담 시에 부가가치세 얘기를 최소 10분은 한다. 간단히 부가가치세에 대해 살펴보겠다.

부가가치세를 이해하기 위해서는 아래 2가지 명제 중 참을 찾아야 한다.
 1. 국가가 마련한 사회 인프라를 통하여 사업을 해서 돈을 벌었으니 사업자가 부가가치세를 내야 한다. (×)
 2. 국가가 마련한 사회 인프라를 통해서 결과적으로 소비자가 효익을 얻었으니, 소비자가 부가가치세를 내야 한다. (○)

사업자들한테는 부가가치세 때문에 힘들다는 곡소리가 많이 나오는 반면, 일반인들은 부가가치세 때문에 스트레스를 받는다는 소리를 들어 본 적도 없다. 심지어 부가가치세가 뭔지도 정확히 모르는데, 당연히 1번이 부가가치세를 나타내는 명제가 아닐까? 라고 생각한다면 이는 큰 오산이다.

예를 들어 보자, 김 학생은 28,000원을 주고 천하수산에서 회를 사 먹었다. 반면, 천하수산은 28,000원을 받고 2,545원을 부가세로 납부했다.
부가세는 천하수산이 납부한 것은 맞지만, 실질은 천하수산이 김 학생한테 부가세 2,545원을 받아서 납부한 것이다.

부가세를 국세청에 납부한 사람 : 천하수산

부가세를 실제로 납부한 사람 : 김 학생

즉, 김 학생은 사회 인프라를 통해서 천하수산이 회를 만들어서 제공하는 회를 먹고 효익을 받았기에 부가세를 내는 것이다. 김 학생과 같은 일반인은 수만 명이 될테니 천하수산과 같은 사업자에게 국세청은 '너희가 부가세를 대신 걷어서 대신 납부 좀 해줘'라는 시스템인 것이다.

Lesson2에서 언급한 관리회계가 이래서 중요하다. 원가관리가 제대로 되지 않고 판매가를 부가세를 고려하지 않고 산정한다면 원하는 소득률에서 기본적으로 10%는 마이너스로 시작하는 것이다.

예를 들어, 원가가 100원이라고 가정하고 수익률을 30% 얻을 수 있는 사업을 하고 싶을 때, 가격을 130원으로 책정하게 되면 부가세 빼고 실제 얻는 수익률은 18%로 급감하게 된다. 다시 말해, 수익률을 고려해서 판매가를 선정할 때는 부가세 포함해서 판매가를 선정해야 원하는 수익률을 얻을 수 있다는 점이다.

상기 예를 다시 살펴보면, 판매가격을 130원+13원=143원으로 해야 100원짜리 원가를 팔았을 때 부가세를 납부한 후 실제로 30원의 수익이 남는 것이다.

부가가치세는 사업자의 꽃

자, 이를 역으로 생각해보자.

부가세는 최종 소비자가 내는 것이라고 했는데, 그럼 내가 최종 소비자가 아닌 중간 단계의 사업자라면 사업을 위해 사용하는 경비인 부가세는 전부 환급받게 되는 것이다. 원하는 수익률을 얻기 위한 판매가 설정에 부가세를 꼭 고려하고, 부가세 통장도 별도로 만들어 애초에 통장으로 들어온 돈의 9% 정도는 내 돈이 아니라고 생각하고 별도 통장으로 관리하는 것도 부가세 납부 부담을 심적으로 줄일 수 있는 방법이다.

부가세 신고할 때 매출을 좀 누락해도 괜찮을까?

"간혹 걸리지 않을 것 같아서 매출을 누락하고 탈세하는 사업자들이 있습니다. 물론 당장은 세무조사를 받지 않고 넘어갈 수 있죠. 하지만, 고의로 매출을 누락하여 세무조사 시 적발된다면 조세범처벌법에 따라서 처벌을 받을 수도 있고, 가산세 등 세 부담도 증가하게 됩니다."

지금 매출을 누락할지 말지 고민하고 있다면 가장 궁금한 사실은 국세청의 세무조사 가능성일 것이다. 즉, 매출을 누락하면 국세청이 모를지가 궁금할 것이다. 국세청은 납세자가 제출한 신고서와 증빙 등을 보고 FBI 못지 않은 분석을 통해서 불성실 사업자인지 성실 사업자인지 판단할 것이다. 가끔 매출 누락을 해도 세무조사가 나오지 않기 때문에 상습적으로 매출을 누락하는 사업자도 있는데 나중에 큰 문제가 될 여지가 크다. 국세청에서는 사업자의 과세정보 추세 등을 지켜보고 있다가 일시에 세무조사를 수행한다. 이렇게 일시 세무조사를 하는 과정에서 탈세를 들킬 경우 조세범처벌법에 따라서 형사처벌까지도 받을 수 있다. 이는 세금부과보다 더 무섭다. 최대 3년까지 징역을 살아야 할지도 모르니까 말이다.

요즘에는 워낙에 정보 공개가 잘 되어 있기 때문에 불성실하게 신고를 할 경우 불이익을 받을 가능성도 커졌다. 전자세금계산서, 신용카드와 직불카드, 현금영수증 내역은 국세청에서 수집하고 있기 때문에 정확하게 신고하지 않으면 단번에 알 수 있다. 가끔 종이 세금계산서와 영수증은 누락해도 될 거라고 생각하는 사업자가 있는데 같은 거래에 대해서 매입자는 신고를 하고 매출자는 누락하는 경우에 국세청에서 상호대조Cross check가 가능하기 때문에 나중에 세무조사와 가산세를 얻어맞을 수도 있으니 제대로 신고하길 바란다.

법인세/소득세와는 다르게 부가세에서 불이익을 받는 경우는, 고의로 매출을 누락하는 경우보다는 실수로 누락해서 불이익을 받는 경우이다.

단순 세금계산서 매출이 아닌 수십 개의 각종 온라인 플랫폼을 통해서 매출을 일으키거나 현금매출이 많은 경우에는 대표님 본인도 정확환 집계를 하지 못해 매출 누락을 하는 경우가 있다. 물론 국세청도 모르고 넘어가면 좋지만 시대흐름상 요새 각광받고 있는 온라인 플랫폼이나 현금이 많이 도는 업종들은 유심히 매출 누락을 파악하고 있으니 실제 매출액을 파악할 수 있는 관리 시스템을 만드는 것도 중요하다.

신고서를 작성할 때 불안하다면 홈택스(hometax.go.kr)에 들어가면

전자적으로 잡히는 매출액을 조회해 볼 수 있기 때문에 이를 확인하는 것이 좋을 것이고, 플랫폼 매출이 있는 경우 해당 사이트에 들어가 매출액 현황을 조회하는 것도 실수로 매출을 누락할 확률을 줄일 수 있다. 그리고 고의로 매출을 누락한 것이 아닌 실수로 매출을 누락한 경우에 입증자료로서 장부를 작성하여 증빙을 수집해 두고 철저하게 관리하는 것이 필요하다.

4. 개인사업자도 퇴직금을 받을 수 있다

"노란우산공제는 소기업 혹은 소상공인이 평소에 기금을 납입하고 매년 500만 원 범위 내에서 소득공제 혜택을 받을 수 있는 제도입니다. 나중에 사업장을 폐업할 때 일시에 환급 받아 생활안정을 꽤할 수 있는 장점이 있습니다."

장사를 하는 사업주들을 만나보면 하나같이 앞으로 매출이 잘 날지 아니면 상황이 어려워질지 알 수 없다고 한다. 그만큼 미래가 불확실하다는 것이다. 이러한 불확실성에 대비해서 보험에 가입하거나 공제에 가입하는 것이 좋은데, 그중에서 가장 대표적인 것이 노란우산공제이다. 노란우산공제는 중소기업청이 주관하고 중소기업중앙회가 운영하는 기금이다. 한 마디로 노란우산공제는 매달 일정한 금액을 납입하면 소득세 경비처리도 해주고 이자도 붙여서 나중에 폐업 시 퇴직금처럼 지급해주는 제도라고 볼 수 있다.

이렇게 일정한 기금 납입을 통해 목돈을 만들고 미래에 지급해 준다는 점에서 연금저축과 유사하다. 그러나 노란우산공제는 연금저축과는 달리 소기업과 소상공인들만을 가입대상으로 삼고 있다. 또한, 연금저축은 금융기관에서 운용하지만 노란우산공제는 중소기업중앙회라는 기관에서 관리한다는 점에서 차이가 있다. 연금저축과 노란우산공제는 기금의 지급방식에 대해서도 차이가 나는데, 연금저축은 가입자가 55세 이후에 연금으로 지급하는 반면에 노란우산공제는 공제회원인 사업자가 폐업 후에 지급 요청을 하는 경우 일시금으로 지급한다.

노란우산공제의 장점과 변화된 점

노란우산공제는 사업소득세 계산에 있어서 공제 혜택이 있는 것으로 유명하다. 종합소득세 신고 시 해마다 500만 원을 한도로 소득공제를 받을 수 있는 상품이었기 때문이다. 그러나 노란우산공제가 장점만 있는 것이 아니다. 노란우산공제의 가장 큰 단점은 폐업 사유가 아닌 5년 이내에 해지할 경우 해지가산금을 부담해야 한다는 점이다. 이러한 단점을 보완하여 중소기업중앙회에서 올해부터 5년 이내 해지가산금 제도를 폐지하였다. 이를 통해서 사업자들이 미래의 안정을 더 보장받을 수 있게 되었다. 또한 올해부터 소득세 계산 시 소득공제 한도를 300만 원에서 500만 원까지 상향했다.

노란우산공제 가입대상과 방법

노란우산공제는 사업자등록을 마친 사업자라면 임대사업, 공동사업, 법인사업, 프리랜서 사업자까지 소기업·소상공인이라면 두루 가입이 가능하다. 소기업·소상공인에는 연간 매출액 10~120억 원까지의 기업이 해당한다. 업종별로 그 기준이 상이하기 때문에 중소기업중앙회(1666-9988)에 알아보는 것이 확실할 것이다. 가입금액의 경우 5만 원에서 100만 원에 이르기까지 1만 원 단위로 설정할 수 있으며 월납과 분기납이 가능하다.

<참고> 노란우산공제 가입대상[3]

사업체가 소기업·소상공인 범위에 포함되는 개인사업자 또는 법인의 대표자라면 누구나 가입할 수 있다. 단, 비영리법인의 대표자와 가입제한 대상에 해당되는 대표자는 가입이 제한된다.

1. 소기업·소상공인의 범위
   업종별 연평균 매출액이 10~120억 원 이하여야 한다.

2. 업종별 상시근로자 수 및 연평균 매출액

업 종	기말 현재 상시근로자 수	연평균 매출액
제조업(의료용 물질 의약품 등 15개)	50명	120억 원 이하
전기, 가스, 수도사업	10명	
제조업(펄프 종이, 종이제품 등 9개), 광업, 건설업, 운수업	50명	80억 원 이하
농업, 임업, 어업, 금융, 보험업	10명	
출판, 영상, 정보서비스	50명	50억 원 이하
도·소매업	10명	

---

3   노란우산공제 웹사이트(www.8899.or.kr)

전문, 과학, 기술서비스, 사업서비스	50명	30억 원 이하
하수, 폐기물처리업, 예술, 스포츠, 여가서비스, 부동산임대업	10명	
보건, 사회복지서비스	50명	30억 원 이하
개인서비스업, 교육서비스업, 숙박, 음식업	10명	

3. 가입 제한 업종

주점업	일반유흥주점업	한국표준산업분류 56211
	무도유흥주점업	한국표준산업분류 56211
	식품위생법시행령 제21조에 따른 단란주점업	
무도장 운영업		한국표준산업분류 91291
도박장 운영업		한국표준산업분류 91249
의료행위 아닌 안마업		한국표준산업분류 96122

4. 기타 가입 제한

부금 연체 또는 부정 수급으로 해약 처리된 후 1년이 지나지 않은 대표자

Lesson 3

사업개시 1년 후, 소득세가 너무 많다면...?

1. 법인전환을 고려해보자

"법인사업자는 개인사업자에 비해서 신고 절차 뿐만 아니라 의사결정 절차도 복잡하고 까다롭습니다. 대신에 대외적인 신뢰도가 높고 규모가 클수록 유리하기 때문에 사업을 확장하기에 적합하죠."

법인사업자는 개인사업자에 비해서 설립 절차와 신고 절차가 복잡하고 까다롭다. 주주가 있어야 하고 정관도 갖추어야 하며 이사회와 감사도 구성해야 한다. 준비해야 하는 서류도 많고 설립등기를 해야 효력이 발생한다. 물론, 옛날과 달리 상법이 개정되어 100원만 있어도 주식회사의 설립이 가능하도록 최저자본금 제도를 폐지했지만 여

전히 절차는 복잡한 편이다.

　개인사업자는 법인사업자에 비해서 의사결정과 절차가 간편하다. 경영에 대한 모든 결정은 사장님이 하고 그 책임도 혼자 떠안으면 된다. 반면에 법인사업자는 경영의사결정을 이사회의 의결을 거쳐야 하고 주주총회에서 승인을 받아야 한다. 회사의 주인이 주주이기 때문에 경영자 마음대로 의사결정을 할 수 없다. 자금의 인출도 자유롭지 않다. 개인은 그냥 통장에서 인출했다가 다시 자금을 넣으면 되지만 법인은 함부로 법인통장에서 인출할 수 없다. 사장이 마음대로 법인통장에서 인출하여 사용할 경우 횡령으로 처벌받을 수 있기 때문이다.

[참고] 개인과 법인의 관리 절차 비교

항목	개인사업자	법인사업자
설립 절차	세무서에서 사업자등록을 하면 바로 사업 가능	주주확정, 정관작성, 이사와 감사 등 기관구성, 설립 등기를 해야 사업 가능 세무서에 사업자등록 필요
이익의 귀속	대표자 개인에게 귀속됨	법인의 사내 유보금으로 귀속되어 결국 주주에게 배당으로 지급됨 경영자는 급여를 지급받는 구조임
인출의 자율성	개인 소득이므로 자유롭게 인출할 수 있음	법인 소득이므로 개인이 자유롭게 인출할 수 없음
관리상 특징	회계와 장부기장이 편리	회계와 장부기장이 까다롭고 복식부기를 강제함

개인자업자의 경우에는 소득이 모두 대표자에게 귀속되기 때문에 대표자의 재량이 막강하다. 다른 사람들의 영향을 받지 않고 자금을 인출하여 사용할 수 있다. 망해도 자기 책임이기 때문에 큰 문제가 되지 않는다. 그러나 법인사업자는 법인의 소득은 주주에게 귀속된다. 사장이 100% 출자하여 주주가 된 경우에는 큰 문제가 없겠지만, 다른 주주가 존재할 경우에는 주주총회의 승인이 필요하므로 자금인출이나 경영의사결정이 자유롭지는 않다.

법인사업자는 이렇게 경영자의 재량이 부족한 대신에 대외적인 신뢰도가 높다. 개인사업자보다 법률의 규제도 심하고 회계도 투명하기 때문에 외부에서 믿을만하다고 보는 것이다. 따라서 투자를 유치하고 자금을 조달하기에는 개인사업자보다 유리하다. 그리고 외부 거래처와 거래를 할 때에도 개인사업자보다 법인이 훨씬 이미지 측면에서 장점이 있다.

지금 창업을 고민하고 있다면 자신이 생각하는 기업의 규모에 따라서 개인사업으로 시작할지 법인사업으로 시작할지 결정하면 된다. 규모가 작고 자신의 마음대로 기업을 운영하고 싶다면 개인사업자로 시작할 것을 추천한다. 만약에 기업의 규모를 확장할 욕심이 있고 대외적으로 신뢰성이 중요한 업종이라면 법인을 설립하여 사업을 시작할 것을 추천한다. 다만 개인사업에 비해서 부수적으로 발생하는 절차상 노력과 비용은 감수해야 할 것이다.

법인전환을 한다면 어떻게?

"개인사업자에서 법인사업자로 전환하는 방식은 여러 가지가 있습니다. 일반적으로는 일반사업양수도 방법을 사용합니다. 부동산이 있는 경우 포괄사업양수도가 가능하고 이는 과세이연의 혜택을 줍니다."

처음 시작은 개인사업자로 시작할 수 있다. 소규모로 사업을 시작했더라도 규모가 증가하면서 기업의 신뢰성과 자금조달을 위해 법인으로 전환하는 것을 고민하게 된다. 특히 앞에서 설명했듯이 매출 규모가 커지면 법인에 비해서 개인의 소득세 부담이 크기 때문에 절세를 위해 법인전환을 고려하는 경우가 많다. 이렇게 법인전환을 하려고 할 때 따져봐야 할 것들이 생각보다 많다.

개인사업자는 설립등기를 하지 않고도 사업자등록만 하면 영업이 가능했다. 그리고 대표자가 임의로 자금을 인출할 수 있고 복잡한 절차를 거치지 않고도 의사결정이 가능해서 법인에 비해 유연하다. 그러나 대표자가 채무에 대해 무한책임을 지며 그만큼 담보가 부족하여 외부적으로 신뢰도도 낮다. 이에 반해 법인은 주주의 납입금액을 한도로 유한책임을 지며, 주식회사의 경우 주권이나 회사채를 발행하여 대규모 자금조달이 가능하다. 또한, 거래처와 금융기관을 상대할 때도 상대적으로 유리하다. 이러한 장점 때문에 법인전환을 고려하는 것이다.

개인사업자가 법인사업자가 되는 방법은 여러 가지가 있다.
첫째로, 현물출자에 의해서 법인으로 전환할 수 있는데, 이 방법은 대표자가 자기 사업용 자산을 현물출자하여 법인을 설립하는 방법이다. 현물출자는 발기인(초기에 설립멤버인 주주)에 한정하기 때문에 개인사업자가 법인의 주주가 되어야 한다는 제한이 있다.
둘째로, 기업 간 합병으로 인한 법인전환방법이 있는데, 개인인 사업자 간에 합의를 통해서 통합하여 하나의 법인을 설립하는 방법이다. 설립하는 과정에서 이미 한쪽이 법인인 경우에는 흡수합병되면 되지만 둘다 개인인 경우는 법인을 신규로 설립해야 한다. 합병은 사업자가 가지고 있는 자산과 부채를 통합하여 하나로 합치는 과정이다.
마지막으로, 사업양수도에 의한 법인전환방법이 있다. 이는 상법상 법인이 개인의 사업을 양수하여 개인사업자를 법인으로 포섭하는 방법이다. 이 방법은 사업양수도 계약에 의해서 다른 방법에 비해 쉽게 법인으로 전환할 수 있는 방법이다.

이처럼 개인사업자가 법인으로 전환하는 방법은 여러 가지가 있다. 그러나 법인전환의 경우 양도소득세, 부가가치세, 취득세, 등록세 등의 조세를 납부해야 한다. 때문에 조금이라도 절세할 수 있는 방안을 강구해야 한다.

조세지원을 받는 법인전환인 경우에는 사업용 고정자산을 양도한 개인이 양도세를 안 내고 양수인인 법인이 나중에 그 자산을 양도할 때 '토지 등 양도소득에 관한 법인세'를 내는 제도이다. 즉, 양수법인이 개인사업자의 사업자산을 양수하면서 세금을 내지 않는 방법인 것이다. 물론, 양도세 이외의 부가가치세 등도 부과되지 않는다.

여기서 세금지원을 받는 법인전환은 '포괄양수도'라는 특별한 방식을 사용한다. 여기서 포괄양수도란 사업장별로 양도인이 양수인에게 모든 자산과 부채를 양수하는 법인에게 동일성을 유지한 채 이전하는 것을 말한다. 양수인인 법인은 양도인인 개인사업자 그 자체를 양수하는 셈이다.

이러한 혜택을 받기 위해서는 (1) 숙박업 등 소비성 서비스업 등 일부 업종이 아니어야 하며, (2) 법인 설립일로부터 3개월 이내에 사업에 관한 모든 권리와 의무를 당해 법인에 포괄적으로 양도해야 하고, (3) 개인사업자가 회사설립 시 발기인으로 참여해야 하고, (4) 새로 설립되는 법인의 자본금은 법인전환으로 인해 없어지는 사업장의 순자산가액보다는 커야 한다.

까딱 잘못하면 이중과세

소득세를 줄이려고 법인을 설립했지만, 오히려 법인세도 내고 소득세도 더 많이 내서 결과적으로 개인사업자일 때보다 불편하기만 하고 세금은 더 많이 납부하게 되는 경우가 생길 수 있다. 이를 이해하고 방지하려면 법인에서 개인자산화시키는 방법을 기본적으로 알아야 한다.

대표적으로 법인이 벌어들인 수익을 개인자산화 시키는 방법은 다음 4가지가 있다.
① 급여　　　　　② 주주배당
③ 무형자산　　　④ 퇴직금

간단히 살펴보면,
① 대표자 급/상여 부분
직관적으로 살펴보고자 큰 금액으로 예를 들어보자면, 법인으로 100억 벌어서 법인세 22프로 내고, 개인이 가져올 수 있는 금액은 약 78억이다. 78억을 세금 제하고 급여로 가져오면 수중에는 약 40억뿐이다. 그럴 바에 개인으로 100억 벌고, 세금 50% 낸다고 해도 50억 가

져오는 게 이득 아닐까? 즉, 아무런 대책 없이 법인을 설립하고 급여 설정을 잘못하게 되면 개인사업자보다 더 많은 세 부담이 나올 수 있다는 점을 명시해야 한다.

급여 설정 시에는 4대 보험 증감에도 영향을 미치고 기본적으로 공제도 크지 않아 세금은 많이 나오지만 고정적으로 법인의 돈을 인출하기에는 급여처럼 안정적인 것은 없다. 그러니 실효세율을 살펴서 매월 필요한 급여액을 전문가와 상의 후 결정하는 것이 좋다.

② 배당

상법의 영향 아래 주주는 균등배당주주 원칙에 따라서 본인이 가진 주식 비율에 맞는 배당을 가져올 권리가 생긴다. 이를 절세 관점으로 생각해 본다면 포인트는 '누진과세'이다.

소득세는 단일세율이 아닌, 소득 구간별로 세율이 달라지는 누진과세로 징수되고 있다. 배당금 100만 원을 받는다고 가정할 때, 누가 받느냐에 따라서 세금은 크게 40% 이상 차이가 날 수 있다. 다시 말해서 법인의 출구 전략을 잡기 위한 첫 스타트는 주주 구성이다.

③ 무형자산

무형자산은 형태가 없는 자산으로서 기계·건물·현금 등과 같이 형태가 있는 유형자산에 대비되는 개념이다. 즉 무형자산은 물리적인 실체는 없으나 이 자산을 소유함으로써 미래에 경영상 효익을 기대할 수 있는 것이다.

쉽게 설명하면, 장사가 잘 되는 곳을 인수하려 할 때 '권리금'이라는 걸 내고 들어간다. 권리금에는 기타 집기들도 포함되어 있지만 그동안 기존 사업주분께서 쌓아놓은 명성, 영업력 등 눈에 보이지 않는 영향력에 대한 값도 포함되어 있다. 이를 국세청에서도 인정해주려 하는데, 과연 어떤 식으로 권리금을 세법적으로 인정받고 세금혜택을 받을 수 있는지 살펴보자.

개인사업자가 법인을 설립하는 방법은 크게 3가지가 있다.
1) 개인사업자 폐업 후, 법인설립
2) 개인사업자의 일반사업양수도로 법인설립
3) 개인사업자의 포괄사업양수도로 법인설립

1번의 방식으로는 기존 사업자가 해놓은 무형의 영향력을 무형자산을 설정할 수 없지만, 2번과 3번의 방식으로는 '영업권'이라는 무형자산 형태로 기존 사업주가 해놓은 무형의 영향력을 금액으로 설정할 수 있다. 보이지 않는 영향력을 금액으로 설정하는 방법은 크게 2가지가 있는데, (1) 2개 이상의 감정평가법인으로부터 받은 감정평가액, (2) 상증법상 감정평가액이다.

어떤 방식으로든 영업권이 산정되면, 이제 개인사업자는 해당 영업권을 법인에게 양도할 수 있게 된다. 이러한 양도 과정을 법인전환이라고 일컫는데, 이 과정에서 개인사업자는 굉장히 큰 세제 혜택을 받을 수 있다.

예를 들어, 법인에서 3억6천만 원을 급여로 설정하여 받아온다면, 4대 보험까지 합쳐서 약 1억2천 정도의 세금이 산출된다. 반면, 영업권이란 무형자산으로 법인에게 3억 원을 받아올 시, 필요경비의제로 60%를 공제받아 4천만 원의 세금이 산출되어, 약 8천만 원 정도의 절세 효과를 보게 된다.

소득 종류	수입	과세표준	과세표준	세금
근로소득	360,000,000	314,188,990	44%	123,634,150
기타소득	360,000,000	144,000,000	38.5%	39,050,000

④ 퇴직금

절세의 키워드는 '누진과세'를 어떻게 회피하느냐이다.

주주 구성을 다양하게 하여 인당 받는 소득금액을 낮추어 누진과세를 벗어나는 방법을 설명했지만, 또다른 방법으로는 애초에 누진과세의 영향을 받지 않는 세목으로 설정하는 것이다.

소득세는 크게 다음 3가지로 나누어진다.

① 종합과세
② 분리과세
③ 분류과세

종합과세는 단어 그대로, 이자, 배당, 사업, 근로, 연금, 기타소득 총 6가지의 모든 소득을 합산하여 누진과세를 적용시킨다. 분리과세는 이자, 배당 즉 금융소득 2천만 원 이하까지는 종합과세와 '분리'시켜 15.4%의 세율인 단일세율로 정하는 세목이다. 다만, 금액 한도가 낮아 큰 절세 효과를 보기는 힘들다. '분류과세'는 절세 효과가 가장 큰 세목 중 하나인데 퇴직소득이 분류과세에 들어간다.

5억 원의 금액을 급여(종합과세), 배당(종합과세), 퇴직금(분류과세)으로 계산 시 세액을 산출해보겠다.

항목	급여	배당	퇴직금
소득유형	종합과세	종합과세	분류과세
소득금액	5억 원	5억 원	5억 원
산출세액	1.79억 원	1.46억 원	0.92억 원
4대보험	0.22억 원	0.17억 원	0.92억 원
세금합계	2.01억 원	1.63억 원	0원
실효세율	37.9%	30.7%	17.3%
퇴직금대비 추가세금	1.09억 원	0.71억 원	

위와 같이 퇴직소득은 종합과세가 아닌 분류과세 대상이라 공제금액이 굉장히 커서 타 소득 대비 세 부담이 훨씬 줄어들게 된다.

다만, [소득세법 제22조 제3항] 단서조항 신설에 따라서, 임원퇴직소득한도는 법적으로 정해놓았고, 초과된 부분에 대하여는 종합과세인 근로소득으로 보게 된다. 법적인 산식을 알기보다는 퇴직소득한도를 높이기 위해선 종합과세 세목인 급여를 올림으로써 한도를 높일 수 있지만, 이는 전문가와 상의 후 결정하는 것이 좋다.

Lesson4
세금에도 POP-UP-STORE가 있다

세금을
내 돈으로 만드는 기술

중소기업 82% 조세지원제도 이용 못해

발행일 : 2020.12.27

[중소TV] Salesforce를 활용하는 고객 경험 중심의 디지털 혁신 (8/31 생방송)

KBIZ 중소기업중앙회

중소기업 10곳 가운데 8곳은 조세지원제도를 이용하지 못하고 있는 것으로 나타났다. 어떤 지원제도가 있는지를 파악도 제대로 못하고 있는 것으로 집계됐다.

중소기업중앙회는 27일 500개 중소기업을 대상으로 실시한 '2020년 중소기업 세제·세정 이용 및 애로 실태조사'를 발표했다. 조사 결과 중소기업 조세지원제도를 활용하는 기업은 응답기업 가운데 18%에 불과했다. 조세지원제도를 활용하는 주된 이유는 73.9%가 어떤 지원제도가 있는지 몰라서라고 답했다.

새해 새법개정안에 가장 도움이 될 것으로 예상되는 제도는 '투자지원'(44.8%) 분야가 꼽혔다. 가장 부담이 되는 제도는 '법인 중소기업 세부담 증가'(50.2%)가 꼽혔다.

코로나19 극복에 가장 도움이 된 조세지원 방안으로는 소규모 개인사업자에 대한 부가가치세 부담 경감 대책이 37.0%로 가장 많은 응답이 나왔다.

김기문 중소기업중앙회장은 "최근 코로나19 재확산 등으로 중소기업 경영환경이 매우 위태로운 상황"이라면서 "중소기업이 어려운 시기를 잘 극복해 나갈 수 있도록 조세지원 대상 확대와 감면을 상향 등 파격적인 중소기업 세제지원책이 마련될 수 있기를 바란다"고 밝혔다.

유근일기자 ryuryu@etnews.com

2020년 12월 27일자 전자신문 뉴스자료를 보면 중소기업 10곳 가운데 8곳은 조세지원제도를 이용하지 못하고 있다는 내용이 나온다. 그리고 주된 이유는 어떤 지원제도가 있는지 몰라서라고 답했다고 한다. 중소기업 정도면 담당 세무대리인은 분명 있을 텐데도 이러한 설문조사 내용이 나오는 것은 우리에게 시사점을 준다. 즉, 대표님들도 담당 세무대리인이 매번 주는 납부서 말고도 세금을 절약할 수 있는 방법들을 기본적으로 알고 있어야 많은 조세지원제도를 이용받을 수 있다는 것이다. 혹자는 "기장료 내고 있는데 알아서 챙겨줘야 하는 거 아니야?"라고 반문할 수 있지만, 기장료는 기장료이지 컨설팅이 아니라는 점을 알아두셨으면 한다. 기장료 10만 원으로 영혼까지 받칠 정도로 열심히 하는 세무대리인은 본 적이 없다.

  기본적으로 소득세 및 법인세 신고 시에는 '소득세법'과 '법인세법'을 적용하여 문제 없도록 기장 및 세무조정을 한다.
  이번 코로나펜데믹 등 사회가 급변할 때는 그에 대응하여 세법들도 맞춤형으로 적용되면 좋지만 법이라는 것이 그렇게 쉽게 바뀔 수 없다는 것은 모두가 알 것이다.
  따라서 과세의 공평을 기하고 조세 정책을 효율적으로 수행하기 위해 세법을 매번 변경할 수 없으니, 일정한 기간, 제한, 특례를 두어 국민경제의 건전한 발전에 이바지할 목적으로 제정된 법률이 있는데, 이를 조세특례제한법이라고 한다.

조세특례제한법의 제한!

조세특례제한법의 제한은 크게 법률의 제한과 기한의 제한을 두고 있다.

법률의 제한

소득세/법인세 등 상위 세법에 대해서 해당 법률을 기반으로 하여 특례를 둘 수 있는 것으로, 조세특례제한법 자체적으로 어떠한 특례를 만들 수는 없다는 것이다.

기한의 제한

특정 조세특례의 내용은 일정한 기한을 두어 그 기한 후에는 적용받지 않게 기한의 제한을 두는 것이다. 보통 1년, 2년, 5년을 적용하는데 기한지정 배제 등 각 조세특례의 내용마다 상이하니 이는 주의할 필요가 있다.

5년 적용시한을 두는 경우는 성장잠재력 확충을 위해 장기적 지원이 필요한 기술 및 인력개발을 위한 지원 등에 많이 두고 있고, 2년 적용시한은 경제상황에 따라 탄력적인 대응이 필요한 지원제도 및 예산지원과 연계되어 있다.

조세특례제한법의 특례!

조세특례제한법을 전부 알아보는 것은 불가능하다. 이는 본인의 사업장과 맞는 특례들을 발췌해서 연구하는 것이 효율적인 방법이다.

이 책에서는 현 정권에서 가장 지원을 많이 해주고 있는 창업과 고용 쪽에 관한 조세특례제한법을 살펴보겠다.

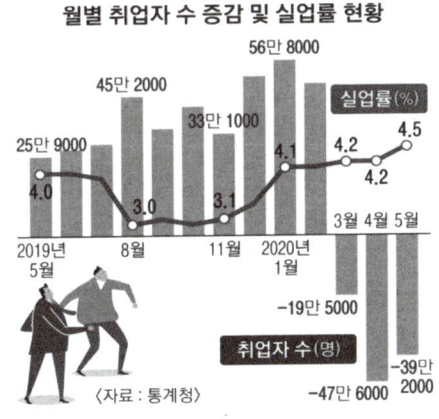

코로나펜데믹 이후 대부분의 기업들의 매출은 직격탄을 맞았다. 매출이 줄어드니 본인 수익은 커녕 인건비 조차 지급하기 힘들어지는 상황에 직면하여, 실업률은 급격히 상승하고 취업률은 급격히 하

락했음을 볼 수 있다. 이러한 사회적 이슈에 대해 탄력적으로 세금 지원을 해주고자 제정된 세법이 고용증대 세액공제이다.

조세특례제한법 제29조의7(고용을 증대시킨 기업에 대한 세액공제)을 보면 상시근로자가 직전연도보다 증가하면 1명당 700만 원에서 1,200만 원까지 세액공제를 해주는 것을 알 수 있다. 상시근로자의 수 계산과 지역계산은 담당 세무대리인과의 상담을 통해 검토할 필요가 있다.
정확한 내용은 알기 힘들더라도 이러한 세액공제가 있으니, 담당 세무대리인에게 검토 한번 부탁한다. 앞으로 매출증대를 위해 사장인 내가 직접 일하는 것보다 직원을 채용하여 레버리지 효과를 일으킬 계획이라면 이러한 세액공제를 적극 검토하여 사업도 키우고 세금 혜택도 받을 수 있는 계획을 수립하도록 한다.

옆 동네로 사업자만 냈어도 세금 100% 감면인데…

고용과 더불어서 현재 창업에 대해서는 굉장히 많은 지원제도들이 있는 것을 조금만 검색해도 알 수 있다. 다양한 지원금과는 별도로 세법에서도 굉장히 파격적인 특례를 두고 있는데 이는 조세특례제한법 제6조를 살펴보면 알 수 있다.
다음 요건에만 부합한다면 최소 50%에서 최대 100%의 세금을 5년 동안 면제해준다는 내용인데 그 요건들을 살펴보자.

- 업종 요건

광업, 제조업, 건설업, 음식점업, 출판업, 영상·오디오 기록물 제작 및 배급업, 방송업, 전기통신업, 컴퓨터프로그래밍, 시스템 통합 및 관리업, 정보 서비스업(뉴스제공업, 블록체인 기반 암호화자산 매매 및 중개업 제외), 연구개발업, 광고업, 그밖의 과학기술 서비스업, 전문 디자인업, 전시 및 행사 대행업, 창작 및 예술관련 서비스업(자영예술가 제외), 엔지니어링 사업, 물류 사업, 직업기술 분야 학원을 운영하는 사업, 관광숙박업·국제회의업·유원시설업 및 자동차야영장업, 관광유람선업, 관광공연장업, 노인복지시설 운영업, 전시산업, 건물 및 산업 설비 청소업, 경비 및 경호 서비스업, 시장조사 및 여론조사업, 인력공급 및 고용알선업, 관련법에 따른 근로자 직업 능력 개발 훈련시설 운영업, 사회복지 시설업

먼저, 본인이 창업하는 업종이 위 업종 요건에 해당되어야 한다. 대표적으로 적용받지 못하는 업종은 도소매업이니 이 업종을 선택했다면 적용받지 못한다.

그런데 간혹 OEM 방식으로 물건을 받아와 판매하는 형식임에도 도소매업으로 업종을 택하여 이러한 혜택을 받지 못하는 경우들이 있는데, 국내 OEM 업체와의 계약조건 등으로 물건을 받아온다면 위탁제조업으로 분류되어 제조업으로도 업종을 넣을 수 있으니, 이는 담당 세무대리인과 자세히 검토하여 혜택 가능 여부를 파악해보는 것이 중요하다.

- **청년 요건**

창업 당시 나이로 청년을 판정하는데 창업일이 언제인지에 따라서 청년 요건이 달라지므로 이점 유의해서 본인이 창업 당시 청년에 해당되었는지를 체크해보자.

창업 당시 만 15세 이상 ~ 만 34세 이하 (18.5.29 이후 창업)

창업 당시 만 15세 이상 ~ 만 29세 이하 (17.1.1~18.5.28 창업)

- **창업 요건**

조세특례제한법에서 말하는 창업이란 무조건 가게를 창업하는 것을 뜻하지는 않는다. 창업에는 2가지 종류의 창업이 있는데, 누군가의 가게를 물려받은 승계 창업과 그 반대인 원시 창업이 있다. 승계 창업의 경우에는 창업중소기업에 대한 특별세액감면을 적용받지 못하니 이 또한 유의하길 바란다.

- **지역 요건**

청년과 창업 요건은 우리가 어떻게 할 수 있는 방법은 아니지만 지역 요건은 본인의 선택 하에 달라질 수 있으므로 창업하기 전 주소지 선정에 유의해야 한다.

　과밀억제권역에 사업장 소재지를 두는 것과 그외 지역에 사업장 소재지를 두는 것에는 세율 차이가 기본적으로 50%나 난다. 본인의 사업이 과밀억제권역 안에 있어야만 하는 경우라면 어쩔 수 없지만, 지역 요건이 크게 상관 없다면 과밀억제권역을 피해 본점 사무실을 두는 것도 절세 측면에서는 탁월하다.

　수도권과 밀접한 지역인 인천, 남양주시, 시흥시, 용인시 등에 본점 소재지를 두어 최대한의 세액공제를 받는 방법도 고려하는 것이 좋다. 다만 인천, 남양주, 시흥시 일부는 제외되므로 사업장 소재지를 선정하기에 앞서 과밀억제권역인지를 판단하고 창업을 한다면 굉장히 큰 세액공제를 5년 동안 받을 수 있을 것이다.

대기업을 위한 팁

규모 있는 법인 담당이라면 회계감사대응은 어떻게 해야 할까?

"과거보다 외부감사가 상당히 힘들어졌습니다. 최근에 각종 회계 스캔들이 이슈가 되면서 감사인들의 책임 범위가 늘어났고, 그만큼 정보이용자들을 위해서 장부를 기장하는 회사도 피곤해졌습니다. 과거처럼 대충해서는 안 되는 상황이죠. 특히, 지정감사대상인 회사의 경우에는 각별한 준비가 필요합니다."

사업자의 규모가 일정 금액(직전연도 자산총액 120억 원) 이상이면 외부감사를 받아야 한다. 외부감사 대상인 회사는 현재 2만7천 개를 돌파했고 지속적으로 증가하고 있다. 보통은 회계감사 법규와 시장의 특성상 자율수임제가 70%를 넘기 때문에 회계법인에서 감사인은 감사 받는 회사의 사정을 고려해서 살살(?) 감사를 하는 게 관행이었다. 그러나 최근에 분식회계 사건과 각종 회계 부정 때문에 이슈가 되면서 자율수임제를 폐지하고 지정감사제를 도입해서 회계사들이 기업의 눈치를 보지 않고 감사를 할 수 있는 환경을 만들자는 목소리가 커지고 있다.

물론, 증권시장에서 투자자들을 보호하기 위해서 자율수임제를 배제하고 감사인을 지정해서 감사를 받는 회사도 약 20% 정도는 된다. 보통 지정감사를 받는 회사는, 감사인을 선임하지 않았거나, 내부 회계관리제도가 없거나 엉망인 경우, 부채가 과다하여 부실한 기업인 경우 등 다양한 문제점을 가지고 있었다. 이런 회사의 CEO나 회계담당자라면 그야말로 살얼음판을 걸어가는 기분일 것이다. 지정감사의 경우 자신의 감사 리스크 때문에라도 절대로 봐주지 않을 것이기 때문이다.

회계감사에 대한 대응 방안

우선, 회사의 상황이 외부에 장부 작성을 아웃소싱하면서 내부 통제도 되지 않아 감사위험이 굉장히 높은 상황이라면, 내부적으로 장부를 다시 뜯어고치는 작업부터 증빙과 체계를 일원화시키는 것이 필요하다. 일단 회사를 파악하는 과정에서 지금까지 감사는 어떻게 받았고 기장을 하고 있는 회계(세무)사무소는 어디까지 업무를 해주고 있는지 파악할 필요가 있다. 간혹 경영자용 재무제표와 세무보고용 재무제표, 투자자용 재무제표 등 복잡하게 얽힌 경우도 있다. 이때는 최대한 외부보고를 위해서 작성된 재무제표(기업회계기준에 근거한)를 중심으로 잡고 나머지를 맞춰나가야 한다. 세무신고용 재무제표는 대부분 현금주의로 작성되어 기업회계와 맞지 않고 경영자용 재무제표는 추정치를 믿을 수 없다.

중심을 잡고 전체적으로 교통정리를 하기 위해서는 회사의 영업활동 특성을 잘 파악해야 한다. 회계감사에 대응하고자 장부를 손보기 위해서는 회사의 거래처는 어떤 곳이고 현금회수 주기는 어느 정도이며 유통라인은 어떠한지를 알아야 장부에 올바른 계정과목을 설정할 수 있다. 또한, 회사에게 원재료 등을 공급하는 공급원도 파악하고 재고관리에 대한 사항도 체크해 보아야 한다. 물론, 자금조달상황과 회사의 전반적인 자산의 적정성도 확인해야 하는 상황이고 그것을 통해 현금 유출입이 어떻게 이루어지는지 파악하는 것도 중요하다. 이는 담당자들의 이야기를 들어보는 것이 제일 빠르다.

그 다음 법적으로 문제 될만한 것을 하나씩 제거해 나가야 한다. 가장 큰 문제는 횡령과 유용에 대한 부분이다. 대표자나 담당자가 횡령을 하지 않았다면 현금의 유출입이 매출액과 매입액 등을 통해서 정확하게 이루어지고 연도 말에 '현금및현금성자산' 금액이 정확할 것이다. 이 부분이 해결된다면, 큰 틀에서 수입과 지출을 통해 손익구조를 대강 그려보고 기업회계기준(현행 국제회계기준)에 맞게 분개를 다시 구성해 본다. 사실 분개가 맞지 않으면 재무제표상 금액은 신뢰할 수가 없다. 매출, 매입, 재고자산, 유형자산, 부채, 인건비, 공과금, 판매관리비의 유형과 내역별로 구분하여 각각의 거래를 분개로 맞춰 본다. 현금 유출과 유입 위주로 말이다. 그다음에는 결산에서 하는 절차인 감가상각비, 퇴직급여충당금, 이자비용, 가계정 정산 등을 수행하면 개략적인 재무제표를 만들어낼 수 있다.

이렇게 전체적인 거래 파악과 분개 논리를 잡고 재무제표를 작성해 두었으면 회계감사에 대응하는 것은 설명에 달려있다. 감사인이 재무제표와 전표, 분개 등을 지적할 때 거래의 내용과 금액을 논리적으로 설명할 수 있으면 되기 때문이다. 회계감사에 대비해서 재무제표를 작성하고자 한다면, 장부를 되도록 회계법인에게 맡기는 것이 좋다. 세무사무소에서는 기업회계기준이나 감사인의 관점에서 장부를 작성하기 보다는 세무신고를 위해서 회계기준과 다른 방법을 관행적으로 사용하고 있기 때문이다.

회계감사인 대응 방안

앞에서 보았던 회계의 구조적인 개선 뿐아니라 단기적으로 회계감사 수검할 때 회계감사인에 대한 대응도 매우 중요한 과제다. 회계감사인이기도 한 저자의 경험을 고려하여 회사 입장에서 어떤 형태로 대응할 때 보다 효과적이고 효율적일지에 대한 Tip을 주고자 한다.

Tip 1. 회계감사인과 무조건 친분을 쌓아라

회계감사인도 사람인지라 친분이 있으면 조금이라도 배려하려고 한다. 평소에도 가끔 안부전화를 하고, 회계감사를 나와도 점심은 왠만하면 같이 먹고 휴식시간에 커피를 같이 마시며 같이 하는 시간을 많이 가지면 자연스레 어느 정도 친분이 쌓일 것이다. 이렇게 되면 회계감사 이슈가 있더라도 서로 적대적인 관계로 풀어가지 않고 오히려 같이 고민해주며 같이 해결할 방안을 찾아 주는 경우도 있다. "잊지마시라! 감사인과 친해져서 나쁠 게 없다."

Tip 2. 회계감사 필요자료는 감사 시작일에 대부분 제공하라

회계감사인은 감사 전에 요청하는 '회계감사 필요자료(PBC)'의 제시 시점이나 자료의 수준에 따라 회사를 평가한다. 회계감사 첫날 대부분의 자료가 깔끔하게 작성되어 제공하면 회계감사인은 회사의 회계 수준을 매우 높게 보고 감사 Risk가 크지 않다고 판단할 가능성이 높다. 첫 인상이 중요하다. 회계감사 첫 날 좋은 이미지로 시작하면 끝날 때도 웃으면서 끝날 수 있다.

Tip 3. 회계감사 전 발견된 회계 이슈를 미리 공유하라

회계감사를 나갔을 때 회사의 회계팀장님 미팅을 요청하여 회계 이슈를 그제서야 논의하는 경우가 많다. 이럴 경우 시간적인 이유로 회계 이슈를 치유할 시기를 놓치는 경우가 많다. 사전에 회계감사인과 중요 회계 이슈를 미리 공유하여 어떻게 처리해야 할지 논의하는 것이 감사인이나 회사 입장에서 매우 좋을 것이다. 따라서 회계 이슈는 사전에 공유하라.

Tip 4. 회계감사인과 의견상충 시 충분히 스터디하고 미팅에 임하라

회계감사인은 본인이 최고의 전문가라는 자부심이 있다. 여기에 어설프게 상충되는 의견을 제시하면 감사인으로부터 상당한 공격을 받을 가능성이 높고 더 나아가 회사 담당자를 카운터파티로 인정하지 않을 가능성이 높다. 따라서 회계감사인과 다른 의견으로 의견을 제시하려면 회계기준서를 근거하여 충분한 내부 스터디를 하고 회계감사인과 미팅하라. 혹시 내부적으로 역량이 부족하다면 주변의 아는 회계사에게 자문을 구하라.(일반적으로 이런 간단한 질문에 대한 자문은 무료로 해준다.) 잊지마라, 충분히 논리적이지 않으면 회계감사인은 당신을 무시할 수도 있다.

[에필로그]
살아남으려면 회계해야 한다

회계는 오래 전부터 매우 전문적인 분야이고 어려운 분야라고 여겨져 왔다. 필자도 처음 경영학을 접했을 때 회계 과목이 가장 어렵고 공부하기 싫은 공포의 대상이었다. 그러나, 경영학에서 회계를 빼놓고는 어떠한 이야기도 꺼내기 힘들다. 왜냐하면 모든 경제 현상은 돈과 관련이 있기 때문이고 그 돈을 다루는 기술이 회계이기 때문이다.

회계를 잘하는 사람은 기업이나 사업체, 주식, 심지어 배우자를 고를 때에도 섬세한 안목으로 좋은 대상을 선별할 수 있다. 기업의 경우에는 자산보다 부채가 충분하여 재무구조가 건실하고 경영성과가 잘 나고 있으며 현금흐름이 안정적이면 향후 10년은 거뜬히 버틴다. 그런 기업이 발행한 주식은 장기투자를 할 경우에 흔히 말하는 우량주가 되는 것이다. 배우자도 당장의 즐거움보다는 그 사람의 내재가치와 잠재력을 보고 선택할 경우 장기적으로 행복한 생활을 함께 나눌 수 있다. 회계는 대상을 바라보는 객관적인 관점을 심어주는 굉장한 무기라는 사실을 명심해야 한다. 이는 미국의 미녀선발대회에는 항상 공인회계사CPA가 심사위원으로 있는 이유이기도 하다.

망하지 않으려면 회계는 필수다. 오래 전부터 '기회가 되면 회계공부 좀 해야지'라는 생각으로 회계에 접근한 사람들이 많을 것이다. 회계를 하면 경영에 도움이 된다더라, 이직할 때 회사를 고를 때 좋다더라, 주식투자할 때, 기업의 내재가치를 판단할 때 좋다더라 등 좋다는 말만 듣고 회계공부를 해야 겠다고 생각하는 사람들이 대부분이었다. 그런데, 어떤 일에 도움이 돼서 회계를 해야 하는 시대는 지났다.

이제는 생존을 위해서 회계를 공부해야 하는 시대이다. 우리는 모든 행위가 수치로 표현되고, 금액으로 측정되는 시대에 살고 있다. 우리가 구입하는 모든 제품이 자동적으로 전표에 기록되고 통계를 내서 경영자에게 보고되고 있다. 우리가 물건을 살 때마다 국세청에서는 우리의 소비내역을 파악하고 있고, 우리가 월급을 받을 때마다 소득이 국세청에 보고된다. 이런 시대에 회계에 대한 지식 없이는 항상 손해만 보고 살 것이다. 소득공제와 세액공제를 챙기지 못해서 세금을 과다하게 내거나 부동산을 팔거나 사업을 할 때 필요경비의 개념을 잘 몰라서 세금폭탄을 맞을 것이다.

 이런 손해가 한두 푼이라면 회계공부를 하지 않아도 된다. 적어도 몇 억 단위는 되기 때문에 반드시 회계공부를 시작해야 한다는 이야기다. 이 책을 쓰면서 일반적인 회계상식부터 재무제표에 대한 상세한 소개, 주식투자자로서 보아야 하는 재무적인 분석기법, 창업자와 회계담당자로서 알아야 하는 것들을 모두 담고자 노력했다. 이 정도만 알면 나머지는 인터넷에서 검색해 보거나 세무서 담당자 혹은 친한 회계사, 세무사들한테 물어보면서 해결하면 될 것이다.

 이 책을 통해 여러분들의 회계지식과 업무능력, 투자기술이 더욱 향상되길 바란다.